乾隆传

上

白新良 著

中华书局

图书在版编目（CIP）数据

乾隆传/白新良著. —北京:中华书局,2023.6
ISBN 978-7-101-16214-1

Ⅰ.乾… Ⅱ.白… Ⅲ.乾隆帝(1711~1799)-传记
Ⅳ.K827＝49

中国国家版本馆 CIP 数据核字(2023)第 079750 号

书　　名	乾隆传(全二册)
著　　者	白新良
责任编辑	杜艳茹
责任印制	陈丽娜
出版发行	中华书局
	(北京市丰台区太平桥西里 38 号　100073)
	http://www.zhbc.com.cn
	E-mail:zhbc@zhbc.com.cn
印　　刷	河北新华第一印刷有限责任公司
版　　次	2023 年 6 月第 1 版
	2023 年 6 月第 1 次印刷
规　　格	开本/920×1250 毫米　1/32
	印张 21½　插页 4　字数 510 千字
印　　数	1-5000 册
国际书号	ISBN 978-7-101-16214-1
定　　价	78.00 元

再版说明

　　康熙、雍正、乾隆三个皇帝统治时期，是清朝发展史上的鼎盛时期。作为这一时期政治舞台上的一个中心人物，乾隆皇帝对于清朝统治的巩固和中国社会的进步，无疑做出过重要的贡献。他在位期间，继康熙、雍正两代皇帝之后，继续致力于国内政局的安定和社会经济、文化事业的发展，致力于我国统一的多民族国家的巩固和发展。在他的努力下，乾隆前期，清朝统治沿着康熙、雍正以来的方向继续向上发展，从而使中国成为当时世界上最强大的国家之一。作为一个对于中国社会的进步和发展做出过重要贡献的清代帝王，乾隆皇帝有着一定的历史地位。但是，必须指出，由于中国封建社会日趋没落和乾隆皇帝本人的倒行逆施，乾隆后期，清朝政治脱离了康、雍以来的发展轨道，走到了下坡路，清朝统治的全盛局面逐渐中止。对此，乾隆皇帝也负有不可推卸的责任。因而，本书在对乾隆皇帝一生中的政治活动进行论述时，既肯定了他的积极方面，指出他对中国社会发展做出的贡献，也揭露了他的落后、反动方面，并对之进行了相应的批判。

乾隆皇帝在位六十年，政治活动繁多。加上训政三年，实际主持全国政务的时间长达六十三年，几乎相当于入关以后清朝全部时间的四分之一。如果再加上即位前的二十五年，则其全部活动年代将近一个世纪。为了叙述方便，本书将乾隆皇帝一生分为五个历史阶段：以出生至即位之前为第一阶段，以即位至亲政之前为第二阶段，以亲政至王伦起义爆发之前为第三阶段，以王伦起义至传位之前为第四阶段，从传位至其去世为第五阶段。另外，因为以年号指代皇帝久已为人们普遍使用，为图简单明了，本书定名《乾隆传》。

目　录

上　册

下　册

第一章 禁苑柔荑

第一节 隔代情深

康熙五十年八月十三日（公元1711年9月25日），正当年近花甲的老皇帝康熙远赴京师以北四百多里的木兰围场，举行极为盛大壮观的秋狝活动的时候，在北京紫禁城东北方向康熙皇帝第四子雍亲王胤禛府邸里，20岁的格格钮祜禄氏生下了一个男婴。这时，婴儿的父亲胤禛由贝勒晋封为亲王还不到两年。而且，在这个婴儿出生之前，胤禛已经先后生有四个儿子，分别是胤禛元妃乌拉纳喇氏所生的弘晖，侧妃李氏所生的弘盼、弘昀和弘时。虽然弘盼、弘晖和弘昀都在这个婴儿出生之前便已夭折，从而使得这个新生婴儿在兄弟排行上（序齿行次）升居第四，并在实际上成为胤禛第二子，但是在连年得子的雍亲王府邸中，这个新生婴儿除了由管理宗室事务的宗人府循例起名"弘历"之外，并没有引起全府上下人等的特别的重视。包括弘历的父母在内的全府人等谁也没有想到，这个婴儿日后竟登九五之尊。至于这个婴儿的祖父康熙皇帝，由于孙辈众多，兼之以日理万机，在很长时

康熙帝晚年朝服像

间中，对于这个日后临御天下六十多年、文治武功并不在自己之下的嫡亲孙子，恐怕连名字都叫不出来。

康熙五十八年，九岁的弘历和他的同龄弟弟弘昼一起在雍亲王府内入学读书。[1]启蒙塾师是翰林院庶吉士福敏。这个年龄始入学读书，不用说是皇家子弟，即使对一般殷实人家的子弟而言，已不为早。其父胤禛很可能当时正忙于皇室内部争夺储位的斗争，忽视了孩子们的早期教育。

在弘历的童年生活中，值得一提的是他和自己的祖父康熙皇帝的关系。康熙末年，嫡亲孙子百余人。他们大都随父居住于藩邸，所以和康熙皇帝见面的机会极少。但是，一个偶然的机会却使年幼的弘历得到了康熙皇帝的宠爱，并单独随其居住达半年之久。

康熙六十一年三月，在康熙皇帝六十九岁生辰即将到来之际，康熙皇帝应皇四子胤禛之请，四天之中连续两次临幸圆明园赏花，并在那里认识了自己的这个孙子。眼见弘历十分聪颖可爱，便答应将其携至宫中养育。一个多月后，康熙皇帝巡幸塞外，携其同行。至避暑山庄后，弘历和康熙皇帝一起居住于万壑松风。在此期间，祖孙两人朝夕相处，形影不离，相互间的感情也日益增进。老皇帝进膳时，总是忘不了拣几样孩子们爱吃的菜肴、点心赏给弘历；老皇帝读书时，看到弘历在旁边玩耍，有时把他叫到跟前，教他几个字或让他背诵学过的书籍中的一些段落；若是老皇帝聚精会神地批阅奏章或接见臣下时，弘历则连大气也不敢出一声，非常懂事地侍立在祖父身后。逢到练习射箭的日子，轮到弘历射靶时，看到他非常认真地拉开弓，一下子射中靶心，老皇帝又不由地捋着长长的胡子，露出了笑容。闲暇时，祖孙俩有时漫步月下，"凡三十六景之地，无不周览"。[2]有时，祖孙俩又饶有兴致地来到湖边钓鱼，钓到鱼后，老皇帝则命弘历挑出几条送给近在咫尺的狮子园里的胤禛夫妇。夏天刚过，康熙皇帝又携弘历自避暑山庄启行秋狝木兰。初入围场，康熙皇帝便用虎枪射倒一只大熊。康熙皇帝以为熊已被打死，便让御前侍卫领着弘历到距熊更近一些的地方去射上一箭，以便侍卫教他狩猎的方法。岂料弘历刚刚爬上马背，那只大熊竟忽地从地上站起，发疯似地朝弘历扑来。见此险状，侍卫们一时都慌了手脚。多亏在后面的老皇帝眼疾手快，端起虎

弘历猎鹿图 （清）佚名绘

枪向大熊又射一枪，才使弘历脱险。打猎归来后，康熙皇帝心有余悸地对家人说，这个孩子命真够大的，差点儿让熊把他吃掉。有了这次教训，以后凡是围猎的日子，为了怕出乱子，康熙皇帝总是禁止弘历参加而只允许他在帐外不远的地方向允禄、允禧两个小叔叔学习骑马和使用火器。然而，刚刚见过千军万马围猎野兽惊险而又欢快场面的弘历却怎么也按捺不住自己的心情，常常跪在老皇帝面前要求参加围猎。眼见着弘历那股初生牛犊不畏虎的犟劲儿，康熙皇帝打心眼里高兴并更加喜欢这个孩子。

半年的塞外避暑和巡幸生活转瞬即逝。这年九月底，康熙皇帝携带弘历回到了北京。一个多月后，年迈的康熙皇帝因病去世，弘历永远失去了自己可爱的祖父，但是初游塞外的各种经历和祖父对自己的爱怜，却在弘历的记忆中留下了极为深刻的印象。直到五十多年后，在他本人已须眉斑白、孙曾绕膝之时，对于童年时期的这些往事，他还历历如昨。为了感念祖父对自己的爱怜，他除了在圆明园建纪恩堂"纪受恩之自"外，还在避暑山庄万壑松风也建了一处纪恩堂，"纪受恩之迹"，³以表示他对自己祖父最深切的怀念。

康熙皇帝对弘历的关怀和爱怜，最初只是祖孙之间感情的自然流露，并没有什么政治上的深意。但在康熙晚年因为争夺储位而造成的康熙皇帝和诸皇子之间互相猜忌、隔阂极深的情况下，弘历受到乃祖宠爱却对缓和康熙皇帝与胤禛父子之间的紧张关系起到了一定的作用，从而不但为此后不久胤禛继承皇位提供了一些有利的条件，而且对于日后弘历被内定为雍正皇帝的储君也起到了一定的作用。

第二节 受封亲王

经过兄弟间长期的较量，在康熙皇帝去世之后，弘历的父亲胤禛当上了皇帝。这一事件的发生，使得弘历在皇室中的地位发生了极大的变化，由一个普通的皇孙一下子变成了全国的储君。

雍正皇帝胤禛即位后，为了巩固自己的统治，对于昔日竞争储位的政敌——允禩、允祉、允禵、允禟等手足同胞，先后大打出手。由于失去了康熙皇帝的庇护，那些昔日竞争储位的对手，几乎都是毫无反抗地延颈就戮。这样，不长时间，雍正皇帝即将政敌清除殆尽，他的帝位得到了进一步的巩固。

在对政敌大打出手的同时，有鉴于康熙朝建储制度不完善而导致皇室内部互相争斗的情况，雍正皇帝还对建储制度进行了改革，并做出了秘密建储的重要决定。雍正元年八月十七日，在他即位九个月后，雍正皇帝召总理事务王大臣、满汉文武大臣、九卿等至乾清宫，宣布了这一决定。按照这一规定，由他将储君名单装入密封锦匣之内，当着几位总理事务王大臣之面将匣"置之乾清宫正中世祖章皇帝御书'正大光明'匾额之后，乃宫中最高之处"。[4]直到他死之后，才允许臣下开拆。尔后，又另书与之内容相同的密旨一道存放圆明园，以为异日勘对之资。在他看来，这一决定对全国臣民而言，解除了因储位空缺而产生的危机感；对储君而言，因为并不知道自己是内定储君，当然也就不会因此而骄横不法，更谈不上敢和皇帝争权；对诸皇子而言，一不知道自己是否储君，二不知道储君是谁，想要对其进行攻讦也无的可发；对宗室重臣而言，因为不知谁是储君，也就无法攀龙附凤，进行政治投机。而通过这一决定，皇帝本人在生前可以不受任何干扰地处理各种国家政务，死后也可以按照自己的意旨实现国家最高权力的顺利过渡。这是雍正皇帝对清朝建立以来的建储制度的一次重要改革。而在这次改革中，雍正皇帝内定的储君不是别人，正是本书中的主人公——雍正皇帝的第四子弘历。

虽然雍正皇帝在继位时已有弘时、弘历、弘昼、福惠四个儿子，但是弘历被雍正皇帝内定为继嗣，在当时却仍属必然之势。一是因为弘历随同康熙皇帝居住半载并受到康熙皇帝的宠爱，对康熙皇帝和胤禛之间关系的缓和起过一定的作用。自己的儿子受到康熙皇帝宠爱，多少年后，都将是自己继位合法的一个很充分的理由。二是弘历既聪颖又大胆，在非常注重骑射的满族统治者看来，弘历具备了储君所应有的基本素质。三是因为弘历母家出身满洲，并且是开国功臣额亦都之后。虽然至康雍之际，由于家道中落，弘历的外祖父凌柱仅任四品典仪，职位并不显赫，但是凭借血缘上的联系，却可以使弘历日后不费多大气力就能得到满洲旧臣的支持，有利于统治的巩固。除弘历母家出身满洲外，弘时母家李氏、弘昼母家耿氏、福惠母家年氏都是汉姓。其中，李氏、耿氏极有可能还是内府三旗汉人。在统治集团核心都是满人的情况下，将她们所生之子立为储君，日后很容易被满洲权贵所轻视。雍正皇帝即位之初，朝臣中就纷纷传说，康熙皇帝病重时曾指定胤禛继位，并说过胤禛的第二子弘历"有英雄气象，必封为太子"，[5]而且还传到了朝鲜使臣金演的耳中。尽管其中康熙皇帝指定胤禛继位一事可能是事后编造，但是在雍正皇帝建储之前半年多的时候，满洲贵族中就传出了雍正皇帝将立弘历为皇太子的预言，则正反映了他们的普遍要求。作为满洲贵族的最高统治者，雍正皇帝虽然反对他们对立储一事进行干预，但是对于他们的这些要求，却是不能不加考虑的。

　　通过对秘密建储后的一些史实进行分析可以看出，秘密建储制度实行之初，仅对储君的权力有所限制，并没有像雍正皇帝所预期的那样从根本上杜绝皇室内部争夺储位的斗争。尽管雍正皇帝郑重其事地宣布储位密建，不允许任何人看到密旨的内容，但是接近皇帝的大臣和皇帝的几个妃嫔、儿子仍可以从雍正皇帝的言谈和行为举止中所表现出来的亲疏好恶倾向，对为数有限的几个皇子的各方面的条件进行比较，八九不离十地估计出谁是雍正皇帝的内定储君。仅以秘密建储后成年皇子们所参加的各种礼仪活动而言，据《清世宗实录》所载，雍正在位十三年中，雍正皇帝派遣弘历参加各种礼仪活动的次数即达二十次之多，其内容遍及祭祀康熙皇帝和孝恭仁皇后的景陵（六次）、祭奉先殿（一次）、享太庙（四次）、祭孔（一次）、祭太岁之神（两次）、夏至祭天地（两次）、祭大社大稷（一次）、祭关圣帝君（一次）、视大臣疾及死后往奠茶酒（两次）等许多方面；与此同时，派遣弘昼参加各种礼仪活动仅有七次，即祭大社大稷四次、祭孔庙两次和祭都城隍庙一次，数量和活动内容都大大少于弘历，而且还都是在雍正八年十一月其成人之后。更为可怪的是，年龄比弘历、弘昼都大的弘时竟一次也没有。这种情况，后人根据资料统计尚可看出，时人尤其是当事的几个皇子对此感受必更为深切。正是在这样的情况下，发生了雍正皇帝的第三子弘时为谋夺储位而和雍正皇帝进行的一场斗争。

弘时生于康熙四十三年，由于两个兄长相继夭折，遂在雍正诸子中排行居长。其生母李氏，至迟在康熙三十三年时便已进入胤禛府邸。胤禛封王后，晋为侧妃，仅次于元妃乌拉纳喇氏而在其他妃嫔之上。雍正皇帝即位后，大封后妃，李氏又晋封为齐妃。在这次宫中权力再分配中，年羹尧的妹妹年氏越过李氏封为贵妃，原居其下的弘历的生母钮祜禄氏则和李氏一样晋封为熹妃。相比之下，李氏地位相对下降。所以如此，一是年老色衰，二是出身汉姓。她在雍正皇帝妃嫔中地位的相对下降也影响了弘时在兄弟中的地位。因此，雍正元年春，雍正皇帝选人教授诸皇子读书时，弘时虽也和弘历、弘昼一起进学读书，[6]但是在一些礼仪活动中，雍正皇帝却隔过弘时而连续命弘历参加，这无异是对弘时的歧视。对此，弘时一定非常不满并在雍正皇帝面前有所流露。雍正皇帝当然不能容忍而对之"特加严惩"，革除宗籍，圈禁至死。[7]在雍正时期的政治斗争中，只有在打击昔日与之争夺储位的阿其那、塞思黑等人时，才极其严厉地将其本人及其子孙革除宗籍。这次，雍正皇帝竟将自己的亲生儿子也照此办理，这就说明，弘时的罪行显然不像乾隆皇帝后来所说的仅仅是一般的"性情放纵，行事不谨"，[8]而是和康熙末年诸皇子谋夺储位斗争性质一样的政治斗争。对于这场父子骨肉之间的斗争，大约是怕政敌幸灾乐祸之故，雍正皇帝一直未曾公布，各种官修史书也很少记载，以致我们无法得知其详细情况。但据《清世宗实录》记载，雍正四年九月弘时二十三岁上，雍正皇帝曾召皇子、诸王、大学士、学士、各部院寺堂官、詹事府、翰林院、科道及文武大臣之能诗者九十四人至乾清宫赋柏梁体诗，在与会诸皇子中仅有弘历、弘昼二人之名而无弘时。这说明，在雍正四年秋天之前，这场斗争已经发生，弘时也在此后不久死去。[9]直到弘历即位之后，念及往日兄弟之谊，才将他的名字重新收入玉牒。弘时之母齐妃，也因其子被圈禁之故而独居深宫，一直到乾隆二年四月六十岁左右的时候，才默默无闻地死去。

　　在雍正皇帝内定弘历作为自己的储君，并对弘时进行严惩以维护弘历的皇太子地位的同时，为了使其日后挑起管理国家事务的重任，雍正皇帝也加强了对他的教育。早在雍正元年春天，在他即位两个月后，便在弘历原来的师傅福敏之外，特旨选任朱轼、张廷玉、徐元梦、嵇曾筠、蔡世远等为诸皇子师傅；雍正八年，又加派鄂尔泰、蒋廷锡、邵基、胡煦、顾成天等名臣侍皇子读书。为了防止他们将弘历培养成仅会"寻章摘句、记诵文词"的腐儒，雍正皇帝指示在教学中当以"立身行己，进德修业"为重点。[10] 雍正元年。根据雍正皇帝的这一指示，在这些师傅的指导下，弘历学习刻苦勤奋，"问安视膳之余，耳目心思一用之于学"，[11] "朝有课，夕有程，寒暑靡间"，[12] 当年便"熟读《诗》《书》、四子，背诵不遗一字"。[13] 而后数年间，又"精研《易》《春秋》《戴氏礼》、宋儒性理诸书，旁及《通鉴纲目》、《史》《汉》八家之文"。[14] 与此同时，还勤于习作，论赋诗词，无一不能。至雍正八年夏，积稿已达十四卷之多。[15] 从这些作品中可以看出，他在学习过程中善于思考，重视接受历代封建统治者成功的经验和汲取失败的教训，并在一些问题上有着自己的治世思考。如其于《宽则得众论》一文中认为："泰山不让土壤，故能成其大；河海不择细流，故能就其深；王者不却众庶，故能明其德。""诚能宽以待物，包荒纳垢，宥人细故，成己大德，则人亦感其恩而心悦诚服矣。苟为不然，以褊急为念，以刻薄为务，则虽勤于为治，如始皇之程石观书，隋文之躬亲吏职，亦何益哉。"[16] 他如《以仁育万物以义正万民论》《为万世开太平论》《治天下在得人论》以及对春秋以后天子、诸公以及秦汉诸帝的评论和咏史各诗，亦无不对历朝政治之兴亡、用人举措之得失的经验教训进行了总结。应该说，通过这一时期对儒家经典的研探和对历代史书的浏览，弘历积累了丰富的历史知识，学到了不少历代封建统治者治理国家的经验，为其日后直接进行统治打下了初步的知识基础。

雍正七年冬天以后，雍正皇帝患病，而且一度还相当危重。后来虽经多方治疗，转危为安，但是病愈之后，身体和精神都大不如前。因此雍正皇帝开始更多地委派弘历、弘昼代其参加各种礼仪活动。据统计，在雍正时期弘历参加的二十次礼仪活动中，雍正八年以后即达十四次，而弘昼的全部活动都是在八年以后。雍正十一年二月，为了提高他们在全国臣民中的地位，训练他们的从政能力，雍正皇帝封弘历为和硕宝亲王，弘昼为和硕和亲王，并让他们参加了对西北准噶尔贵族用兵和平定苗疆叛乱的领导工作。这样，至雍正十三年八月雍正皇帝去世时，二十五岁的弘历已经具备了作为一个君主所必不可少的文化素养和一定的理事能力，为他继位以后全面地挑起管理国家事务的重担作了很好的准备。

雍正皇帝秘密建储时，弘历刚刚十三岁，对于储君是谁和自己是否储君，可能并不清楚。但是由于秘密建储后雍正皇帝对自己的眷顾，随着自己年龄的增长，这事对他本人来说似乎也成了一个公开的秘密。尽管如此，在他看来，父皇不公布自己储君的身份仍是自己身份未定的表现。对此，弘历虽然无能为力，但并不是没有看法。然而，随即发生的弘时事件使他看到，雍正皇帝对于敢于违犯自己意志营求继嗣的亲生骨肉也是那样的毫不留情，更何况和国家政治、和皇帝本人都关系极大的内定储君！在这样的情况下，他安分守己，谨慎小心。对于父皇，他绝对服从。封王之前，"问安视膳之余，耳目心思一用之于学"，[17]封王之后，虽然参加了对准噶尔用兵和平定苗疆叛乱的领导工作，但也只是照谕旨办事，不敢稍越雷池一步。除与少数几个大臣因工作关系有所来往外，很少与其他官员来往，以免引起父皇的疑忌，以致即位之初对许多高级官员都不认识。对于雍正皇帝的一些举措如陈祥瑞、养僧道等，他并不是没有看法，但是为了讨得父皇的喜欢，他也不惜笔墨，连作《万寿日庆云见苗疆赋》《景陵瑞芝赋》等许多篇诗赋，颂扬父皇的功德。与此同时，对于自己的几个师傅，则极表尊重和关心。遇有喜庆，则赠诗祝贺；师傅返籍养病，又寄诗怀念。尤其是对其中的鄂尔泰、张廷玉二人，因为他们都被雍正皇帝所宠任并且准许他们身后配享太庙，则更是优礼有加，推崇备至。如雍正十年，鄂尔泰奉命经略西北军事，弘历即作《送毅庵鄂相国奉命经略西陲》以赠鄂尔泰，诗曰：

> 清秋霁日照征鞍，上相临戎剑气寒。
> 诏旨钦承三殿密，机宜默运寸心殚。
> 马腾士饱来裴度，风声鹤唳避谢安。
> 欲别先生何所赠，临风握手劝加餐。

> 书文一轨泰阶平，蠢尔戎夷敢弄兵。
> 天子运筹频下顾，相臣经略此西征。
> 风翻武帐三台入，日耀军门万戟明。
> 伫看对扬歌虎拜，边烽永熄玉关清。[18]

次年，张廷玉奉旨返安徽桐城原籍举行其父张英入祠贤良祠典礼，弘历也作《送桐城张先生暂假归里》一诗相赠。诗曰：

> 丹凤衔书下紫廷，枞阳早已望台星。

新恩优渥荣旋里，旧德绵长肃荐馨。

北阙丝纶方待掌，东山弦管暂教听。

即看稳步沙堤上，扬拜从容对御屏。[19]

在前诗中，他将鄂尔泰比作当今的谢安和裴度，祝愿他出征之后马到成功，"边烽永熄"，而同时又对其身体表示关心；在后诗中，他指出张廷玉是朝廷须臾不可离开的重臣，对二人推重之意溢于词章。此时，鄂、张二人都已见到过雍正皇帝的建储密旨，而弘历在送行诗中对二人又如此推重，怎会不使二人感激涕零地以图报效？对于自己的同学二十一叔允禧、二十四叔允祕，弘历则时时表示感念祖父康熙皇帝对自己的眷爱，以联络相互间的感情；对于自己的同胞兄弟弘昼，则声称"鹡原欣得侣，雁序愧先行"，[20]以有弟为喜并于端重自尊中略存谦逊之意。即使是对于统治集团上层所瞧不起的太监，弘历也非常谨慎，从不轻易触犯。[21]这样，终雍正一朝，康熙末年人们纷纷攻讦皇太子的情况就再没有出现。弘历和周围人士的关系是融洽的，雍正皇帝对弘历是满意的，弘历内定储君的地位也是稳固的。

第三节　袭登大位

雍正十三年八月，雍正皇帝的去世使得弘历永远告别了十几年来的皇子生活，翻开了他六十多年帝王生活的第一页。

雍正皇帝从生病到去世时间甚短。据史载，八月二十日，雍正皇帝开始生病，但他并不在意，仍在圆明园照常办事。

二十一日、二十二日亦"听政如常"。[22]二十二日夜，病情急剧恶化。这时，弘历、弘昼皆趋至榻前看护，并急召庄亲王允禄，果亲王允礼，大学士鄂尔泰、张廷玉，领侍卫内大臣丰盛额、讷亲，内大臣海望等至圆明园。待他们到来时，雍正皇帝已"进药罔效"，[23]于当夜子时去世，在清朝历史上发挥过重要作用的雍正皇帝就此结束了他有意义的一生。

雍正皇帝生病和去世之速虽然出人意外，由于他在生前对继嗣问题预有布置，因而他死之后，最高权力的过渡进行得相当顺利。雍正皇帝早在即位之初，即制定了秘密建储制度并将弘历内定为继嗣。雍正八年九月，在生病期间，为了托付后事，又将建储密旨密示亲信大臣张廷玉。十年正月，又同时密示鄂尔泰、张廷玉二人，并告诉他们"汝二人外，再无一人知之"。[24]受雍正皇帝之重托，在雍正皇帝去世后，鄂尔泰、张廷玉和其他几位宗室重臣本着国不可一日无君的思想，立即担起了拥立嗣君的重任。首先是张廷玉提议取出雍正皇帝当年预存于圆明园的那份建储密旨，当着众大臣之面于灯下宣读，公开确定了弘历的嗣皇帝的地位。随即弘历根据雍正八年六月雍正皇帝对后事预作的安排，任命庄亲王允禄、果亲王允礼、大学士鄂尔泰、张廷玉四人为辅政大臣，一个以嗣皇帝弘历为核心、以雍正皇帝生前所宠任的宗室重臣为主要成员的最高权力机构就这样极为迅速地产生了。其时，距雍正皇帝去世还不到一个时辰。

最高权力机构成立之后，弘历和在圆明园的全体宗室重臣连夜奉雍正皇帝遗体返回紫禁城。尔后，由弘历和辅政大臣共同商议决定，成立由履郡王允祹、和亲王弘昼、公讷穆图、内大臣海望、尚书徐本、都统傅鼐等共同参加的治丧机构。在这一机构的主持下，当日，弘历、皇太后、皇后、妃嫔、亲王以下的所有宗室人员和全体官员齐集内廷，剪发成服，并将雍正皇帝的遗体入殓；与此同时，为了防止大丧期间随时可能发生的内部变乱和外敌入侵，保证国家机器的正常运转，几位辅政大臣也异常地忙碌。雍正皇帝的遗体和全体护送人员刚刚进入紫禁城，果亲王允礼便将紫禁城各门钥匙要到手中亲自掌管，并专委公丰盛额、庆复二人管理乾清门出入人等，以保证雍正皇帝遗体和弘历的安全。又派公讷亲、内大臣常明传旨，将雍正皇帝圈禁的政敌严加看守。与此同时，又飞谕西路军营署大将军查郎阿近期不得来京，还

果亲王允礼像　（清）郎世宁绘

驻肃州，严防准噶尔乘机进犯。西南平定苗疆叛乱事务，则鉴于张照经理不善，致使叛乱有日益蔓延之势，而下令将张照调来京师，以湖广总督张广泗总理苗疆事务。辅政大臣刚刚开展工作三天之后，鄂尔泰、张廷玉便向弘历提出"辅政"之名不甚妥当。"辅政"一词曾用于康熙之初，其时康熙皇帝年仅八岁，现在袭用其名，不但显得对弘历不尊重，而且也极易使人想起当年专横跋扈的鳌拜，对几位辅政大臣本人也没有好处。他们要求，仍用雍正皇帝居丧期间的"总理事务"名称。对于这一要求，弘历当即表示同意，立即将这一机构改称"总理事务处"并颁布谕旨，"启奏一切事件，俱着送总理事务王大臣阅看过，再交奏事官员转奏。若有密封陈奏事件，仍令本人自行交奏"。[25]这一决定的做出，突出了嗣皇帝在统治集团核心中的地位，并对总理事务王大臣的权力有所限制，对于乾隆皇帝统治地位的确立起到了积极的作用。

在总理事务王大臣和治丧机构的共同努力下，雍正皇帝去世之后，国家机器照常运转，治丧工作也在非常顺利地进行。八月二十七日，向全国颁布了雍正皇帝的遗诏；九月初三日，弘历即皇帝位于紫禁城内的太和殿，并颁登极诏书于全国，大赦天下，改明年年号为乾隆，颁乾隆新历，铸乾隆通宝。九月十一日，移雍正皇帝梓宫于雍和宫永佑殿。九月十九日，二十七日服满，弘历移居养心殿。至此，弘历在全国臣民中的最高统治者的地位初步确立下来，清朝历史也进入了一个新的历史时期。因为弘历即位以后年号"乾隆"，故而在此下行文中将其称为"乾隆皇帝"。

1 《乐善堂全集定本》，雍正庚戌年（1730）原序，福敏跋文。

2 《乐善堂全集定本》卷八《恭跋圣祖仁皇帝御制避暑山庄三十六景诗》。

3 《清高宗实录》卷九四一，乾隆三十八年八月壬寅。

4 《清世宗实录》卷一〇，雍正元年八月甲子。

5 《朝鲜李朝实录中的中国史料》第11册，景宗二年（康熙六十一年）十二月戊辰。

6 《乐善堂全集定本》卷一〇《稽古斋文钞序》。张廷玉:《澄怀主人自订年谱》卷二。

7 《清高宗实录》卷五，雍正十三年十月己丑。

8 《清高宗实录》卷五，雍正十三年十月己丑。

9 唐邦治:《清皇室四谱》卷三。

10 张廷玉:《澄怀主人自订年谱》卷二。

11 《乐善堂全集定本》，福彭序。

12 《乐善堂全集定本》，张廷玉序。

13 《乐善堂全集定本》，朱轼序。

14 《乐善堂全集定本》，朱轼序。

15 《乐善堂全集定本》，乾隆皇帝丁巳年（1737）自序。

16 《乐善堂全集定本》卷一。

17 《乐善堂全集定本》，福彭序。

18 《乐善堂全集定本》卷二五。

19 《乐善堂全集定本》卷二七。

20 《乐善堂全集定本》卷二三《寿五弟》。

21 《清高宗实录》卷四，雍正十三年十月丙子。

22 张廷玉:《澄怀主人自订年谱》卷三，雍正十三年。

23 张廷玉:《澄怀主人自订年谱》卷三，雍正十三年。

24 张廷玉:《澄怀主人自订年谱》卷三，雍正十三年。

25 《清高宗实录》卷一，雍正十三年八月庚寅。

第二章 雏凤清音

第一节 重审治术

乾隆皇帝即位之初，其所进行的主要政治活动，是在几位总理事务王大臣的辅佐下，对已故雍正皇帝的各项政策进行了全面的审查和大幅度的调整。

雍正皇帝是一个杰出的君主，对清朝历史的发展做出过重要的贡献。他在位期间，为了改变康熙末年以来朝政废弛的现象，"竭虑殚心，朝乾夕惕，励精政治，不惮辛勤"。[1]先后通过制定秘密建储制度、奏折制度，创建军机处，制止八旗下人对旗主的私属关系，推行地丁合一、耗羡归公、养廉银和改土归流等重要政策和法令，以一个改革者所当具有的胆略，对当时的封建统治机构和赋役制度进行了大刀阔斧的改革。通过改革，在经济上，使得国家财政状况明显好转；在政治上，也使皇权进一步强化，为乾隆时期清朝统治全盛局面的形成奠定了一个很好的基础。

虽然雍正皇帝的各项改革措施对于清朝历史的发展和全盛局面的形成有其积极作用，然而也须指出，由于时间仓促、

乾隆帝青年朝服像

思虑不周和情况不明、用人不当等许多原因，不少改革措施或在制定之初便存在这样那样的问题，或在执行之中弊端百出。加之这些改革涉及面较广，又是以加强皇权为目的，不少阶级、阶层和政治集团的政治利益和物质利益受到了限制和损害，因而雍正皇帝的各种改革措施在当时便招致了相当多的议论和反对，雍正皇帝本人也几乎成了政治上的反对势力的众矢之的。这些问题的存在，影响着统治阶级内部的团结和整个社会的安定，不利于政治、经济的进一步发展和清朝统治的巩固。对于这些问题，雍正皇帝本人不能纠正，其他人包括尚在"备位藩封，谙习政事"的乾隆皇帝和雍正皇帝的几个亲信大臣鄂尔泰、张廷玉等虽有察觉，然而由于雍正时期各人所处具体环境的限制，也都无力加以纠正。只有在雍正皇帝去世、最高权力过渡完成之后，才使这些问题的纠正成为可能。在这样的情况下，乾隆皇帝即位之初，为了扩大统治基础以巩固自己的最高统治者的地位，在几位总理事务王大臣的辅佐下，在坚持雍正皇帝改革的基本成就的同时，对雍正时期的各种政策进行了大幅度的调整。

在各种统治政策的调整中，最先转变的是治理国家的指导思想。在争夺和巩固最高权力的斗争中，雍正皇帝养成了雷厉风行的工作作风和崇尚严猛的治世思想。应该说，这是他能够取得成功的一个重要的原因，但也因此蒙上了刻薄寡恩、"好抄家"的恶名。乾隆皇帝继续坚持这种治世思想，无疑将不利于自己的统治。因而，雍正皇帝刚刚去世，以乾隆皇帝为核心的最高统治集团便放出了改变雍正皇帝治世思想的信号。在由他们起草的雍正皇帝的遗诏中称：

> ……然宽严之用，又必因乎其时。从前朕见人心浇薄，官吏营私，相习成风，周知省政，势不得不惩治整理，以戒将来。今人心共知儆惕矣，凡各衙门条例，有从前本严而朕改易从宽者，此乃从前部臣定议未协，朕与廷臣悉心斟酌而后更定，以垂永久者，应照更定之例行。若从前之例本宽而朕改易从严者，此乃整饬人心风俗之计，原欲暂行于一时，俟诸弊革除之后，仍可酌复旧章，此朕本意也。向后遇此等事，则再加斟酌，若有应照旧例者，仍照旧例行。[2]

在这份遗诏中，乾隆皇帝把雍正皇帝打扮成宽严并济政治的提倡者，并假托雍正皇帝之口，把对政敌的打击和各项改革措施归结为"人心浇薄，官吏营私"的结果，是一种不得已的临时办法。尔后，他又多次对这一思想进行阐释和发挥。一方面进一步将雍正皇帝的严猛思想及对政敌和违法官吏的严惩归结为被惩治者的咎由自取，或者将一些政策上的失误诿过于具体办事官员的"奉行不善"，以致"政令繁苛，每事刻核，大为闾阎之扰累"，[3]以改变雍正皇帝在人们心目中的形象。另一方面，为了防止统治思想的转变可能导致的各级官员的思想混乱和政务废弛的现象，而对他的宽严并济的思想作了愈益具体的解释。他认为，"治天下之道，贵得其中。故宽则纠之以猛，猛则济之以宽"。[4]也就是说，宽、严两种治术都是最高统治者根据政治形势的需要而采取的必要手段。两者互相补充，交相为用，都是为维护封建统治秩序服务的。离开了这个目的而讲宽、严，不是国家政务"日渐废弛，鲜能振作"，就会流于刻薄，有害民生。[5]关于宽、严两种治术的具体内容，他认为，"整饬之与严厉，宽大之与纵弛，相似而实不同。朕之所谓宽者，如兵丁之宜存恤，百姓之宜惠保，而非罪恶之可以悉赦，刑罚之可以姑纵，与庶政之可以怠荒而弗理也"。[6]"宽非纵弛之谓，严非刻薄之谓。朕恶刻薄之有害于民生，亦恶纵弛之有妨于国事"。[7]在他看来，理想的宽严并济之道应该是"朕主于宽，而诸王大臣严明振作，以辅朕之宽"。[8]在这些思想的指导下，他对雍正皇帝的政策进行了全面的审查，并在全国范围内进行了纠正雍正败政的活动。

第二节　处理积案

终雍正一朝，各种各样的政治斗争次数多，涉及范围广，延续时间长，社会影响大，因而乾隆皇帝即位之初，这一问题最为突出，并构成了这一时期各种政策调整中的一个重要方面。

在各种各样的政治斗争中，康熙末年以来诸皇子争夺储位以致争夺最高权力的斗争占据着十分突出的地位。早在康熙末年，围绕着争夺储位这一中心问题，诸皇子间便各为门户，自树党羽，明争暗斗，矛盾非常尖锐。雍正皇帝继位后，斗争更加激烈，并且在原来矛盾之外，又发生了雍正皇帝和弘时父子间的矛盾和斗争。为了巩固自己的统治，雍正皇帝对政敌大打出手，或者监禁，或者流放，或者杀戮。更为甚者，对于自己的主要政敌允禩、允禟等人，则不但分别将其本人改名为阿其那、塞思黑以示侮辱并将其迫害致死，而且对其子孙也予以削除宗籍之处分。为了加强自己的统治，雍正皇帝对政敌进行严厉打击固属必要，但是，将其改名和削除其子孙宗籍则甚显过火。而且，此案涉及八旗贵族和功臣后裔甚多，既不能将之尽行诛杀，又无法禁止其私下议论。因而，尽管雍正皇帝在这场斗争中取得了胜利，但因在皇室内部结怨过多，在舆论上处于极为不利的地位。皇室内部关系紧张是刚刚即位的乾隆皇帝的一个严重的内顾之忧。

为了收揽人心，乾隆皇帝在即位之初，便严厉指责允禵的儿子弘春、允祉的儿子弘晸"不孝不悌"，以监禁伊父、伊兄为喜。[9]尔后，又以"亲亲睦族"为旗帜，释放圈禁的宗室，着手办理"罪黜之宗室、觉罗附载玉牒"，"分赐红带、紫带"。[10]根据他的指示，允禵、允䄉等被圈禁宗室先后被释放出监，给还爵位；原被削除宗籍的阿其那、塞思黑、延信、苏努等人的子孙也分别发还产业，赏给俸饷，赐予红带，收入玉牒。雍正皇帝第三子弘时和原封诚亲王允祉，已在圈禁中死去，这时也由乾隆皇帝下诏，分别收入玉牒，其中允祉还赐复爵位。对于允禩集团的一些骨干成员如阿灵阿等，也分别赦免本人及其家属。[11]为了扭转长期以来宗室之中"互相排挤，不知向善，风俗因而敝坏"的情况，[12]乾隆皇帝还一反乃父之所为，对宗室采取了比较宽厚的政策。他即位不久，便将康熙皇帝的两个幼子允祕、允禧分别晋封为郡王、贝勒。

尔后，又陆续扩大到其余未曾受封的宗室，甚至已废太子允礽的儿子弘皙、孙子永璥也分别给予了辅国公的爵位。对于未受封爵的宗室子弟，为了防其"终身废弃，末由成就"而分别加恩给予差使，"挑在侍卫章京上行走"，[13]以资上进。与此同时，他还提倡"以孝治天下"，对于宗室中的长辈，撰拟册文时不称"尔某"，以示"敬长之意"。[14]对于孀居紫禁城内的康熙、雍正两代皇帝的几个妃子，因为她们和封藩在外的儿子见面极少，则于岁时伏腊令节生辰准许各王贝勒迎养于各自府邸，以享天伦之乐。所有这些，都在一定程度上缓和了原来十分尖锐的皇室内部矛盾，为团结统治阶级各阶层人士奠定了一个很好的基础。

在调整皇室内部关系的同时，乾隆皇帝还对雍正年间年羹尧、隆科多两案的遗留问题进行了处理。年、隆二人原都是雍正皇帝的亲近大臣，对其统治的建立和巩固起过极大的作用。但因二人专横跋扈、恃功不臣，隐然构成了对雍正皇帝统治的威胁。故而雍正三年至雍正五年，雍正皇帝对此二人及其党羽进行了清洗。与此同时，雍正皇帝还大兴文字狱，对和年、隆二人有过来往的官吏和士子加以打击。其著名者有雍正三年发生的汪景祺的《读书堂西征随笔》案和雍正四年发生的查嗣庭的江西乡试试题案，本人和家属都分别受到诛戮和流放的处分。牵连所及，汪、查二人浙江原籍的乡、会试被停止，其他各种类型的文字狱也连绵不绝。雍正皇帝的这些举措，使得全国上下各级官吏和士子人人自危，"士子以诗文为戒"，[15] "乡、会两试考官，每因避忌字样，必择经书中吉祥之语为题"。[16]国家政治生活处于极不正常的局面之中。对于这些问题，乾隆皇帝在"备位藩封"时便当有所闻，因而即位之后，首先允许年羹尧冒滥军功案内革职的知县、守备以上的文武官员起复，"酌量降等录用"。[17]尔后，对于各起文字狱案的涉及人员，也分别放回原籍。除此之外，为了解除广大官吏、士子的疑忌心情，乾隆皇帝还连颁谕旨，反复劝导，"嗣后一切章疏，以及考试诗文，务期各展心思，独抒杼轴，从前避忌之习，一概扫除"。[18] "若以避忌为恭敬，是大谬古人献替之意，亦且不知朕兼听并观之虚怀。"[19]为了制止民间的"挟嫌陷罪"和各级官吏的"见事生风，株连波累"，[20]乾隆皇帝还采纳山东道监察御史曹一士的建议，除敕下直省大吏对以往文字狱案通行复查外，还特别规定："妄举悖逆者，即反坐以所告之罪"；承审官吏"有率行比附成狱者，以故入人罪律论"。[21]这些规定，缓和了一个时期中最高统治者和广大官吏、士子之间的紧张关系，对自己统治的巩固也起到了一定的作用。

在对雍正年间各种政治积案进行重新审理时，乾隆皇帝只对其中的曾静、张熙投书案做出了较之雍正皇帝更为严厉的处理。雍正皇帝处理该案时，在对吕留良等人进行严厉惩罚的同时，出于政治斗争的需要，曾将曾、张二人免罪释放，并让他们作为活教材，分别到全国各地宣讲《大义觉迷录》。乾隆皇帝即位后，考虑到他们已经没有什么实用价值，而且，他们原来在著作中曾强烈反对清朝政府的民族压迫和雍正皇帝的专制统治，"实为大逆不道，虽置之极典，不足蔽其辜"，[22] 兼之以《大义觉迷录》的宣讲也弄巧成拙，产生了不少副作用，故于雍正十三年十月下令湖广督抚将曾、张二人秘密押解至京，凌迟处死。与此同时，也下令各地停止宣讲《大义觉迷录》，所有颁发的原书，概行收缴销毁。

第三节　调整政策

随着统治思想的转变，在重新审理雍正朝政治积案的同时，以乾隆皇帝为核心的最高统治集团对雍正皇帝的各个方面的政策，包括官吏、八旗、绅衿生监、广大农民和手工业者在内也都进行了调整。通过这些调整，对雍正时期存在的一些明显的败政有所纠正，对阻挠社会经济发展的一些不利因素有所排除，一定程度上缓和了中央政权和社会各阶级、阶层间的矛盾，对乾隆皇帝最高统治地位的确立起到了一定的作用。

一、官吏和八旗

官吏和八旗军队是清朝政府维持统治的两大支柱。为了争取他们的支持，早在即位之初，乾隆皇帝便利用登极大典、恭上皇太后尊号等礼庆活动之机普遍加恩。对各级官员则加级晋爵，封赠父祖；对八旗军队则豁除积欠，赏赐钱粮。尔后，又陆续采取一系列措施，恩威兼施，加强了对他们的控制。

1. 引见官吏。即位以前的乾隆皇帝因备位藩封，很少与闻政事，对各级官员、将领几乎全不认识。为了加强对各级官员的了解与控制，乾隆皇帝除了新授官吏概行引见外，还陆续调各地现任提镇、各省藩臬来京引见。如从乾隆元年五月起，令各省提镇"酌量先后，轮流来京"。[23]乾隆二年二月以后，又以各省藩臬是帮助督抚管理一省钱粮刑名之事的重要官员，"必得才守均优之人，方克胜任"，[24]而传令各省督抚，安排进京引见事宜。与此同时，还令被引见官员的主管上司将其操守办事情况具折奏闻，以备参考。乾隆三年五月以后，引见范围又扩大到了副将、参将、道府官员和部分知县。通过这些举措，乾隆皇帝很快地掌握了全国文武官员的基本情况并不断加强对他们的控制。

2. 豁除官侵吏蚀。雍正皇帝在位期间，为了整顿吏治，大力清查亏空，仅江南一地即查出亏空银粮一千一百余万。因此，雍正皇帝分别对官侵、吏蚀、民欠，严令追缴。这一活动固然对民间骚扰极大，对各级贪官污吏也是一个沉重的打击。已被查出者革职、抄家自不待说，未被查出者也终日神不守舍，惶惶不安。乾隆皇帝为了争取这部分官吏的支持，雍正十三年九月规定，"从前江南积欠钱粮内，曾有官侵、吏蚀二项"，"亦着照民欠例宽免"。[25]与此同时，对于原来八旗官员亏欠未完者也加恩宽免。[26]这些规定，使得一个时期中最高统治者和相当一部分手脚不干净的官员之间的矛盾由此而缓和下来。

3. 加俸和扩大养廉银发放范围。清朝前期，沿袭明制，官吏俸禄极低，各级官吏贪污受贿现象非常严重。为了澄清吏治，雍正皇帝先后做出了在外官员给予养廉、在京汉官增添俸米、各部堂官给予双俸的规定。然而，一则由于养廉银发放范围有限，外地官员仅至知县以上，只有个别地区如广西省的一些地方发放到知县以下的佐贰官员；二则由于官俸过低，即使将在京官员俸禄增加一倍也仍然大大低于外地官员的养廉银；三则在京官员发放双俸的范围狭小，仅及五部堂官以上的官员，包括礼部堂官在内的广大京员仍食原俸，广大官吏尤其是中下级官吏的低俸问题仍然没有解决。为此，乾隆元年六月，乾隆皇帝首先将礼部堂官照五部堂官例给予双俸，不久，又陆续做出了发给在京各级官员养廉以及将在京大小文武官员俸银各加一倍的规定。与此同时，还先后应全国各地督抚之请，对于佐杂官员，也分别给予养廉。除此之外，对于高级致仕官员，乾隆皇帝也格外加恩，乾隆元年三月，规定给予告在籍的大学士、尚书全俸。三年十一月，又对之加以补充，成为定制，永远执行。

4. 关心旗人生计，扩大八旗兵额。对于八旗子弟，乾隆皇帝也格外关心。即位之初，普赏八旗兵丁一月钱粮，所借银两概予豁免。尔后，又多次开恩，赏赐钱粮、借给俸饷不绝于书。如雍正十三年九月，加赏军营兵丁一月钱粮。[27]乾隆元年八月，普借八旗官员兵丁一年俸饷；[28]次年九月，以八旗生计不足，再行借给在京兵丁半年俸饷。[29]对八旗基层骨干如八旗护军校、骁骑校等还加给闰饷。[30]因为旗人不谙生计，随手花费，造成欠债无力偿还，乾隆三年七月，将债务尽数豁免。[31]为了解决八旗"生齿日见其繁"、仕途相对狭隘、兵额相对不足的矛盾，[32]乾隆二年九月，从御史舒赫德之请，准满洲、蒙古郎中与各部汉郎中一起保举道员；[33]三年十月，又决定由政府每年拨出银米五十余万，加添护军、领催、马甲四千余名，养育兵一万多名，以保证八旗子弟的俸饷收入，使旗人"永享安宁之福"。[34]这些措施，进一步加强了八旗子弟对乾隆皇帝的依赖，收到了稳定形势、巩固统治的效果。

二、绅衿生监

地方绅衿是清朝统治的社会基础，而举贡生监又是各级封建官吏的后备军。为了争取他们对政府的支持，雍正以前的历代皇帝都给予他们一定的特权。但是，他们并不以此为满足，还千方百计地扩大自己的权利。"或出入官署，包揽词讼；或武断乡曲，欺压平民；或抗违钱粮，藐视国法；或代民纳课，私润身家。种种卑污下贱之事，难以悉数"。[35]鉴于他们的所作所为严重地危害了清朝政府的利益，雍正皇帝在位期间，先后革除所谓儒户、宦户等名目，规定士民一体当差，取消了他们的一些特权，并对其中抗欠钱粮、包揽词讼的违法者予以严厉的打击。与此同时，还加强了对举贡生监的管理，凡涉词讼，即革去功名。牵连所及，对于科甲出身的官吏，也以打击朋党为名，搜罗过失，予以惩治。这些措施虽在一定程度上加强了中央政府对地方基层政权的控制，但是长此以往，对清朝政府的统治也十分不利。

乾隆皇帝即位之初，首先着手纠正雍正朝为惩治不法绅衿而制定的各项极端措施，对生员欠粮、包讼等情事的处分通行改宽、改缓，[36]对于从前因"抗欠国课"而褫革的举贡生监，也分别准予开复。[37]同时，规定"嗣后举贡生员等着概行免派杂差"。[38]发遣犯人中，"有曾为职官及举贡生监出身者，一概免其为奴"。[39]"生员犯过"，地方官当先详学臣批准，始能"会同教官于明伦堂戒饬，不得擅行饬责"。[40]与此同时，他还极力鼓吹提高儒生的社会地位。针对不少高级官吏轻视儒生的情况，他说："朕惟恐人不足当书生之称，而安得以书生相戒乎。""书气二字，尤可宝贵"，"人无书气，即为粗俗气、市井气"，并说自己二十多年来"实一书生也"。[41]为了贯彻他的这种主张，他除于乾隆元年九月诏举博学鸿词科，将其中式者各授官职外，还先后就提高士子和各级教官待遇，扩大各省府、州、县学生员录取名额，为士子开放仕途等问题做出了一些新规定。如雍正十三年十二月和乾隆元年三月，乾隆皇帝先后提高各省和国子监教职官员品级，并改变教职人员两官同食一俸的旧例，给予全俸。[42]乾隆元年三月，为了解决举人仕途壅滞、多年不得一官的问题，命进士单月选班改用举人。[43]此外，对于潜心学术、研究有成的学者，则大力表彰，不次擢用。如乾隆二年正月，乾隆皇帝以江南贡生王文震"潜心经书,于《礼记》讲习尤深"而赏给国子监助教职衔,调来北京,"编校日讲《礼记》"。[44]乾隆皇帝的这些措施,改善了政府和绅衿生监之间的紧张关系,收到了扩大统治基础的效果。

三、农民和手工业者

清朝前期,社会经济一直在向上发展。但是,由于清朝政府、各级官吏和封建地主对人民的残酷剥削,致使广大农民的生活长期处于极为贫困的境地。雍正皇帝在位期间,推行丁随地起、耗羡归公,简化并完善了国家主要赋税收入的完纳手续,对各级官吏的额外剥削也有所限制,因而在一定程度上有利于社会经济的发展。然而,这次赋役改革涉及面有限,而且不是以减轻农民的赋役负担为目的,终雍正之世,广大农民的赋税负担依然十分沉重,兼之以各级官员迎合雍正皇帝扩大国家财政收入的心理,"报羡余,匿水旱,奏开垦",[45]也给生产发展带来了新的干扰,以致社会经济发展缓慢,广大农民的生活依然十分困苦。为了巩固自己的统治,乾隆皇帝即位之初,便在雍正皇帝赋役改革的基础上,进一步划一赋役制度,并采取各种措施限制各级官吏的额外剥削。与此同时,还对不利于社会经济发展的前朝败政分别予以革除,从而使广大农民的生活状况相对有所改善,社会经济也在前朝已有的基础上继续发展,为乾隆时期清朝统治全盛局面的形成奠定了一个很好的基础。

1. 划一赋役征收标准,减免过重地丁负担。乾隆皇帝即位之初，由于全国赋役征收制度并未完全划一，一些地区人民的赋税负担仍然极为沉重。造成这种情况的原因极为复杂，大致说来，一是由于历史的原因和土地所有制的关系。如山东益都县之更名地，原系前明藩封之产，农民承种输租，"较之民粮多二倍至四倍不等"。[46]又如全国不少地区的军民屯田，其体制也大多沿自前明，原不与民田"一例编征四差等次"，[47]因而其所交纳之租税，也普遍地高出民田三四倍之多。雍正年间，摊丁入地，出于保障国家财政收入的目的，也没有作任何改动。二是雍正年间之摊丁入地，是以州县为单位。但是由于其以康熙五十年各州县人口为依据而各州县人口分布又极不平均，导致了一些人口稠密地区地亩摊派丁银过重的现象。如福建省的宁洋、寿宁、南平等县，"每丁征至四钱、二三钱不等"，以致"有田之家，即成加赋"，[48]"小民不无赔累"。[49]又如该省之平和、清流、永安三县，"每田粮一两，征丁银四五钱不等，较之别邑多至加倍有余"。[50]三是一些地区摊丁入亩贯彻并不彻底。如原来手工业者向政府交纳的匠价，雍正时期全国多数地区均已摊入地亩，只有陕、甘二省未曾摊入，兼之以年代久远，"有子孙改业，仍输旧课，有丁倒户绝，里甲代赔"，[51]给人民带来了很大的烦扰。四是摊丁入亩时，一些经办官吏草率从事，以次作好。如"江南昆山、新阳等县沿江、滨湖地亩，虽不类于板荒坍没，而芦苇蓁芜，不堪树艺，而地处低洼，十载九荒"，编定田亩科则时，"分析未清，竟有以下产而供上赋者，以致小民输纳维艰，终归逋欠"。[52]上述情况的存在，不但给政府征收赋税造成了极大的不便，而且极易因此而触发各种事端，对清朝政府的统治十分不利。

　　乾隆皇帝即位后，陆续将各地征粮科则划归统一。乾隆元年五月，首将山东益都更名地钦租名色裁革，照依该县上等民地按亩承粮，以除钱粮偏重之累。尔后，又先后推广到直隶、甘肃、江南、浙江、广西、陕西、湖北、福建、山西等省的军民屯田。对于一些丁银过重的地区，则分别将其高出数额予以削减，积欠部分予以豁免。对于因为执行摊丁入亩不彻底、不认真而导致的陕、甘二省匠价仍然征收和一些地区"下产而供上赋"的现象，或者将之摊入地亩，或者重新"厘正科则"，以纾民困。

　　2. 禁止溢收耗羡，限制额外剥削。雍正皇帝规定耗羡归公，一定程度上限制了各级官吏对广大人民的额外盘剥，但是日久弊生，"奸吏贪缘朘削，羡外加耗"，[53]对此，乾隆皇帝即位之初即严令各地官员"不得于所定份数之外，借估色添戥为名，多取丝毫"。[54]不久，对全国各地赋税耗羡征收中的一些陋规，如四川省于耗羡之外征收的余平、广东省的屯田羡余和各地漕粮征收中的踢斛、淋尖等，概予取缔。针对不法官吏加重戥头、暗加火耗的现象，他规定，"各省督抚，转饬布政司遵照征收钱粮之天平、法马，制定画一之戥，饬令各州县确实遵行"。[55]与此同时，他还着手减少一些省份的耗羡征收数额。如四川耗羡原定二钱五分，陕西耗羡原定二钱，都高于全国其他省份，乾隆皇帝先后颁布谕旨，将两省耗羡皆减至一钱五分，一定程度上减轻了广大农民的经济负担。

3. 裁除苛捐杂税，禁止虚报开垦。除了正额赋税之外，各种苛捐杂税也是压在广大人民头上的一个沉重的负担。以贡献而言，除各省督抚照例进贡方物土宜之外，不少地区还另有名目。如江南长江一带网户有向朝廷进贡新鲜鲥鱼之例（后改折价）。[56] 直隶怀安、保安二县有为宫廷具办长杨木柴以供祭祀之例。[57] 以摊派而言，摊丁入亩之后，上下两江、四川、直隶等省河防、堤岸、闸坝工程的兴修仍然按亩摊派。[58] 其他各种额外摊派也所在皆有，如澎湖渔艇出海，有所谓规礼；[59] 江南芜湖有所谓杂办江夫河蓬钱粮。[60] 以各种杂税而言，则更是名目繁多，不胜枚举。如广西有草蒜、灰面、地豆、西瓜、菱角、冬瓜、笔墨砚、石灰、糖油、鱼苗、鸬鹚、猪苗、花麻等税，[61] 广东有粪铺、牛骨、皮碎、农具、棉条等税，[62] 云南有檾锄、箕帚、薪灰、鱼虾、蔬菜水果等税，[63] 奉天则有倒毙马骡等税。[64] 由于税卡林立，"贩自东市，既已纳课；货于西市，又复重征"，[65] 也使广大人民重受其扰。除此之外，雍正时期，各级地方官吏出于迎合雍正皇帝鼓励垦荒、增加纳课地亩的愿望而虚报垦田数字，也给广大农民带来了极大的骚扰。据《清世宗实录》所载，从康熙六十一年至雍正十二年，全国垦田数字增加三十九万多顷，平均每年纯垦荒地竟高达三万多顷，虚报开垦造成了严重的后果。前任官吏垦少报多，以邀议叙；接任之官不甘赔垫，"势必于里甲之中，匀派飞洒"，[66] 以致"名为开荒，而实则加赋"，[67] 一些地区甚至激起民变，严重地影响了清朝统治的巩固。[68]

对于这些问题，乾隆皇帝即位之后，即采取措施，分别予以处理。雍正十三年九月，首禁各省贡献。[69] 十月以后，陆续裁除各省杂税。十二月以后，严禁各省工程摊派，[70]对于当时正在兴修中的河南孟县小官堤、浙江绍兴府水利工程和扬州一带运河整修工程，则概用公帑。对于各省虚报开垦的问题，则作为重要问题专予解决。雍正十三年十月，他首先严厉指责雍正年间虚报垦田情况最严重的河南、福建两省垦田"多有未实"，"非徒无益于地方，而并贻害于百姓"，并明确规定，以后"凡造报开垦亩数，务必详加查核"，"不得丝毫假饰，以滋闾阎之扰累"。[71]不久，又采纳其业师朱轼的建议，停止弊端甚多的各地土地丈量并将以前报垦的田地重新复查，"如系虚捏，据实题请开除。如护短文饰，察出严治"。[72]从此之后，各省陆续申报雍正年中虚报开垦的地亩，截至乾隆三年末，计达三万五千四百余顷，而且此后还在继续申报。这些都经乾隆皇帝批准予以豁除，从而在一定程度上减轻了广大人民额外的赋税负担。

4. 蠲免积欠，赈恤灾民。由于清初以来一些地区的重赋和各种弊政的关系，广大农民积逋累累，极端贫困。乾隆皇帝在减轻一些地区人民的过重的地丁负担，限制额外剥削的同时，还进行了蠲免民间积欠的活动。

乾隆皇帝蠲免积欠，分全国性和地区性两种。其中全国性普蠲一次，时在乾隆皇帝即位半个月后，"将雍正十二年以前各省钱粮实欠在民者一并宽免"。[73]此后，则针对各地具体情况，分别进行多次地区性蠲免。如乾隆元年四月，免江南阜宁、盐城等州县雍正十三年未完缓征漕粮；[74]二年四月，以世宗配天，免苏、松浮粮二十万两。[75]与此同时，还以北方天旱，蠲免当年直隶地丁七十万两、山东地丁一百万两。[76]至于因自然灾害和巡幸、战争等原因而做出的小范围的蠲免则更多。在蠲免工作中，针对"蠲免之典，大概业户邀恩者居多"而佃户不得沾惠的问题，乾隆皇帝颁布谕旨，"劝谕各业户酌量减彼佃户之租"。[77]针对一些地方官吏"一闻蠲免恩旨，往往于部文未到之前，差役四出，昼夜催比"，"官吏分肥，侵渔中饱"，以致"朝廷有赐复之恩，而闾阎不得实被其泽"的现象，[78]乾隆二年七月，他规定，"嗣后凡有蠲免，俱以奉旨之日为始。其奉旨之后，部文未到之前，有已输在官者，准作次年正赋"，并将此"永著为令"。[79]对于一些受灾较重地区的人民，除蠲免正额赋税外，乾隆皇帝还屡施赈恤并采取各种措施减轻灾害对社会破坏的程度。如放宽报灾限制，被灾五分者即准上报，申请蠲免；规定各级官吏赈灾宜速，一面办理，一面奏闻，以及对灾区百姓以工代赈，免收灾区商人米税，开仓平粜、设立粥厂，兴办各种慈善机构普济堂、育婴堂等。此外，他还注意采取措施预防自然灾害，如预饬民间积谷，整顿常平仓、社仓等。所有这些，都对这一时期广大农民困苦处境的相对减轻起了一定的作用。

四、纠正其他败政

除上述问题之外，雍正皇帝在政治举措和各种社会政策的制定和执行中也都存在着不少问题。这些问题的存在，不但大大降低了中央政府和最高统治者在广大士民官吏中的威信，也严重地影响了整个社会的安定和人民生产、生活的正常进行。对于这些问题，乾隆皇帝也将之作为统治政策调整中的一个重要内容，分别予以纠正。

1. 限制、打击僧道。在康熙末年竞争储位的斗争中，雍正皇帝为了迷惑政敌，安慰自己，时常与僧人来往，学了不少佛家名词。即位之后，旧习不改，又在宫中养着一帮僧道，或与其讲究佛理，或令其烧炼丹药。雍正皇帝之本意，不过是以此作为政事之余的"游戏消闲之具"，[80]但是久而久之，却在一定程度上危害了自己的统治。一是宗教势力因此而得到发展，"缁流太众，品类混淆"，[81]引起了广大正统儒生、官僚的不满，影响了雍正皇帝的声誉。二是长期服用丹药，也严重地损害了雍正皇帝的身体健康，传说其突然去世即是丹药中毒所致。

乾隆皇帝即位之后，立即改变了乃父优礼、纵容僧道的政策。对于曾经供奉内廷的僧道，乾隆皇帝予以严厉打击。雍正十三年八月二十六日，雍正皇帝去世刚刚三天，乾隆皇帝便对为雍正皇帝烧炼丹药的道士张太虚、王定乾等大加斥责，指斥他们"不安本分，狂妄乖张，惑世欺民"，皆属"市井无赖之徒"，将其尽数驱回原籍。[82]不久，又对侍雍正皇帝于帷幄的全部僧人做了同样的处理。其中雍正皇帝极为宠信的文觉禅师，虽已年过七十，乾隆皇帝也不放过，责令他徒步走回江南，极尽凌辱。[83]与此同时，还严行查缴雍正皇帝赐予他们的御书朱批，并严禁他们"捏称在大行皇帝御前一言一字"，如果发觉，"定严行拿究，立即正法，决不宽贷"。[84]对于全国各地的僧道，乾隆皇帝则加以限制。雍正十三年九月，他以"佛门之人日众，而佛法日衰"为理由，恢复了顺治时期颁给僧道度牒的旧规定，并限制各地擅造寺观。[85]在颁发度牒时，严格审查身份。不守戒律的应付僧人、娶妻生子的火居道士都被勒令还俗；[86]限制招徒人数，"其续收之数，不得逾开除之数"。[87]与此同时，还严谕查缴各地僧道收藏的顺、康、雍三帝御批字迹，以剥夺他们的政治资本；禁毁内容涉及宫廷的各种僧人著作，以削弱他们在社会上的影响。[88]经过他的整顿，在政治上排除了僧道势力对国家事务的干扰，在经济上也限制了宗教势力的发展，因而得到了广大士民官吏的拥护。

在打击、限制内地僧道势力的同时，出于团结少数民族上层贵族以巩固国家统一的需要，对于西藏、青海和蒙古等地区的佛教势力，乾隆皇帝依然表示鼓励和支持，并未对原来政策做任何更动。

2. 禁陈祥瑞。和中国历史上的不少帝王一样，雍正皇帝相信天人感应，喜谈祥瑞。在他的影响下，终雍正一朝，祥瑞不绝。什么嘉禾、瑞麟、凤鸟、甘露、卿云现、黄河清等，不一而足。这股虚夸风气的滋长使得中央政府和最高统治者很难掌握全国各地的实际情况。对此，乾隆皇帝极为反感。他说，如果百姓安居乐业，"虽不闻瑞物之来，亦无损于太平之象"。相反，国家治理不好，"即使休嘉叠告，诸物备臻，于地方治理，亦毫无裨益"。他还告诫臣工，应该以"实心实政保守承平大业"，"切不可务瑞应之虚名，致启颂扬之饰说"。[89]为此，他规定，"嗣后凡庆云、嘉谷，一切祥瑞之事，皆不许陈奏"。[90]至此，十几年来对全国人民的政治生活产生过极大影响的这股陈奏祥瑞的歪风才得以停了下来。

3. 除去累民措施。除上述败政外，雍正皇帝还有不少举措也都直接、间接地加重了人民的负担。如为了兴建浙江海塘和对准噶尔地方政权用兵，雍正皇帝曾先后开捐，致使官吏队伍的素质因此而有所降低。因为人口增殖、政务繁忙，为了便于统治，雍正皇帝曾允许各地增设州县和一些官职，也给地方制造了一些混乱。与之相似的还有宣扬乐善好施、道不拾遗、岁举老农、奖给八品顶戴、兴办八旗井田、派遣外省教职担任福建正音教官等，也都在执行中弊端百出。如各地陈奏的"乐善好施"大多非出绅民自愿，而系各级官吏勒索摊派所得，"甚且假公苛敛，中饱侵渔，名曰利民，而适以病民"。[91]宣扬"道不拾遗"也招致了"奸民邀赏，有司干誉"的流弊。[92]岁举老农，给予八品顶戴的做法，原为劝农而设，而在实际执行中，"往往有似农非农之辈觊觎钻谋，恃职不法"，后来改为三年一举，"较前更难，贿嘱益甚"，[93]更多为乡曲无赖所把持。为解决八旗生计而在直隶推行的井田制，也因八旗子弟盗卖官牛、出租土地而变得不伦不类。至于为教授官话而进驻福建各地的浙江、江西教职人员，又因"虽谙官音，不晓土语，师弟问答，彼此扞格"而无法开展工作。[94]所有这些，都影响了社会秩序的安定和封建统治的巩固。

对于这些问题，乾隆皇帝或者斟酌实情，严化批准手续，或者停止执行，改复旧章。如雍正十三年十月，以捐纳"无益于吏治，并无益于国帑"而停止开捐，动用正项钱粮办理浙江海塘工程。[95]次年正月，又以西北两路撤军，除留户部捐监以为"游学随宦在京者"的"应试之阶"外，"将京师及各省现开捐纳事宜，一概停止"。[96]与此同时，还以改隶州县，百弊丛生，"增设一官"，"事绪益纷，供给送迎，闾阎滋扰"；[97]陈奏乐善好施、道不拾遗，"直是另开捐纳之条，而胥吏土豪，乘此得以侵蚀"，[98]而分别下令禁止督抚滥请改隶州县，不许再行陈奏乐善好施、道不拾遗等。乾隆元年七月，从云南巡抚张允随之请，停老农总吏予八品顶戴之例；[99]十一月，从管理井田事务甘国璧之请，改井田为屯庄。[100]二年三月，又从福建布政使王士任之请，将他省派赴福建之正音教职人员全数发回，改从本省教职中"慎选熟晓官话者，专司正音教职"。[101]

第四节　打击政敌

在调整统治政策、纠正雍正败政的同时，为了巩固自己的统治，乾隆皇帝还对政治上的反对势力进行了打击。

乾隆皇帝即位之初，政治上的反对势力大致都曾为雍正皇帝所宠任，执行雍正败政也最为卖力。凭借雍正皇帝的信任，他们为所欲为，其中不少人还有贪劣实迹。如刑部尚书宪德，雍正初官职低微，因为受到雍正皇帝赏识，先后授湖北按察使、四川巡抚。在川期间，他秉承雍正皇帝指示对全省土地进行清丈。清丈结果，竟使全省土地由二十三万余顷激增至四十四万余顷，几乎增加一倍，并因此而激起民变，而其本人则宠眷不减。雍正末，累仕至刑部尚书兼工部尚书，署正红旗满洲都统。还有兵部尚书高起，更是贪酷异常。仅因企图贱价收买湖北按察使黄炳房产不遂，便妄参其在任亏空，制造冤狱。所有这些，都在广大官民中引起了强烈的不满。为了平息人民的不满情绪，雍正皇帝刚刚去世，尚未举行登极大典的乾隆皇帝便严厉指责他们"识见卑鄙，昏愦糊涂"，"性情乖张，怀私挟诈"，分别将二人革职。[102]尔后不久，随着调整统治政策、纠正雍正败政活动的全面展开，由于一些官员的揭发，全国各地特别是河南等地官员陈祥瑞、匿水旱、报羡余、奏开垦等许多问题也陆续暴露。鉴于这些问题涉及官员太多，无法尽行处罚，乾隆皇帝一方面对各种前朝败政猛烈抨击，将之称为"揆之人事则悦耳，论之阴阳则伤化"，要求各级官员"涤虑洗心，董率属僚，兴其天良，以为民劝"；[103]另一方面，为了推动全局工作的进展，又以河南一省为重点，进行了撤换执行雍正败政最力的高级官员、打击政治上的反对势力的活动。

雍正年间，河南一省执行雍正败政最为积极。举凡陈祥瑞、匿水旱、报羡余、奏开垦、严刑狱无一不有。因此，河南总督田文镜几乎成了全国的模范督抚，河南一省也几乎成了全国的模范地区。各种败政的推行给河南人民造成了极为深重的灾难。针对这些问题，雍正十三年十月，乾隆皇帝首先批评"河南一省，所报亩数尤多……其中多有未实"，"名为开荒，而实则加赋"。[104]一个多月后，又公开点了田文镜之名并多次对其加以指责。他说："河南自田文镜为巡抚、总督以来，苛刻搜求，以严厉相尚，而属员又复承其意指，剥削成风，豫民重受其困。"[105]与此同时，因为接任河东总督兼河南巡抚的王士俊"接任河东，不能加意惠养，且扰乱纷更，以为干济，借垦地之虚名，而成累民之实害"，将其解任，调来京师。[106]在昔日的既得利益受到损害的情况下，乾隆元年七月，王士俊向乾隆皇帝秘密上疏，以反对翻案为借口，对乾隆皇帝即位后调整统治政策、纠正雍正败政的全部政治活动提出了异议。他说："近日条陈，惟在翻驳前案，甚有对众扬言，只须将世宗时事翻案，即系好条陈之说，传之天下，甚骇听闻。"[107]与此同时，他还反对乾隆皇帝关于大学士兼管部务的规定，并对中央政府各部办事和廷臣保荐人员进行了攻击。和王士俊同时上疏的还有刑部尚书兼兵部尚书傅鼐。他除了反对对雍正皇帝的各项政策进行改动之外，还对雍正遗诏中关于今后政令当从宽大部分进行歪曲，要求照此精神对《大清律集解附例》中的有关条文进行修改，将各级官吏审断刑狱中误勘平人致死所受的处分也概从宽减。[108]总之，在他们看来，雍正皇帝的各项政策甚至一些明显的败政是谁也不能触动的金科玉律，如果对之稍加改动，便是有违祖制，便是翻案。他们的行动表明，他们是新形势下的政治上的反对势力。为了保证调整统治政策活动的正常进行，乾隆皇帝和他们进行了坚决的斗争。

在与以王士俊、傅鼐为代表的政治上的反对势力的斗争中，乾隆皇帝首先对他们反对翻案的言论痛加批驳。他指出，王士俊之条陈是"借直言之名，以自遂其私"。[109]他认为，"从来为政之道，损益随时，宽猛互济"，[110]即是说，各朝各代的政策皆需根据当时社会实际情况制定。社会发展，政策也需改变。这种改变不但是必然的，也是合理的。他举例说，尧以四岳之荐用鲧治水和鲧治水未成而遭舜杀，康熙皇帝政崇宽大和雍正皇帝的严饬整顿，都是不同时期各种政策之间的"维持调剂"和互相补充，目的都是"归于正直荡平之道"，而不存在翻案与否的问题。针对王士俊奏折中有反对大学士兼部之语，乾隆皇帝还非常机智地以子之矛，攻子之盾，指出大学士兼部正是雍正皇帝之"成宪"，因而翻雍正之案的不是别人，正是王士俊自己。考虑到王士俊、傅鼐反对翻案代表了相当一批官吏的共同看法，为了惩一儆百，乾隆皇帝决定对之严加惩处。将王士俊派员拿解来京，给以斩监候的严厉处分。对于傅鼐，则以其勒借商人王慎德银两为借口，革去一切职务。[111]

为了铲除这股政治上的反对势力的社会基础，他还先后对全国各地横征暴敛、不恤民艰、制造冤狱、推行败政的地方官吏分别予以惩治。如乾隆元年二月，以山东文登县知县王维干"残忍刻薄，如疯如狂，肆无忌惮，且创设不经见之非刑，草菅民命，劣迹种种，确有证据"，将其革职严审。[112]四月，以河南信阳州知州艾淳"匿灾不报，兼有贪劣实迹"，批准河南巡抚富德之请将其参革。[113]六月，以"隐匿灾荒，营私树党"而将前甘肃巡抚许容拿京治罪。[114]二年五月，又以广东琼州府知府袁安煜"不恤民间疾苦，贪黩不堪，声名狼藉"，将之革职治罪。[115]这样，经由乾隆皇帝对政治上反对势力的惩治和清洗，保证了其在即位之初调整统治政策、纠正雍正败政等各项活动的顺利进行，对于他在全国统治地位的初步巩固起了一定的作用。

由于雍正朝的各种败政都是由最高统治者——雍正皇帝自上而下强力推行的，几乎全国所有官员都普遍地予以执行，因而乾隆皇帝在调整统治政策、打击政治上反对势力的斗争中，十分谨慎，非常注意分寸。以惩治范围而言，仅至公然反对调整统治政策和贪劣情况严重、民愤极大的少数官员；以惩治程度而言，大多革职治罪，判处死刑者几乎没有，而且其中一些人在撤职后不久又加以起用。这些，对于减少政治上反对势力的反抗，对于乾隆初年政局的稳定也都起到了一定的作用。

第五节　抚定边陲

乾隆皇帝即位之初，清朝中央政权和准噶尔地方政权仍然处于军事对峙状态，雍正末年爆发的贵州地区的苗族叛乱也在继续蔓延。因而，乾隆皇帝在积极整顿内政的同时，还进行了与准部议和、平定苗疆叛乱的活动。

一、议和准噶尔

明末清初，厄鲁特蒙古地方政权崛起西北。几十年间，先后侵犯喀尔喀蒙古、西藏等地，并和清朝中央政权发生对抗。为了维护国家的统一和边疆地区的安定，康熙皇帝数度用兵，先后给准噶尔贵族集团以沉重打击。康熙皇帝去世后，雍正皇帝继续其父的事业，把消灭准噶尔贵族政权作为自己的一个工作重点。雍正七年后，清朝政府对准噶尔大举用兵。连续几年的战争虽然沉重地打击了准噶尔贵族分裂势力，但是由于指挥失宜，调度乖方，清军本身也伤亡惨重，兼之以

《皇清职贡图卷·厄鲁特人》 （清）丁观鹏绘

军费开支浩大，国库存银急剧下降。清朝中央政府亟需休养生息，以图再举。为此，雍正十二年八月，雍正皇帝遣傅鼐、阿克敦、罗密等出使伊犁，商讨停战、议和、划界事宜。对此，准噶尔台吉噶尔丹策零也迫不及待地表示同意，并于次年三月派使臣吹扎木喀随傅鼐等进京，商讨定界事宜。与此同时，边界上的战争也实际上停了下来。这些，就是乾隆皇帝继位之前两个政权之间关系的大致情况。

雍正皇帝的去世延缓了两个政权间议和的进程。有鉴于历史上内忧启致外患的先例，雍正皇帝去世之后，乾隆皇帝即严谕西北两路统帅停止撤军，固守边界。与此同时，还连派得力大臣庆复、常德等赴北路军营，主持防御准噶尔军队内犯的领导工作。而准噶尔台吉噶尔丹策零，虽然无力内犯，但也确实想利用雍正皇帝去世的有利时机，争取达成一个对其有利的划界协定。因而，乾隆元年正月，准噶尔使臣吹扎木喀再次进京商讨划界问题时，除继续坚持双方当以哲尔格西喇胡鲁苏为界的原来立场外，还进一步提出了要求喀尔喀蒙古继续内徙以多留双方空闲之地的无理主张。[116]对此，乾隆皇帝断然拒绝，并且中断了双方的边界谈判。为了达到自己的目的，噶尔丹策零或派兵越界，掳掠牧民，施加军事压力；[117]或遣人至喀尔喀蒙古地方作镇魇巫术，"妄造浮言，煽惑人心，侦探信息"。[118]与此同时，他还致书喀尔喀蒙古车臣汗，无理要求清军设防戍守的边界卡伦内移。[119]针对噶尔丹策零的这些挑衅行为，乾隆皇帝一方面令边界驻军严密防备，使其无隙可乘；另一方面则令额驸策凌复书，对其非分要求予以严厉驳斥。[120]在这样的情况下，噶尔丹策零无计可施，迫于内部要求恢复双边贸易的压力，乾隆二年底，又派使臣进京，边界谈判重新开始。

在这次谈判中，噶尔丹策零放弃了原来所提的非分的领土要求，转而提出了"嗣后喀尔喀与厄鲁特，各照现在驻牧，无相掣肘，庶几彼此两安"的建议。[121]因为这一建议和清朝中央政府的立场已颇为相近，乾隆皇帝表示欢迎，并立即再派阿克敦、旺扎尔、额默根等与噶尔丹策零来使达什、博吉图一起前往伊犁，与噶尔丹策零议定具体划界方案。经由双方反复商议，最后议定，双方边界中段以布延图河为界，南段以博尔济昂吉勒图、乌克克岭和噶克察为界，北段以逊多尔库奎、多尔多辉库奎至哈尔奇喇博木、喀喇巴尔楚克为界。

准噶尔游牧不得过阿尔泰山岭，喀尔喀蒙古不得过扎卜堪。与此同时，准噶尔一方提出，因为科布多位于双方边界上空闲之地，而清军两个卡伦布延图、托尔和又皆在准噶尔边界以内，要求清军撤出上述两卡伦并不得在科布多驻兵。[122]对于撤去两卡伦的要求，乾隆皇帝因其系康熙时所设，坚持不撤；对于不在科布多驻兵一事，则表示同意，而且还允许准噶尔每年派员巡察。除此之外，乾隆皇帝还答应了准噶尔入藏熬茶、进行贸易的要求。

对于乾隆皇帝的宽宏大度，噶尔丹策零深为感激，并采取了相应行动。四年十一月，准部遣还原来掳获的喀尔喀喇嘛罗布藏西瓦，[123]与此同时，双方贸易谈判也开始进行。乾隆五年正月，双方正式签订贸易协定，[124]不久，清朝西、北两路大军同时撤回内地，中断了十几年的双边贸易重新恢复。内地的布匹、丝绸、茶叶、农具和粮食，准噶尔地区的牲畜、皮张、葡萄干、卤沙和药材互相交流，对于推动边疆和内地经济、文化事业的共同发展起了一定的作用。

二、平定苗疆叛乱

雍正年间，贵州台拱和上下九股以及古州一带地方改土归流最晚。而且，由于鄂尔泰、张广泗等得力官员相继调离和继任官员的草率从事，该地在改土归流过程中，除添设流官、派驻军队之外，并未对原来土司、土舍势力作任何触动。兼之以新派流官苛征暴敛，作威作福，欺压苗民，土司残余势力又以"出有苗王"相号召，[125]最终导致该地于雍正十三年爆发了大规模的苗民叛乱。

是年二月，古州所属八妹、高表等寨首先发生叛乱。数日之内，迅速蔓延至上下九股、台拱各寨。叛乱苗民在土司的煽动下，围攻官兵，破坏驿站，并向附近各州县发动进攻。不长时间，连陷凯里、重安江、黄平、余庆、清平等重要城镇。距离叛乱中心地区稍远的镇远、思州等地也朝不保夕，岌岌可危。

为了镇压叛乱，雍正皇帝任命贵州提督哈元生为扬威将军，湖广提督董芳为副将军，急调滇、黔、楚、粤四省军队三万余人驰援，会同进剿。同时，又任命果亲王允礼、宝亲王弘历（即乾隆皇帝）、和亲王弘昼、大学士鄂尔泰、张廷玉等为办理苗疆事务王大臣，专门负责平叛事宜。

但在办理此事过程中，雍正皇帝也犯了两个错误。一是不适当地追究责任，以改土归流经理不善、"布置未协"而将鄂尔泰免去职务。[126] 二是任命没有丝毫军事才能而门户之见甚深的刑部尚书张照为抚定苗疆大臣，前赴贵州主持平叛指挥工作。张照至黔后，不组织进攻，"专主招抚"。[127] 为了攻讦鄂尔泰以泄私愤，"密奏改流非策，致书诸将，首倡弃地之议"。[128] 与此同时，他还制造矛盾，挑动各省救援将领之间的不和。在军事上，更是不顾全局，分地分兵。施秉以上，用滇黔兵，隶哈元生；施秉以下，用楚粤兵，隶董芳。[129] 以致数月之间几万大军往返调动，劳而无功。而具体率军平叛的将领哈元生等，也犯了许多错误。在军事上，为了保护营汛不致失守，处处分兵，以致在黔部队数万，而"用以攻剿之师，不过一二千人，东西奔救，顾此失彼"。[130]

在政治上，他们根据雍正皇帝"痛加剿除，务尽根株，不贻后患"的指示，[131]不分降从，一律剿杀，以致反叛苗民"诅盟益坚，多手刃妻女而后出抗官兵，蔓延不可招抚"。[132]因而，从叛乱开始至雍正皇帝去世半年多的时间里，清朝政府一直处于极为被动的局面。

对于雍正皇帝的错误安排，身为办理苗疆事务王大臣之一的乾隆皇帝非常清楚。在雍正皇帝去世的第二天，他便将张照从前线调回，革职治罪，并对其"新辟苗疆，当因其悖乱而降旨弃绝"的谬论严加批驳。[133]与此同时，他选派曾任贵州巡抚并素以干练而著称的张广泗总理苗疆事务，统率军队，主持平叛工作。对于原先平叛中发生的"将已抚之苗出寨当夫者，辄行诛戮"的错误做法，也通令予以制止。[134]这样，平叛工作开始出现了转机。

十一月，张广泗至军中，对全部平叛工作重新部署。他首先调集全部在黔部队集结镇远，以打通云贵往来大路，而后又分兵三路，"以整击散"，分别攻取上下九股及清江下流反叛生苗各寨。[135]在平叛军队的打击下，叛乱残余势力遁入人烟罕至的牛皮大箐。该地处于丹江、古州、都匀、清江、台拱之间的群山之中，地势险要，易守难攻。张广泗派兵将该地包围，截断一切物资供应。与此同时，还时出奇兵，以截遁逸。当年夏天，将之剿杀净绝，并乘兵威搜剿附近熟苗。"共毁除千有二百二十四寨，赦免三百八十有八寨，阵斩万有七千六百有奇，俘二万五千有奇。"[136]在军事上不断胜利的同时，乾隆元年七月，乾隆皇帝颁布谕旨，"将古州等处新设钱粮，尽行豁免，永不征收"。[137]有鉴于"苗民风俗与内地百姓迥别"，还决定"嗣后苗众一切自相争讼之事，俱照苗例完结，不必绳以官法"。[138]这些措施，不但有利于平叛战争的进展，而且对于此后清朝政府在该地统治的加强，也都起到了一定的作用。

贵州苗民叛乱被平定后，乾隆五年，湖南西部城步、绥宁一带又发生了苗民叛乱。为了镇压叛乱，乾隆皇帝又调张广泗至湘。当年，叛乱平定。从此，清朝政府在西南苗疆的统治得到了进一步的巩固。

与准噶尔地方政权议和保障了当时西部边境的安全，减轻了清朝政府的财政压力，平定贵州苗族叛乱则保卫了改土归流的成果。因而，这两个问题的成功处理，对于乾隆皇帝即位之后统治地位的确立和巩固，都起到了一定的作用。

和历史上的任何现象一样，乾隆初政有其深刻的历史原因；对于乾隆时期清朝社会的发展，也产生了一定的影响。

清初以来，皇权一直处于不断强化的过程之中。从皇太极死后两黄旗大臣坚持拥立皇太极之子，顺治皇帝地位巩固后铲除多尔衮势力，到康熙皇帝依靠上三旗即位，清洗鳌拜集团；从康熙皇帝设立南书房，废去皇太子，到雍正皇帝秘密建储，创设军机处，经过几代皇帝的共同努力，至雍正皇帝在位时期，皇权强化到了清初以来的一个新高峰。与皇权逐渐加强对应，八旗旗主、宗室、大臣和储君的权力却不断下降。作为秘密建储制度创设后的第一代储君，乾隆皇帝在备位藩封时，没有太子的名号，没有自己的机构和属员，更不用说有什么权力了。因而，雍正皇帝去世之初，除了建储密旨中规定的储君地位外，乾隆皇帝在政治上、人事上和军事上都没有任何资本。一时之间，皇权几乎降低到康熙亲政以来的最低点。为了建立自己的统治，乾隆皇帝必须对统治阶级中的各阶层包括贵族、官吏、士子、军队等甚至社会最基层的广大劳动人民都做些让步，才能换取他们的支持和拥护。因而，乾隆皇帝登极伊始，便冒着被别人攻击"翻案"或违背祖制的风险，对雍正皇帝的各项政策进行了较大幅度的调整。在政策调整中，雍正皇帝对政敌过火的打击，雍正皇帝对统治阶级各阶层、各派别的各种限制和有碍社会安定、经济发展的各种败政，都成了乾隆皇帝建立自己统治的交换条件。因此，所谓乾隆初政，实质上不过是雍乾之交最高权力过渡之际皇权相对削弱时期的政策表现。

如上所述，乾隆初政只是乾隆皇帝建立自己统治的一种手段，因而，它也是有条件的和可变动的。一旦其统治地位巩固下来，其中的一些政策便会被废弃，甚至还会推行与之完全相反的政策。一些政策即使继续推行，也会因条件变化而在执行中严重走样。

清初以来，皇权的加强虽然有利于最高统治集团核心的稳定，有利于国家的安定和统一，客观上也为社会经济和文化的发展提供了一个良好的环境，然而，由于时处封建社会后期，皇权的加强、君主专制主义的极端发展也对社会的进步产生了极大的阻碍。乾隆初年，由于皇权的相对削弱和乾隆初政的推行，对广大士民官吏的政治、思想控制都相对放松，对阻碍社会进步和经济发展的各种败政也有所纠正，一定程度上调动了广大人民群众的生产积极性。而且，由于缺乏统治经验，一个时期之内，乾隆皇帝对几位总理事务王大臣表示较多的信赖和依靠，要求他们"政事有失，即为规谏，思虑未到，代为筹画"，[139]也在一定程度上改变了康、雍两朝皇帝一人独断专行的情况，对政治改良、社会进步也不无作用。

但是，我们对其积极作用不可估价过高。一是这一时期各种政策的制定和推行都是在最高统治者——乾隆皇帝的主持下进行的，目的又是为了建立自己的统治，因而各种政策的调整范围、程度和时间都极为有限。凡能不调整者即不予调整，不得已而调整者，也以捞取声誉为主，实际调整居次，而且在具体调整中，又分别亲疏，不同对待。即以蠲免一项而言，乾隆皇帝虽然多次下诏蠲免积欠，但是检其内容，主要却是针对八旗子弟。为了争取他们的支持，往往不惜血本，大沛恩膏，动辄豁免全部积欠。而对广大百姓，全国性蠲免极少，地区性蠲免最多，不但数量有限，而且大多是久欠难还、不蠲免也无法征收者。二是各种政策的调整需要经过各级官吏执行。对于一些惠民措施，最高统治者往往喊得震天价响，而不少中下级官员却毫无反应，纹丝不动。更有甚者，一些官吏竟将国家蠲免钱粮作为"官吏分肥，侵渔中饱"的机会，"差役四出，昼夜催比，追呼之扰，更甚平时，迨诏旨到日，百姓已完纳过半，朝廷有赐复之恩，而百姓不得实被其泽"。[140]对于这些问题，当时人看得非常清楚。如出使中国的朝鲜使者即云："政令皆出邀誉，臣下专事谀说。"[141]应该说，这反映了乾隆初政的一般情况。尽管如此，乾隆初政对于乾隆前期社会的进步和社会经济的发展，都还起到了一定的推动作用。因而，在乾隆皇帝的全部政治活动中，乾隆初政推行时间虽然很短，却仍有着一定的地位。

1 《清世宗实录》卷一五九，雍正十三年八月己丑。

2 《清世宗实录》卷一五九，雍正十三年八月己丑。

3 《清高宗实录》卷一四，乾隆元年三月乙巳。

4 《清高宗实录》卷四，雍正十三年十月甲戌。

5 《清高宗实录》卷一二，乾隆元年二月癸酉。

6 《清高宗实录》卷四，雍正十三年十月甲戌。

7 《清高宗实录》卷一二，乾隆元年二月癸酉。

8 《清高宗实录》卷四，雍正十三年十月甲戌。

9 《清高宗实录》卷三，雍正十三年九月庚申。

10 《清高宗实录》卷四，雍正十三年十月乙亥。

11 《清高宗实录》卷二九，乾隆元年十月癸未。

12 《清高宗实录》卷三，雍正十三年九月庚申。

13 《清高宗实录》卷一三，乾隆元年二月壬午。

14 《清高宗实录》卷一三，乾隆元年二月癸未。

15 《清高宗实录》卷一三，乾隆元年二月辛巳。

16 《清高宗实录》卷五，雍正十三年十月辛巳。

17 《清高宗实录》卷七，雍正十三年十一月癸丑。

18 《清高宗实录》卷五，雍正十三年十月辛巳。

19 《清高宗实录》卷五八，乾隆二年十二月戊戌。

20 《清高宗实录》卷一三，乾隆元年二月辛巳。

21 《清高宗实录》卷一三，乾隆元年二月辛巳。

22 《清高宗实录》卷四，雍正十三年十月癸酉。

23 《清高宗实录》卷一九，乾隆元年五月癸丑。

24 《清高宗实录》卷三六，乾隆二年二月丙寅。

25 《清高宗实录》卷三，雍正十三年九月己未。

26 《清高宗实录》卷三，雍正十三年九月辛丑。

27 《清高宗实录》卷三，雍正十三年九月辛丑。

28 《清高宗实录》卷五一，乾隆二年九月辛亥。

29 《清高宗实录》卷五〇，乾隆二年九月庚子。

30 《清高宗实录》卷五一，乾隆二年九月丙午。

31 《清高宗实录》卷七二，乾隆三年七月丙辰。

32 《清高宗实录》卷七八，乾隆三年十月癸未。

33 《清高宗实录》卷五一，乾隆二年九月庚戌。

34 《清高宗实录》卷七八，乾隆三年十月癸未。

35 《清世宗实录》卷四八，雍正四年九月丁巳。

36 《清高宗实录》卷二一，乾隆元年六月庚寅。

37 《清高宗实录》卷一五，乾隆元年三月辛酉。

38 《清高宗实录》卷一二，乾隆元年二

月戊辰。

39 《清高宗实录》卷二六，乾隆元年九月甲辰。

40 《清高宗实录》卷三〇，乾隆元年十一月庚子。

41 《清高宗实录》卷五，雍正十三年十月辛巳。

42 《清高宗实录》卷八，雍正十三年十二月丁卯；卷一一，乾隆元年正月丙辰；卷一四，乾隆元年三月壬戌。

43 《清高宗实录》卷一八，乾隆元年五月丙申。

44 《清高宗实录》卷三五，乾隆二年正月丙辰。

45 《清高宗实录》卷七，雍正十三年十一月癸亥。

46 《清高宗实录》卷一八，乾隆元年五月乙巳。

47 《清高宗实录》卷二七，乾隆元年九月庚申。

48 《清高宗实录》卷四二，乾隆二年五月己丑。

49 《清高宗实录》卷五四，乾隆二年十月丙申。

50 《清高宗实录》卷六〇，乾隆三年正月甲子。

51 《清高宗实录》卷三六，乾隆二年二月丁卯。

52 《清高宗实录》卷二四，乾隆元年八月己巳。

53 《清高宗实录》卷七，雍正十三年十一月癸亥。

54 《清高宗实录》卷七，雍正十三年十一月癸亥。

55 《清高宗实录》卷八三，乾隆三年十二月丙申。

56 《清高宗实录》卷一四，乾隆元年三月丁未。

57 《清高宗实录》卷六三，乾隆三年三月癸卯。

58 《清高宗实录》卷九，雍正十三年十二月壬午。

59 《清高宗实录》卷四一，乾隆二年四月癸未。

60 《清高宗实录》卷六，雍正十三年十一月乙巳。

61 《清高宗实录》卷三八，乾隆二年三月戊戌。

62 《清高宗实录》卷四四，乾隆二年六月壬戌。

63 《清高宗实录》卷四一，乾隆二年四月癸未。

64 《清高宗实录》卷七七，乾隆三年九月己卯。

65 《清高宗实录》卷五，雍正十三年十月辛巳。

66 《清世宗实录》卷一四四，雍正十二年六月壬申。

67 《清高宗实录》卷四，雍正十三年十月乙亥。

68 《清高宗实录》卷一三，乾隆元年二月。

69 《清高宗实录》卷四，雍正十三年九月丁卯。

70 《清高宗实录》卷九，雍正十三年十二月壬午。

71 《清高宗实录》卷四，雍正十三年十月乙亥。

72 《清高宗实录》卷五，雍正十三年十月辛巳。

73 《清高宗实录》卷三，雍正十三年九月己未。

74 《清高宗实录》卷一六，乾隆元年四月丙寅。

75 《清高宗实录》卷四一，乾隆二年四月乙亥。

76 《清高宗实录》卷四一，乾隆二年四月丙子。

77 《清高宗实录》卷九，雍正十三年十二月壬午。

78 《清高宗实录》卷四七，乾隆二年七月丙辰。

79 《清高宗实录》卷四七，乾隆二年七月丙辰。

80 《清高宗实录》卷一，雍正十三年八月辛卯。

81 《清高宗实录》卷三，雍正十三年九月己未。

82 《清高宗实录》卷一，雍正十三年八月辛卯。

83 萧奭:《永宪录·续编》，中华书局，1959年，第358页。

84 《清高宗实录》卷一，雍正十三年八月辛卯。

85 《清高宗实录》卷三，雍正十三年九月己未。

86 《清高宗实录》卷六，雍正十三年十一月辛丑。

87 《清高宗实录》卷六九，乾隆三年五月壬申。

88 《清高宗实录》卷五，雍正十三年十月辛巳。

89 《清高宗实录》卷二，雍正十三年九月辛亥。

90 《清高宗实录》卷二，雍正十三年九月辛亥。

91 《清高宗实录》卷五，雍正十三年十月乙酉。

92 《清高宗实录》卷五，雍正十三年十月乙酉。

93 《清高宗实录》卷二二，乾隆元年七月癸卯。

94 《清高宗实录》卷三九，乾隆二年三月。

95 《清高宗实录》卷五，雍正十三年十月甲午。

96 《清高宗实录》卷一一，乾隆元年正月丙辰。

97 《清高宗实录》卷五，雍正十三年十月乙酉。

98 《清高宗实录》卷五，雍正十三年十月乙酉。

99 《清高宗实录》卷二二，乾隆元年七月癸卯。

100 《清高宗实录》卷三一，乾隆元年十一月壬子。

101 《清高宗实录》卷三九，乾隆二年三月。

102 《清高宗实录》卷二，雍正十三年九月丁酉。

103 《清高宗实录》卷七，雍正十三年十一月癸亥。

104 《清高宗实录》卷四，雍正十三年十月乙亥。

105 《清高宗实录》卷七，雍正十三年十一月丙辰。

106 《清高宗实录》卷七，雍正十三年十一月丙辰。

107 《清高宗实录》卷二三，乾隆元年七月辛酉。

108 《清史稿》卷二九一《傅鼐传》。

109 《清高宗实录》卷二三，乾隆元年七月辛酉。

110 《清高宗实录》卷二三，乾隆元年七月辛酉。

111 《清高宗实录》卷二四，乾隆元年八月庚午。

112 《清高宗实录》卷一三，乾隆元年二月乙酉。

113 《清高宗实录》卷一七，乾隆元年四月。

114 《清高宗实录》卷二一，乾隆元年

六月戊子。

115 《清高宗实录》卷四三,乾隆二年五月辛亥。

116 《清高宗实录》卷一二,乾隆元年二月乙卯。

117 《清高宗实录》卷三六,乾隆二年二月己未。

118 《清高宗实录》卷四一,乾隆二年四月丁丑。

119 《清高宗实录》卷四一,乾隆二年四月壬午。

120 《清高宗实录》卷五六,乾隆二年十一月壬戌。

121 《清高宗实录》卷六一,乾隆三年正月丁丑。

122 《清高宗实录》卷八三,乾隆三年十二月戊戌。

123 《清高宗实录》卷一〇五,乾隆四年十一月癸亥。

124 《清高宗实录》卷一〇九,乾隆五年正月甲子。

125 《清世宗实录》卷一五三,雍正十三年三月甲午。

126 《清世宗实录》卷一五八,雍正十三年七月乙卯。

127 魏源:《圣武记》卷七《雍正西南夷改土归流记》下。

128 魏源:《圣武记》卷七《雍正西南夷改土归流记》下。

129 魏源:《圣武记》卷七《雍正西南夷改土归流记》下。

130 《清高宗实录》卷七,雍正十三年十一月己未。

131 《清世宗实录》卷一五六,雍正十三年五月丁巳。

132 魏源:《圣武记》卷七《雍正西南夷改土归流记》下。

133 《清高宗实录》卷二,雍正十三年九月癸卯。

134 《清高宗实录》卷三,雍正十三年九月丁巳。

135 《清高宗实录》卷一〇,乾隆元年正月乙巳。

136 魏源:《圣武记》卷七《雍正西南夷改土归流记》下。

137 《清高宗实录》卷二二,乾隆元年七月辛丑。

138 《清高宗实录》卷二二,乾隆元年七月辛丑。

139 《清高宗实录》卷二九,乾隆元年十月乙酉。

140 《清高宗实录》卷四七,乾隆二年七月丙辰。

141 《朝鲜李朝实录中的中国史料》第11册,英宗二十年（乾隆九年）十月丙子。

第三章　锋芒渐露

第一节　治国要术

雍正皇帝去世之后的两年中，由鄂尔泰、张廷玉、庄亲王允禄、果亲王允礼共同组成的总理事务处担负着处理国家日常事务的工作。这一机构的建立对于没有从政经验的乾隆皇帝来说固属必要，也确实为乾隆皇帝建立自己的统治做出了不小的贡献，然而，这毕竟不是君主专制时代的正常现象，而且从长远来看，也不利于乾隆皇帝统治的巩固。为了强化自己的统治，随着政治形势的发展，乾隆皇帝陆续采取一系列重要措施以扩大自己的权力，从而在不长的时间之内，在全国建立起了自己的专制统治。

一、坚持奏折制度

奏折制度始于顺、康之际，本为当时两种上行文书题本和奏本的补充和附庸。其主要特点是，具折人直接和皇帝本人秘密联系，直达御前，不必像题本、奏本一样由通政司转呈内阁、经内阁票拟之后再和皇帝见面。雍正时期，出于加强皇权的需要，奏折制度进一步推广，不只高级官员，在中央供职的身份较低的监察官员和地方上的布、按二司以及一些知府也都有了具折奏事的权力。拥有奏折权力官员的增多使得皇帝随时可以了解全国各地的真实情况，而各级官员却因此被一条无形的锁链捆住了手脚，只能服服帖帖，不能有任何不轨行为。乾隆皇帝即位之初，虽然对于雍正皇帝的各种政策多所改动以博取宽大之名，在居丧期间还把处理国家日常事务的工作交给总理事务王大臣去办，但对于奏折制度却一不废除，二不假手于人，而是将其牢牢地掌握在自己手中。雍正皇帝去世之第二天，他即规定在京部院衙门和八旗官员"启奏一切事件，俱着送总理事务王大臣阅看过，再交奏事官员转奏。若有密封陈奏事件，仍令本人自行交奏"。[1]四天以后，他又以"从前读书宫中，于外事总未经历，今初理大政，正当广为谘诹，以补见闻之所不及"为理由，而决定"其从前何等官员准其奏事，或有特旨令其奏事者，俱着照前折奏"。[2]与此同时，为了学习统治经验和了解更多的情况，他还严谕各地官员缴还雍正皇帝的朱批谕旨，并进一步扩大奏折言事的官员范围，"于大臣九卿科道外，并准部属参领及翰林等俱得奏折言事，以收明目达聪之效"。[3]上述规定，对于顺利地实现最高权力的过渡，对于其统治的建立和亲政以后专制统治的加强皆起了重要作用。

乾隆皇帝亲政以后，奏折制度的作用愈益突出。举凡统治集团中几次较大的政治斗争，各级官吏队伍中贪污不法案件的揭发和处理，多起文字狱的制造和人民反抗斗争的发现和镇压等，无不通过奏折的形式而得到极为迅速和秘密的处理。因而，不但在平时，乾隆皇帝对臣下奏折的处理极为认真，"详细览阅，不遗一字，遇有差讹，必指出令其改正"，[4]而且在巡幸外地期间，也绝不委人代办，而规定："自起銮之日为始，凡有外省奏折，俱赍付在京总理事务王大臣处加封，交内阁随本呈送行在，候朕批示，随本发回。"[5]有鉴于奏折在处理国家事务中的地位愈益重要，他还在雍正朝各种旧有规定的基础上，进一步提高奏折在所有上行文书中的地位。乾隆十三年十一月，乾隆皇帝正式下令"将向用奏本之处，概用题本，以示行简之意，将此载入会典"。[6]从此，奏折又成了与题本并行的两种最重要的上行文书之一。而且，由于当时许多机密政务的处理，往往都是由中央和地方的官员先以奏折报告给乾隆皇帝，待得到乾隆皇帝首肯之后，再以题本的形式正式向中央政府有关机构报告，以便完成批准手续，因而其作用远在题本之上。

与此同时，乾隆皇帝还采取措施，加强奏折的保密程度。一是坚持满洲官员奏事用清文具折而不得使用汉文。[7]对于不按规定，使用汉文具折的满洲官员则严加斥责。[8]二是严禁将奏折上的朱批引入其题本章，以防泄密。[9]三是严禁将具奏内容和乾隆皇帝之朱批互相泄漏。如乾隆八年十月，因为广西巡抚杨锡绂"凡有密奏之事及所奉谕旨，每多扬言于人"，乾隆帝对之加以斥责；[10]乾隆三十六年四月，将各省藩臬陈奏事件先行呈送督抚阅看的行为指斥为"谄事逢迎"，"自甘庸下"。[11]四是采取措施，防止在赍送奏折途中发生问题。如乾隆六年四月，严禁州县为探听信息而向赍折之人"馈送盘费食物"，及赍折人"借端需索"，"扰累属员"。[12]乾隆十一年五月，又采纳贵州总督张广泗建议，军机处寄信外地官员，一律颁发凭匣，"令于覆奏恭缴"，"其余寻常封寄事件，令兵部通行各省，按站登号严查"。[13]乾隆二十六年二月，又以一些地方官虽有具折言事的权力，但却没有奏匣，仅用夹板，不利保密，而规定各地官员于拜发奏折时，"于夹板之外，用纸封固，接缝处粘贴本职印花，再用绫袱包裹"，发回奏折"用兵部印花"。[14]所有这些，都有利于乾隆皇帝对全国情况的了解和对各级官员的控制，因而对他的专制统治的加强起了重要作用。

二、恢复军机处

撤销总理事务处，恢复军机处，是乾隆皇帝为建立自己的专制统治而采取的另一个重要措施。军机处初建于雍正七年六月，本名军机房，原是雍正皇帝在西北用兵期间为了军事上的保密而设立。在此期间，有关西北用兵的一些机宜事务既不经内阁票拟批答，又不经议政王大臣会议讨论决定，而是经由军机处直达御前，由雍正皇帝亲自处理，因而这一机构的建立对于雍正皇帝权力的加强起了一定的作用。尽管如此，终雍正间，军机处的工作范围却大致没有超出筹办西北军务之外，有些重要事务如雍正末年的平定苗疆叛乱，雍正皇帝还于军机处之外另行任命办理苗疆事务王大臣负责处理。而且，在雍正皇帝去世之后，在统治政策的调整中，乾隆皇帝还将此作为前朝败政予以取消。这些情况表明，在军机处建立之初，由于皇权尚未得到充分的发展，军机处在加强皇权方面所发挥的重要作用尚未引起最高统治者足够的重视。

　　乾隆皇帝即位之后，处理国家事务过程中遇到的一些实际问题和加强专制统治的强烈愿望推动了军机处的重建。首先，在雍正皇帝去世之初的大丧期间，虽然已将国家日常事务委托总理事务王大臣处理，但是为了了解全国各地的情况，乾隆皇帝每日仍需阅看并处理大量的秘密奏折。这一工作，对于刚刚继位不久的乾隆皇帝来说，无论就个人精力或是就统治经验而言，都是很大的挑战。一人处理，恐怕出现失误；假手于人，又有大权旁落之虞。阅览处理尚且如此，更不用说核实情况和督促、落实及检查办理情况了。其次，在乾隆皇帝管理国家事务后，他和几位总理事务王大臣之间也因权限不明而发生了一些矛盾。乾隆元年十月，雍正皇帝的梓宫被送往易州泰陵安葬，朝廷上下关于丧事的处理告一段落。同年十一月，乾隆皇帝开始御门听政，除批答奏折之外，还和康熙、雍正一样，挑起了综理庶务、处理国家日常工作的重任。而此时由于服丧期未满，总理事务王大臣依然留任。这样，在一些事务的处理中，便出现了君臣争权的苗头。即如庄亲王允禄所管之宗人府事务，乾隆皇帝竟无法插手过问，[15]这当然会使乾隆皇帝极为不快。如果显加指斥，又恐其他臣下因此而畏首畏尾，迟疑不前。如果听之任之，又恐长此以往，大权旁落。因而，乾隆皇帝迫切需要一个既能贯彻自己意旨、又有工作效率的工作机构，这样，借乾隆二年十一月三年丧满撤销总理事务处的机会，乾隆皇帝又恢复了雍正年间设立的军机处。

　　由上可见，乾隆皇帝重建军机处的直接目的是加强自己对全国事务的管理。因而，在确定军机处的编制、规模、遴选军机大臣、赋予军机处权力和确定军机处工作范围等方面，较之雍正皇帝更为自觉。

首先，在人员编制上，雍正时期，军机大臣在职者始终没有超过三人，其下所设之军机章京，也一直维持在十人左右。而军机处重建之初，乾隆皇帝即同时任命鄂尔泰、张廷玉、讷亲、海望、纳延泰、班第等六人为军机大臣，军机章京也由原来的十人增至十六人，满汉各半，而且，人员数量随着军机处权力的加大和处理事务的增多而不断有所扩充。

其次，在对军机处人员编制进行充实的同时，乾隆皇帝还极为重视军机大臣的遴选。（一）不准宗室担任军机大臣，以防微杜渐；（二）首席军机大臣须是满人，以保证满洲权贵在政权中枢中的主导地位；（三）不问资历，提拔亲信。军机处重建之初，由于继位不久，乾隆皇帝尚不得不任用鄂尔泰、张廷玉等雍正朝旧臣为军机大臣。乾隆十年以后，随着其统治地位的巩固，他先后将其外亲讷亲、妻舅傅恒等拉入军机处，从而将军机处完全置于自己的控制之下。

再次，完善军机处的各项制度。雍正年间，军机处草创，制度多有未定。乾隆皇帝重建军机处后，先后做出各种规定以使其制度臻于健全。如乾隆十四年，乾隆皇帝将雍正间军机处的"办理军机事务"六字印信改为"办理军机事务印信"八字印信，并规定印信平时由内奏事处之夸兰达太监收存，用印时，由值班军机章京以镌有"军机处"三字之金匙将之请出，用毕立即缴还。为了保密，不但军机处的听差皆由十五岁以下不识字的幼童充任，而且在军机处值庐，还有乾隆皇帝专派之御史往复稽查，不准任何人窥探。对于通过各种方式向军机章京刺探情报的各地督抚则严加处理。[16]

再其次，通过各种方式削弱中央和地方各机关的权力，而将之集中到军机处。因而，和雍正年间相比，乾隆时期军机处处理事务增多，权力愈加扩大。以其处理事务而言，雍正年间之军机处，不过是西北用兵时"筹办军务"的机构，乾隆时期则扩大到"内而六部卿寺暨九门提督、内务府太监之敬事房，外而十五省，东北至奉天、吉林、黑龙江将军所属，西南至伊犁、叶尔羌将军、办事大臣所属，迄于四裔诸属国，有事无不综汇"。[17]在这中间，除了帮助皇帝撰写上谕，处理奏折，审核内阁、翰林院所拟诏旨，议大政、谳大狱，为皇帝准备政事的参考资料，参与科举考试，奉派出京查办事件，陪同皇帝出巡，记录和积累有关档案等事务性工作之外，还对从中央到地方的各级文武官员的使用和任免提出草案，供皇帝本人选择，从而使其超出内阁之上而成为全国政事的中枢。尽管军机处在国家政治生活中发挥着如此重要的作用，可是乾隆皇帝却始终未设专官，从军机大臣到军机章京皆为兼职；也未为此专立衙署。其工作范围虽广，但说到底，不过是"供传述缮撰"，"而不能稍有赞画于其间"的一个皇帝本人的秘书班子而已。[18]因而，军机处权力的加大仅仅是乾隆皇帝个人权力的加大。

通过重建军机处，乾隆皇帝不但将传统的议政王大臣会议的旧有权力剥夺殆尽，使其名存实亡，而且使明朝以来的内阁形同虚设。和奏折制度一样，军机处的重建及其机构、制度的健全，对于乾隆皇帝专制统治的建立和加强起了重要的作用。

第二节　排除异己

除坚持奏折制度和恢复军机处之外，在统治集团内部制造事端以对异己势力进行打击，也是乾隆皇帝加强自己专制统治的一个重要手段。因而，乾隆前期，统治集团内部的斗争连绵不绝。就是通过这些斗争，乾隆皇帝将自己的专制统治强化到了有史以来无以复加的地步。

一、允禄、弘晳案

允禄、弘晳案是乾隆皇帝亲政后掀起的第一次大的政治斗争。导致这场斗争的直接原因是允禄在皇室中地位过高，引起了乾隆皇帝的不满。允禄是康熙皇帝第十六子。雍正初，出继为皇太极之孙博果铎之后，因得袭封庄亲王。雍正八年，怡亲王允祥病故，允禄在皇室中的地位开始上升。雍正皇帝去世后，他和果亲王允礼以宗室重臣的身份，与大学士鄂尔泰、张廷玉等一起拥戴乾隆皇帝即位，并和上述三人一起担任总理事务王大臣，负责国家日常事务的处理工作。乾隆二年十一月，乾隆皇帝服丧期满，允禄等辞去总理事务王大臣之职，国家重要事务改由军机处办理，但是乾隆皇帝仍然让他担任着议政大臣、理藩院尚书、管理内务府事务等许多重要职务。乾隆三年二月，果亲王允礼死后，允禄又成了在朝任职的唯一的宗室重臣，威望愈益上升。这样，不少宗室群相趋奉，其主要者有康熙皇帝废太子允礽之子理郡王弘晳，康熙皇帝第五子原封恒亲王允祺之子火器营都统弘昇，康熙皇帝第十三子怡亲王允祥之子弘昌、弘晈等。允禄本人对此则"惟务取悦于人"，以致"日甚一日，渐有尾大不掉之势"。[19]

宗室贵族中的这种离心倾向使得乾隆皇帝极为重视。乾隆四年九月，他首先将担任火器营都统的弘昇锁拿审问。十月，又将允禄、弘晳、弘昇、弘昌、弘晈等"结党营私，往来诡秘"的情况公开揭露，并革去允禄之亲王双俸及议政大臣、理藩院尚书职务。其他相关人员也分别严加审问。随着案情的进一步发展，废太子允礽之子理郡王弘晳企图死灰复燃的阴谋也被揭发出来。如他曾多次请巫师降神，询问"准噶尔能否到京，天下太平与否，皇上寿算如何，将来我还升腾与否"。[20]与此同时，他还"仿照国制，设立会计、掌仪等司"。[21]而允禄"遇事模棱两可"的态度则恰好使自己做了他们的保护伞。有鉴于此，乾隆皇帝对他们的惩罚也开始升级。在对允禄实行罚俸五年以示惩儆的同时，将弘晳拿解京师，永远圈禁东果园，本人和其子孙也"照阿其那、塞思黑之子孙，革去宗室，给与红带"。[22]

这一事件发生之后，乾隆皇帝进一步加强了对宗室贵族的控制。如乾隆七年六月，严禁在侍卫上行走之宗室"忘其本源"，"甘与大臣、侍卫平等相交"以及闲散宗室"肆行妄为"。[23]乾隆十一年九月，禁宗室命名僭用内廷拟定之字。[24]乾隆十八年六月，明颁谕旨禁止宗室诸王与臣下往来，并令各部院及八旗衙门各录此旨一通于壁，"庶诸臣触目警心，远嫌自重"。[25]乾隆十九年四月，禁宗室诸王擅罚伊府护卫官员之俸。[26]乾隆二十八年五月，以其幼弟果亲王弘瞻"素不安分，向人请托"及向皇太后请安坐乾隆皇帝请安之地，称雍正皇帝为"皇考"等，而革去王爵，降为贝勒。[27]同年十月，严禁"卑鄙无耻之徒，罔顾职任，称庄亲王、诚亲王为太王及见王等长跪请安"，并为此晓谕全国，今后凡遇此等事，凡王大臣遇见，"即行参奏"。[28]经过乾隆皇帝的反复整顿，宗室地位下降到了清初以来的最低点，乾隆皇帝的专制统治得到了空前的加强。

二、惩治鄂、张朋党

继对宗室贵族中的离心倾向进行打击之后，从乾隆五年开始，乾隆皇帝又进行了打击鄂尔泰、张廷玉朋党的斗争。

鄂、张二人都是雍正皇帝的亲信重臣，对雍正皇帝统治的加强做出了贡献。其中，张廷玉在乾隆皇帝备位藩封时还长期担任过他的师傅，对于乾隆皇帝的成长有过辅导之功。为了酬答他们的功劳，雍正皇帝特准他们死后与开国功臣一样配享太庙，并且将此内容写入遗诏，令乾隆皇帝奉行。这是一般臣下所不能得到的殊荣。雍正皇帝去世时，他们又以先朝重臣的身份与庄、果二亲王同受顾命，共同拥立乾隆皇帝，在统治政策的调整和乾隆皇帝统治的建立过程中发挥了突出的作用。因而，乾隆皇帝即位之初，对于他们格外倚任。居丧期间，任命他们为总理事务王大臣，负责国家日常事务的处理工作；谅闇期满，重建军机处，又让他们担任军机大臣的重要职务并分别兼管兵部和吏部、户部事务。与此同时，还将他们的爵位一再提升，分别将之晋封为三等伯。

　　然而，随着乾隆皇帝个人统治地位的不断巩固，鄂、张二人开始成为乾隆皇帝进一步加强自己统治的障碍。一是自雍正以来的十几年中，凭借皇帝的信任，鄂、张二人都长期担任高级职务，个人势力都得到了较大的扩张。即以鄂尔泰而言，其所联络之贵族和高级官吏便有和硕庄亲王允禄、公哈达哈、军机大臣海望、湖广总督迈柱、河道总督高斌、工部尚书史贻直、巡抚鄂昌、总督张广

鄂尔泰画像　（清）佚名绘

泗、御史仲永檀、陕西学政胡中藻等。又如张廷玉，也是一人得道，鸡犬升天。早在雍正时期，在他的提携下，"桐人之受国恩、登仕籍者"，即已"甲于天下"，[29]乾隆初年，这种情况又有了新的发展。据当时都察院左都御史刘统勋统计："今张氏登仕版者，有张廷璐等十九人；姚氏与张氏世姻仕宦者，有姚孔振等十三人。"[30]其本人也"负天下重望"，"皆以为张阁老在，天下无事"，[31]从而在一定程度上构成了对乾隆皇帝统治的威胁。二是鄂、张势力既大，"两家子弟宾客，渐且竞权势、角门户"，[32]也直接影响了乾隆皇帝统治的巩固。因此，对鄂、张朋党进行打击便成了乾隆前期统治集团内部斗争的一个重要的内容。

乾隆五年四月，在对以允禄、弘晳为代表的宗室中的离心倾向严惩之后不久，乾隆皇帝便以臣下逢迎、结党为借口，在一道上谕中，闪烁其词地提到了鄂、张朋党的问题，从而向广大臣工发出了惩治鄂、张朋党的信号。他说："从来臣工之弊，莫大于逢迎揣度。大学士鄂尔泰、张廷玉乃皇考简用之大臣，为朕所倚任，自当思所以保全之。伊等谅亦不敢存党援庇护之念。而无知之辈，妄行揣摩，如满洲则思依附鄂尔泰，汉人则思依附张廷玉，不独微末之员，即侍郎、尚书中亦所不免。""鄂尔泰、张廷玉乃皇考与朕久用之好大臣，众人当成全之，使之完名全节，永受国恩，岂不甚善。若必欲依附逢迎，日积月累，实所以陷害之也。""二臣更当仰体朕心，益加敬谨，以成我君臣际遇之美。"[33]在对鄂、张二人进行警告的同时，他还对互相袒护朋比的礼部侍郎方苞、太常寺卿陶正靖、礼部尚书任兰枝等分别加以惩处，并在这些活动的基础上正式揭开了打击鄂、张朋党的序幕。

在打击鄂、张朋党的斗争中，乾隆皇帝选定了张廷玉及其党羽作为重点打击的对象。在他的带动下，乾隆六年十二月，都察院左都御史刘统勋上书乾隆皇帝，对张廷玉党羽太盛的情况加以公开揭露。他在奏疏中指出，"大学士张廷玉历事三朝……外间舆论动云，桐城张、姚两姓，占却半部缙绅"，并要求乾隆皇帝"敕下大学士张廷玉，会同吏部衙门，将张、姚两姓部册有名者，详悉查明……自命下之日为始，三年之内，停其升转"，以限制其势力的发展。[34]对此，乾隆皇帝立即将之宣示廷臣，采纳照办。与此同时，还陆续采取各种措施，限制其本人及其家族势力的发展。如乾隆初年赐予张廷玉之伯爵，原准其子张若霭承袭。乾隆七年十二月，乾隆皇帝收回成命，不许张若霭承袭，仍着"带于本身"。[35] 尔后不久，又先后解退其兼管之户部、吏部事务，并利用各种机会对其进行指责和处罚。乾隆十年，鄂尔泰病故，为了防止张廷玉势力乘机发展，乾隆皇帝以首席军机大臣须由满人担任而将原先班次在张廷玉之后的讷亲擢为首席军机大臣，以使资历、才能俱较讷亲为优的张廷玉抑居其下。与此同时，又将其妻舅傅恒选入军机处，以改变军机处的成分和结构。乾隆十三年，讷亲以经理金川事务不善而被黜，乾隆皇帝又以同样借口将其妻舅傅恒擢为首席军机大臣。经过一段时间的陶冶培养，在确知傅恒已经谙习国家政务之后，乾隆十四年十一月，乾隆皇帝派人至张廷玉寓所传谕，令其休致，并对张廷玉的党羽进行了打击和清洗。如乾隆十四年十二月，以其门生汪由敦私向张廷玉泄露消息而革去汪由敦暂署协办大学士、尚书职务。乾隆十五年二月以后，以匿丧赶考、贿卖生童而将其儿女姻亲四川学政朱荃严厉惩治。十六年三月，又以其党羽巡抚严瑞龙"狡诈贪劣"而将之革职抄家。对于张廷玉本人，为了清除其多年以来的影响，乾隆皇帝多方寻找借口，罗织罪名，穷追不舍，连行打击。如乾隆十四年十二月，以准其身后配享太庙而其却未曾亲至宫门谢恩，削其伯爵；次年四月，又以其不顾乾隆皇帝长子永璜新丧仓促离京南返，罢其配享太庙。同年七月，查封其在京住房两所以赏其政敌史贻直，没收寓所私银一万五千两以代朱荃赔交赎罪官项等。这样，经由乾隆皇帝的大力惩创，张廷玉的势力和影响几乎被清除殆尽。至乾隆三十六年时，除其子张若淳尚名列仕籍之外，张氏子孙已无一人居官了。在打击张廷玉势力的斗争中，乾隆皇帝取得了完全的胜利。

在对张廷玉势力进行打击的同时，乾隆皇帝也对鄂尔泰本人及其党羽进行了必要的打击和限制。如乾隆七年十二月，以其门生御史仲永檀与其私自商议具奏内容而斥其党庇，"交部议处，以示薄罚"。[36]次年二月，又以此案而将鄂尔泰之"所有加级纪录俱着削去，抵降二级，从宽留任"。[37]然而，一则由于乾隆十年鄂尔泰即已去世，未曾影响乾隆皇帝对自己亲信的安插，其他党羽因鄂尔泰之死而群龙无首，转倒可为乾隆皇帝所用。二则为了集中力量打击张廷玉势力，不便两面同时出击。出于这些考虑，乾隆皇帝未曾对鄂尔泰势力做过多的触动。

三、皇后去世触发的政治风波

在重点打击鄂、张朋党的同时，为了突出自己在全国臣民中的至尊地位，乾隆皇帝还寻找机会，对不能体会自己意旨的臣下普加惩创。乾隆十三年因孝贤皇后去世而触发的政治风波，就是一个典型的事件。

乾隆十二、十三两年，在内外事务的处理中，乾隆皇帝一度极不顺手。一是金川之役，兴师动众，弹丸之地，竟耗年累月，攻克无期；二是鄂尔泰死后，张廷玉以不受信用而凡事推诿，而新进军机处之亲信讷亲、傅恒等又未谙习政事，许多官员借机大行其私。与此同时，乾隆皇帝本人家中也大故迭出。继乾隆三年十月端慧太子永琏病殇之后，乾隆十二年底和乾隆十三年初，乾隆皇帝心目中内定的继嗣、皇后所生的皇七子永琮和孝贤皇后富察氏又相继死去。因而，相当长的一段时间之内，乾隆皇帝极为烦恼和悲伤。由于在加强自己专制统治的过程中，乾隆皇帝总是以臣下为对立面，因而在自己遭到挫折、处于困境时，也总是怀疑包括自己儿子在内的所有臣下都幸灾乐祸。这样，以乾隆皇帝东巡途中孝贤皇后去世为诱因，一场大的政治风波发生了。

孝贤皇后死后，首先倒霉的是乾隆皇帝的两个儿子——皇长子永璜和皇三子永璋。孝贤皇后灵柩返京后不几天，乾隆皇帝便指责皇长子永璜对丧事"茫然无措，于孝道礼仪，未克尽处甚多"，并为此而迁怒于辅导其学习的师傅（谙达）。因此，和亲王弘昼、来保、鄂容安等都受到了罚俸的处分。[38]尔后不久，乾隆皇帝除继续指责皇长子"并无哀慕之忱"，"不孝之罪甚大"之外，又严厉指责皇三子"于人子之道，毫不能尽"，并断言，"此二人断不可承继大统"，"若敢于朕前微露端倪，朕必照今日之旨，显揭其不孝之罪，即行正法"。[39]与此同时，他还对偶有失误、不能体会他的意旨的臣下大施淫威，严加惩罚。如乾隆十三年四月和十月，他以翰林院将大行皇后册文汉文稿译为满文时，错将"皇妣"一词译为"先太后"，撰拟孝贤皇后冬至祭文内出现"泉台"字样，而对大学士张廷玉、阿克敦等许多官员皆予以严厉处分。[40]又如该年五月，以光禄寺所备初祭大行皇后之馂馂桌张俱不洁净鲜明，工部承办之大行皇后册宝"甚属粗陋"，而分别对光禄寺卿增寿保、工部尚书哈达哈等给予革职留任或降级处分。[41]再如是年六月，以静安庄临奠大行皇后时诸臣会集不及其半而对之普加指责，并为此将镶蓝旗汉军李坦的伯爵削去。还如同年六月间，对大丧期间未曾要求来京叩谒梓宫的满汉官员横加指责等。在这些活动中，影响最大的是对在皇后死去百日内违制剃头的广大官员的惩治和打击。

根据满洲旧俗，君上去世后，臣下百日内不得剃头，以之作为居丧期间的一种礼仪。清朝入关以后，由于受汉族礼俗文化的熏陶和影响，对此要求并不严格，而且也没有将此内容明文载入律例会典。因而，此制不但未在广大汉族人民中广泛推行，而且不少八旗子弟也多加遗忘。这样，孝贤皇后死后，中央政府有关部门并未就此行文全国各地，以致各地有执行者，有不执行者，而且在执行者之中要求范围和规定期限也各不相同。除满人居住颇为集中的盛京、杭州、宁夏、京口、凉州、四川等处的将军大臣等做出了"令官员过百日剃头"的规定，然而却于"兵丁剃头之处并未传行"之外，[42] 其他地区的官兵百姓大多都是各行其是。各级官员甚至是高级官员不及百日剃头者比比皆是。其主要者，如江南总河周学健于孝贤皇后大事二十七日甫毕即已剃头，其所属文武官弁亦皆剃头。其他在百日内剃头者还有湖广总督塞楞额、湖北巡抚彭树葵、湖南巡抚杨锡绂等。乾隆十三年六月，山东沂州营都司姜兴汉、奉天锦州府知府金文醇等中下级官吏百日内剃头的问题首先被揭露，乾隆皇帝震怒之余，当即将其解交刑部治罪。此后不久，周学健、塞楞额、彭树葵、杨锡绂等高级官员百日内剃头的问题也被揭露出来。尤其是在革职、抄家和审讯过程中，还发现了周学健私下收受丁忧兖沂曹道吴同仁贿赂和塞、彭、杨三人私下计议是否因违制剃头而自首的问题，更使乾隆皇帝对广大官吏的忠诚程度产生了怀疑，认定他们时时、处处、事事都在欺骗自己，窃夺自己的权力。他说："朕临御以来，事事推心置腹，以至诚接待臣工，而尚有不能感动如周学健其人者，则十余年来为人所欺当不知凡几。""乾纲独断，乃本朝家法，自皇祖、皇考以来，一切用人听言大权，从无旁假，即左右亲信大臣，亦未有能荣辱人，能生死人者。"[43]因此，乾隆皇帝以违制剃头为借口，分别对他们进行了极为严厉的处理。周学健、塞楞额先后被赐自尽，"以全国体"，彭、杨革职留任，自出家资罚修城工。其他违制剃头官员太多，无法一一处罚，也都由有关部门记录在案，停其升转。此外，相当一部分高级官员还因庇护违制剃头官员而受到申斥或处分。这一事件表明，乾隆皇帝对各级官员的控制有了进一步的加强，乾隆初年以宽治国的思想实际上已被放弃了。

四、伪孙嘉淦奏稿案

乾隆皇帝对张廷玉及其党羽的打击和利用皇后去世之机对违制剃头的官员普加惩治在广大官员中引起了强烈的不满，兼之以在此期间，乾隆皇帝到处巡幸和对金川战争的错误处理也对全国官吏士民造成了很大的骚扰，因而乾隆十五年夏天以后，一份托名工部尚书孙嘉淦所作的奏疏稿在社会上得到了广泛的流传。该奏稿罗列"五不解，十大过"，对乾隆皇帝本人和他执行的政策进行了尖锐的抨击。就现存其中部分内容的一些史料看来，一是抨击其杀死张广泗，"以张广泗为有功"；[44]二是批评其巡幸无度。[45]在乾隆前期乾隆皇帝的专制统治不断加强的情况下，这份伪奏稿却将抨击的矛头直接指向了乾隆皇帝本人，显然是一起极为严重的政治事件。因此，这份伪奏稿的出现在最高统治集团内部引起了强烈的反响，在国家政治生活中也激起了极大的波澜。

乾隆十六年六月，这份伪奏稿首先在贵州被发现，当即由云贵总督硕色上秘折报告给乾隆皇帝。乾隆皇帝看过之后，认为这份伪奏稿"假托廷臣名目，胆肆讪谤，甚至捏造朱批……显系大恶逆徒逞其狂悖，不法已极"，当即严令步军统领舒赫德，直隶、山东、山西、河南、湖北、湖南、贵州等省督抚"密加缉访"，"勿令党羽得有漏网"。[46]这样，在乾隆皇帝的严令督催下，全国普遍开展了追查伪奏稿作者的活动。

随着全国上下追查活动的普遍开展，和乾隆皇帝的原来设想相反，这份伪奏稿的传播范围、牵连人数和破案的困难程度都大大超过了以往各案。就其传播范围而言，不独内地十七省，连远在边徼的云贵土司竟然也有流传。就传播人员而言，既有各级官吏、举贡生监、乡绅、商贾和僧人，也有八旗子弟。案发之初三个月，仅四川一省，缉获之传播人员便已达二百八十余人，更不用说全国了。在审讯中，或者辗转诬攀，或者将已故之人混行搪塞，兼之以各级官吏为营私而扩大案情，民间因挟仇而互相诬陷，不但案情的复杂程度大大加重，使得从事追查的各级官吏处于十分被动的局面，同时也给民间带来了极大的骚扰。御史书成、在籍侍郎钱陈群先后为此上疏，要求停止查办伪稿，释放株连人众。对此，乾隆皇帝严加斥责："伊（——书成）系满洲世仆，似此丧心病狂之言，如诅咒彼父祖者，乃视为漠然，则所系于败坏满洲尊君亲上之风为尤甚。"[47]"钱陈群……意在不必查办，甚为悖谬。"[48]"既已延及数省，迟至经年，断无骤然中止之理。"[49]为了加快追查活动，他一方面严厉斥责各级官吏的无能和"虚文塞责"，并分别对侦缉不力的官员严加处分；另一方面，又以此案能否侦破关乎"大清国体统颜面"相激励，要求各级官吏将主要精力用于伪稿的追查活动。尽管如此，经过一年多的清查，几乎将全国上下搞了个人仰马翻，却仍然是"茫如入海算沙，了无头绪"。[50]乾隆皇帝本人进退失据，处于极为困难的境地。

为了给自己寻找台阶下，乾隆十七年十二月，乾隆皇帝授意军机大臣将传抄伪稿的江西长淮千总卢鲁生定为炮制伪稿的主犯，锻炼成狱。次年二月，将之押赴市曹凌迟处死。与此同时，宣谕中外，伪稿正犯已得，所有传抄各犯俱加恩宽免。对于传抄伪稿的官员，则照例治罪。除此之外，审理不力的官员如江西巡抚鄂昌、按察使丁廷让、知府戚振鹭等俱革职拿问，交刑部治罪。两江总督尹继善、闽浙总督喀尔吉善则因失察而交部严议。至此，这场轰动全国的伪孙嘉淦奏稿案，才算告一段落，草草收场。

五、胡中藻《坚磨生诗抄》案

乾隆十八年二月以后，伪孙嘉淦奏稿案虽因卢鲁生之被杀而草草收场，但是，乾隆皇帝心中很清楚，卢鲁生不过是一个遮天下人耳目的替罪羊，真正的伪稿炮制者并没有缉获。

当然，乾隆皇帝决不会因此而善罢甘休。在他看来，伪稿的作者多半是受过乾隆皇帝打击的失意官僚，而对伪稿内容进行分析，其中有替张广泗鸣冤之语。张广泗是汉军镶红旗人，原任贵州思州知州。雍正年间，受鄂尔泰赏识，超擢为贵州巡抚。张广泗被杀，为他鸣冤的自然是文化素养较高而又熟谙朝廷内幕的鄂党官僚。而且，伪稿在云、贵、湘、赣、川等省传播最广，这和鄂尔泰、张广泗相继担任云贵总督、贵州总督、湖广总督和川陕总督似也不是偶然的巧合。这正说明，伪稿案发前后在上述地区任职的鄂党分子是炮制伪稿的主要怀疑对象。循此线索，乾隆皇帝反复思考，终于把目标集中到了伪稿案发时担任江西巡抚的鄂昌和连任广西、湖南学政的胡中藻身上。有鉴于上次追查伪稿兴师动众，不但给整个社会造成了动荡和不安，而且也从反面扩大了伪稿的流传，并不利于自己的统治，因而这次乾隆皇帝一不露声色，二不重提伪奏稿案，别辟蹊径，从乾隆十八年二月开始，利用两年的时间对他们二人及其著作进行秘密调查。乾隆二十年三月，将二人拿解京师并向廷臣公布了他们的罪状，从而一手制造了著名的胡中藻《坚磨生诗抄》案。

由于先有成见在胸，故而乾隆皇帝在胡中藻所著《坚磨生诗抄》一书中发现了许多"大逆不道"的重要罪证。一是诽谤、反对清朝政府的统治。如他针对胡中藻诗集取名《坚磨生诗抄》，指出"磨"字出自《论语》，孔子所称"磨涅"，乃指反叛之佛肸而言，"胡中藻以此自号，是诚何心"？[51]此外，对于胡诗中的许多诗句如"一世无日月"，"又降一世夏秋冬"，"一把心肠论浊清"，"虽然北风好，难用可如何"，

"斯文欲被蛮"等，乾隆皇帝也穿凿附会地将之解释为反对清朝统治的证据。二是反对乾隆皇帝本人。如他将胡中藻《照景石诗》中所用的"周穆王车马走不停""武皇为失倾城色"两典故指斥为攻击他巡幸无度和贪恋女色，将"老佛如今无病病，朝门闻说不开开"指斥为咒骂他怠于政事，将胡中藻考试生童所出的"乾三爻不像龙"的经义题指斥为咒骂自己不配做皇帝等。三是互相吹捧，党同伐异。如将其诗中的"记出西林（鄂尔泰为西林觉罗氏）第一门"指斥为"攀援门户，恬不知耻"，[52]将其攻击张廷玉、张照的诗句内容指斥为"门户之见，牢不可破"。[53]据此，乾隆皇帝认为，胡中藻"鬼蜮为心，于语言吟咏之间，肆其悖逆诋讪"，"实非人类中所应有"。[54]对于鄂昌，除指斥其身为满洲世仆，"见胡中藻悖逆诗词，不但不知愤恨，且与之往复唱和，实为丧心之尤"，所作《塞上吟》称蒙古为"胡儿"等罪状之外，[55]还将其利用职权与鄂党骨干史贻直往来请托等劣迹多种也概予公布。为此，乾隆皇帝对他们进行了严厉的惩治。胡中藻斩首，家产籍没，鄂昌赐令自尽。与此案有牵连的各级官员或拿解问罪，或革任降级。与此同时，为了进一步打击鄂党势力，还将大学士史贻直削职家居，并以结党罪将已死十年之久的鄂尔泰撤出贤良祠，以"为大官植党者戒"。[56]

在此之前，乾隆皇帝曾经进行过打击鄂、张朋党的斗争，但是，根据当时的斗争形势，乾隆皇帝重点打击的是张廷玉及其党羽，鄂尔泰及其党羽虽然也受到了一些限制和打击，但在中央和地方都还有着一定的势力，这次乾隆皇帝利用《坚磨生诗抄》案对鄂党开刀，其本意原是追查伪奏稿的炮制者。限于史料缺乏，我们无法确知乾隆皇帝是否击中了目标。然而，经过此次统治集团内部的斗争，鄂尔泰一党基本瓦解，从雍正以来持续了二十多年的鄂、张朋党互相斗争的情况也最后结束。就此而言，这场斗争对于乾隆前期乾隆皇帝专制统治的进一步加强起着一定的作用。

六、彭家屏私藏禁书案

彭家屏案是继胡中藻案之后，乾隆皇帝制造的又一起打击政治上异己势力的斗争。彭家屏是清朝政府的一个官僚，累仕至江苏布政使。雍乾之际，他与李卫深相结纳，对鄂尔泰、鄂容安等进行攻讦，隐然与鄂、张两大势力鼎足而三。这使乾隆皇帝对之极为反感，不但长期不予升转，而且还寻找借口，对其加以限制和打击。如乾隆十六年三月，以其弟彭家植在原籍致死佃户，倚势抗交官粮，下令将拖欠"积年正供之数，加罚十倍""勒限严追"，其本人也交部严加议处。[57]对此，彭家屏心怀怏怏，不无怨望。[58]这样，乾隆二十二年，乾隆皇帝又以收藏明末野史、"负恩狂悖"为罪名而对其进行了严厉的惩治。

乾隆二十一年，彭家屏原籍河南夏邑县一带遭受水灾，河南巡抚图勒炳阿匿灾不报，催征如故。家居养病的彭家屏因此于乾隆二十二年正月乾隆皇帝二次南巡时迎驾徐州，向乾隆皇帝报告了这一情况。为此，乾隆皇帝对图勒炳阿进行斥责，并派彭家屏与之一起返豫调查灾情、办理赈务。但图勒炳阿办赈不力，"散赈多有不实，所有实在极贫户口，有造报遗漏者，有任意删除者"，兼之以"胥吏因缘为奸，侵蚀肥己"情况屡有发生，[59]广大灾区人民极为不满。利用灾区人民的不满情绪，彭家屏唆使夏邑县生员段昌绪、刘东震等指使夏邑民人张钦、刘元德赶赴行在，直接向乾隆皇帝控告。因其所控与乾隆皇帝派人调查的情况大体相符，故而乾隆皇帝以"玩视民瘼"为由将图勒炳阿革职。但是，因为前来告状的都是夏邑县民人，乾隆皇帝也怀疑其中当有"刁徒从中主使，不可不严加惩究"，[60]因命侍卫成林押解二人回河南交巡抚审讯。经过审讯，不但尽得彭家屏从中唆使的全部情况，同时还意外地从段昌绪卧室中抄出了吴三桂叛乱时发布的反清檄文，而且段昌绪还于其上圈点加批，赞赏称快。[61]吴三桂叛乱失败后半个多世纪，竟然还有人敢于传抄和保存这样的文件，显然又是一起极为严重的政治事件。为了将全部问题弄个水落石出，乾隆皇帝除严令追问段昌绪抄自何处之外，还怀疑曾在云南长期任职的彭家屏家中也藏有类似文字。经过严词诘问，彭家屏交待出家中藏有《潞河纪闻》《日本乞师记》《豫变纪略》《酌中志》《南迁录》以及天启、崇祯年间政事抄本等明末野史数种，这样，案情的性质发生了变化。

乾隆皇帝以为，图勒炳阿之革职，原是因为讳灾，"今经办出逆檄一事，是缉邪之功大，讳灾之罪小"，而决定将其仍留原任。[62]彭家屏则因收藏明末野史、身为地方乡绅挟私妄奏等罪而被革职拿问，并派员抄检其家。在清查抄家物资时，又发现了彭家屏家所刻族谱，取名《大彭统记》，"几与累朝国号同一称谓"，又称"彭得姓之始，本于黄帝、昌意、颛顼"，"附会荒远"，"自居帝王苗裔"，而且书中凡遇明神宗万历年号，皆不避御名，"足见目无君上，为人类中所不可容"。⁶³乾隆皇帝赐令彭家屏自尽，将其家产全部籍没。收藏、传抄吴三桂反清檄文的段昌绪、司淑信等也都被处以极刑。至此，这场轰动一时的彭家屏私藏禁书案才宣告结束。

经过亲政以来几次大的政治斗争，乾隆皇帝的专制统治得到了进一步的加强。这时，乾隆皇帝的注意力开始转移到打击社会上的反清思想方面。这样，排除政治上的异己势力的斗争才算告一段落。

第三节　惩贪治吏

一、加强政治控制

在乾隆皇帝专制统治不断加强的过程中，乾隆皇帝极为注意从政治上加强对各级官吏的控制。

首先是对各级官吏的考核日趋严密和完善。乾隆初年，由于推行宽大政治，内外文武官吏的京察、大计和军政大多流于形式。各部堂官，各地督抚、提镇往往将之视为具文，苟且塞责。为了扭转这种风气，他反复告诫主持考核的各级官员，一定要"矢慎矢公，至确至当，举一人使众皆知劝，退一人使众皆知儆，始足以澄清吏治，整饬官方"。⁶⁴由于乾隆皇帝的重视，在他亲政以后的几十年间，京察、大计和军政一直按期举行。在坚持定期对各级官吏进行考核的同时，乾隆皇帝还特别注意随时对各级官吏进行审查。一经发现有违法乱纪的行为，不待京察、计典，立即予以惩治。这些活动，不但在一定程度上起到了振刷吏治的作用，也在很大程度上加强了乾隆皇帝对各级官吏的控制。

其次，乾隆皇帝先后做出各种规定，对各级官员的职权和活动严加限制。根据他的规定，官吏离京赴任，必须赴宫门请训。[65]在外任职的督抚、提镇、藩臬、知府及将军、都统、副都统等军政官员，也必须按期奏请陛见。如果未蒙允许，次年应再行奏请，直至得到允许为止。各地知府以上官员之除授，皆须由乾隆皇帝自己决定，各地督抚不得奏请拣发，尤其不准先斩后奏。如乾隆二十年十一月，贵州巡抚定长因为不谙成例，奏请敕部拣选知府。乾隆皇帝斥之为"违例奏请"而将此通行传谕各省督抚。[66]又如乾隆二十三年四月，两广总督陈宏谋因为广东按察使缺出，奏请"将该省道员王概、梁国治就近简用一员升补"，为此，乾隆皇帝大发雷霆，将之痛骂一顿，"藩臬为方面大员，由朕特简补用，从无督抚奏补之理"，"陈宏谋久历封疆，自应素悉，何至冒昧若是"。[67]十几天后，陈宏谋便被降调江苏，以总督衔管巡抚印务。

为了防止各级官员以姻亲、师生、同乡、同年等关系相互结党，尾大不掉，乾隆皇帝还非常注意防微杜渐。除继续坚持历朝以来实行的官员回避制度之外，还先后就此做出了一些补充规定。如乾隆二年四月，针对一些地方官员举荐同乡的现象，他规定："嗣后督抚折奏补用人员者，着于折内声明本人科分籍贯，以凭朕酌夺。"[68]乾隆十二年二月，规定武员任职回避本省。[69]乾隆十五年三月，定旗员任职回避五百里以内。⁷⁰乾隆二十六年十二月，规定"嗣后外官职司考核衙门，遇有内外兄弟为其属官，令官小者回避"。⁷¹乾隆三十二年十二月，回避范围扩大到了受业师生。⁷²乾隆三十九年六月，还一度决定："母之父及兄弟、妻之父及兄弟、己之女婿、嫡甥及本身儿女姻亲、中表兄弟、子妇之亲兄弟，凡系本管上司下属，例亦令官小者回避。"⁷³仅因此举涉及人员太多，无法行通，不得已在推行数月后中止执行。⁷⁴

除此之外，乾隆皇帝还严禁地方官员之间和地方官员与地方绅衿之间互相勾结。地方官员之间序齿换帖，称兄道弟，"上官属员，略分言欢，招优酬酢"，"树彼此依倚之势"，⁷⁵以及地方官员与地方绅衿之间"徇情曲庇"，"启党援门户之渐"⁷⁶的各种行为一概禁止。其他如各地地方官表请将现任九卿官员之父祖入祀乡贤祠；各地乡绅为当地官员立生祠；督抚经过地方，知府以下皆跪道迎送；"上司子侄，往来任所，经过所部境内，拜谒地方官，张扬声势"以及地方官趋奉巴结等现象也概令禁绝。⁷⁷

经过这样一番整顿，全国上下所有的官吏都成了匍匐在乾隆皇帝脚下唯命是从的一群奴仆，乾隆皇帝的专制统治得到了极大的加强。

二、严惩贪官

乾隆时期，中国封建社会已经进入它的后期阶段，封建官僚制度的各种痼疾开始暴露无遗，因而，终乾隆一朝，吏治问题始终是一个极其严重的问题。涉及范围之广、牵扯官吏之多、贪污手段之新、贪污数量之大都为历朝所未有，不但影响了国家的财政收入，而且，由于各级官吏的朋比为奸，欺上瞒下，也在政治上形成了对皇权的离心倾向，并在一定程度上使原来即已存在的各种社会矛盾愈加尖锐，对乾隆皇帝的统治极为不利。为了加强自己的专制统治，乾隆皇帝在政治上加强控制的同时，还以惩治贪官为重点，进行了全面地整顿吏治的活动。

乾隆皇帝即位之初，推行宽大政治。雍正时因贪劣有据而被革职的两千一百多名官员通通复官，所有官侵吏蚀一概豁免，他们的政治、经济特权也全部得到恢复和承认。与此同时，对各级官吏的控制也大大放松。所有这些，都为吏治败坏提供了适宜的客观环境。在这样的情况下，官场中的不正之风重新兴起。地方官吏向百姓多征耗羡，浮收粮米；上级官吏向下级官吏加收余平，下级官吏向上级官吏馈送土宜；地方官吏向中央官吏赠送路费等变相贪污贿赂的现象皆开始出现。对于这些情况，早在亲政之后不久，乾隆皇帝便有所察觉，逐渐加强对各级官吏的管理。如乾隆三年六月，乾隆皇帝颁布谕旨，禁止州县暗加火耗，侵蚀入己。[78]同年十一月，针对地方督抚向各地乡试主考官馈送路费的现象，决定由中央政府根据道里远近，统一颁发。[79]乾隆四年二月，又以"内外臣工，见朕以宽大为治，未免渐有放纵之心"而严禁内外官吏侵蚀国帑。[80]

与此同时，和亲政以后加强对各级官员控制的步调相一致，对于一些被揭发出来的贪官污吏，乾隆皇帝也做出了相应的处理。如乾隆三年三月，他以广东盐运使陈鸿熙"巧取营私，无利不搜""竟以朝廷正项之钱粮，为运使放债之资本，积年所获不赀"，海南道王元枢"残忍贪黩，兼有恶才"，"两粤商民，怨声腾沸"，将二人革职拿问。[81]同年七月，以工部尚书赵宏恩收受贿赂，将之革职，发往军台效力。[82]同年十二月，以四川道御史褚泰收受商人贿赂而处以斩监候的严厉处分。[83]除此之外，以贪污纳贿而受到革职处分的高级官吏还有两广总督鄂弥达、福建巡抚王士任、江西巡抚岳濬等。然而，由于乾隆皇帝标榜宽大政治，对这些官员的处分相当轻微，仅至革职、追赃了事，而且其中不少人革职之后不久又重加起用，因而贪风反而有愈益扩大之势。即以乾隆六年而论，先后被揭露出的贪污案件便有山西布政使萨哈谅收兑钱粮加平入己案、山西学政喀尔钦贿卖生童案、浙江巡抚卢焯收受贿赂案、步军统领鄂善收受贿赂案、荆宜施道姜绍湘婪赃不法案、护军统领阿琳婪索商人银两案等，总数不下十余起。为了煞住这股贪风，乾隆皇帝被迫采取断然措施，将喀尔钦籍没家产，正法示众；予萨哈谅以斩监候的严厉处分；对于鄂善，因为他是在朝大臣，则令王大臣等会审定案，赐令自尽。与此同时，乾隆皇帝还下令将乾隆元年以来侵贪各案处理情况重新审理，改变原来限内完赃、减等发落的旧规定，将之陆续发往军台效力，"以为黩货营私者之戒"，并规定"嗣后官员有犯侵贪等案者，亦照此办理"。[84]

在乾隆皇帝的严厉打击下，各级官吏中的贪风有所收敛，一些官员在口头上开始以清操、廉洁相标榜，或者"严禁属员，不许馈送礼物"，[85]全国吏治也一度有所好转。然而，一则因为没有制定制裁贪污的各种有力措施，仅靠严厉惩治个别官员的贪污行为以达到制止贪污的目的，故而仅能收效于一时；再则，此时乾隆惩贪还极不彻底。对于和自己关系比较密切的一些官员的贪污行为，或从宽处理，或知而不问。如苏州织造兼管浒墅钞关海保，侵贪银两达二十二万之多，乾隆皇帝却以其母为雍正皇帝乳母而将之从宽释放。[86]又如巡视两淮盐政准泰，乾隆皇帝明知其贪污问题相当严重，却以其为皇帝家奴而不予清查。[87]再如乾隆十二年二月，大学士查郎阿受贿案发，乾隆皇帝却以其"系皇考所用之旧大臣，朕不忍置之于法"而决定此事不必根究。[88]乾隆皇帝的这种态度，无疑使一些官员更加有恃无恐，因而不过几年，贪风又起。

根据有关资料统计，乾隆十年以后，贪污案件和贪污数额又逐渐增多。其主要者，乾隆十年有阿炳安修理宁夏城工贪污案，[89]乾隆十一年直隶有张德荣、张鉴、查锡纳三案，奉天有荣大成、吴秉礼、臧根嵩、胡世仁、崇伦永五案，湖广有杨统正、曹绳柱二案，福建有李潜一案，广东有朱介圭一案，云南有陈题一案等。[90]乾隆十二年以后，又先后发生了浙江巡抚常安收受贿赂、勒索、克扣，云南戴朝冠、贵州古州同知刘樵侵盗钱粮，四川学政朱荃匿丧赶考、贿卖生童，湖北应城县知县骆玉图侵蚀税银，安西道常钧在任亏空和广东历任粮驿道浮收粮米、折价征银、娄取入己等重要案件。而且就案情而言，一般都相当严重，有的甚至达到了肆无忌惮的地步。如其中之浙江巡抚常安，曾以清廉自相标榜，而在案情揭露之后，竟发现他是一个收受贿赂、勒索、克扣的能手。又如云南之戴朝冠，在任期间，公然盗窃国库银两"付原籍置产"，被拿归案后，"恃年逾七十，冀得瘐死了事"，拒不交纳赃银。[91]还如贵州之刘樵，"侵冒银两，至二万有余"，并以此为其子捐纳官职。[92]尤其恶劣的是，一些官员在处理贪污案件的过程中还知法犯法，极其无耻地向案犯索取贿赂。如乾隆十四年十一月，在处理郭金贪污案时，竟有刑部郎中西琳，主事巴阳阿、江阿等先后向其索贿七千余两。[93]除此之外，军官扣克兵饷、侵肥入己，官吏勒索属员供应、收受书役规礼和船户贿赂者比比皆是。这些情况表明，这一时期的官吏贪污活动较之乾隆初年又有了新的发展。

针对各级官吏中"侵渔之案，日积而多"，"侵贪之员，比比皆是"的现象，[94]乾隆皇帝认为，"若不亟为整顿，则营私蠹国之风，由兹日长，渐至酿成痼疾"。[95]为此，他先后采取各种措施，对各类贪污案件进行了极为严厉的处理。对于已经发觉的侵贪性质严重、影响恶劣的各起案件，乾隆皇帝指出，"此等劣员，多留一日，则民多受一日之残，国多受一日之蠹"，[96]分别委派专员进行审理，核实无误，即行正法。如乾隆十四年十一月，对于贪污侵盗、向案犯索贿证据确凿的荣大成、臧根嵩、西琳、巴阳阿、江阿等，先后将之正法示众。对于其他侵贪性质严重的案犯，虽仍按正常法律程序处理，但是为了起到惩一儆百的作用，则要求有关官员"速行审结定拟，以申国法"，"务必入于今年秋审案内，毋得再有迟延"。[97]对于办案不力的官员则严加指斥，"任意迟延，不以谳决为事，殊非国家立法惩贪之意"。[98]与此同时，为了煞止贪风的继续发展，乾隆皇帝还分别从加重刑法惩治和经济惩罚两个方面陆续做出了一些新规定。如乾隆十二年四月，针对各地官员办事纵弛，以致亏空累累的现象，恢复了雍正时期各地亏空"令该管上司分赔"的规定。[99]同年九月，针对有关机构将贪污官员虚拟死罪而在复审时率多改入缓决的现象，规定此后凡"赃私累累，至监追二限已满，侵蚀未完尚在一千两以上及贪婪未完尚在八十两以上者，秋审时即入情实"。[100]这些规定的贯彻执行，使得"上司畏累己而不敢徇隐，劣员知失命而遑为其子孙谋"，[101]一定程度上制止了贪风的继续发展。

乾隆十年以后乾隆皇帝严惩贪污虽然收到了一定的效果，但是，乾隆皇帝所期望的通过此次惩贪"将见天下无侵员并且无贪员"的目的却远远没有实现。[102]一是因为此时乾隆皇帝综理庶务，权力高度集中，军政吏治、刑名钱谷无一不管，中央权力愈是集中，便愈造成地方上的权力空白，各级官吏反倒因此而大行其私。二是在此期间，战争多，文字狱多，小规模农民起义多。为了应付这些事件，不但乾隆皇帝本人被搞得焦头烂额，而且各级封建统治机构也因此而长期未能得到整顿，这无异是为官吏侵贪制造了一个良好的客观环境。三是此前乾隆皇帝严惩贪污，态度虽极为严厉，但是打击的重点一直是中下级官吏。高级官吏虽有被处死者，但为数极少，多数不过是革职追赃，而且过后不久又重加起用。因而，经过一个短暂的平静时期之后，从乾隆十八年开始到乾隆三十九年王伦起义爆发前二十多年的时间里，各种类型的贪污案件无论在案件数量上或是在贪污数额上都较之此前有增无已，与此同时，案犯也由原来以中下级官吏为主发展成为以高级官吏为主。为此，乾隆皇帝继此前两度打击贪污活动之后，又进行了以惩治高级官员贪污为重点的打击贪污的活动。于此对几起有代表性的贪污大案及乾隆皇帝的惩治过程略作介绍，以见此时乾隆皇帝惩贪之大致情况。

1. 南河亏空案

为了维持统治和保证国家正常的赋税收入，清朝政府每年都拨出巨款整修黄河，并为此专设江南河道总督管理整修事务。因此，经理河务便成了官员贪污的重要方式和途径，兼之以多年以来主持官员昏庸无能和财务管理制度十分混乱等原因，至乾隆十八年夏，乾隆皇帝发现，积年亏空已达十余万两之多。为此，乾隆皇帝立即决定将经管河务的高斌、张师载革职，所有与亏空有关官员一概摘印看守，改由外地拣发官员前往办理。在此案正在清查的过程中，由于长期以来经办官吏"积年冒销，堤工本属卑薄"，[103]"工非实工，料非实料，冒销浮混，无所不至"，[104]是年九月，又发生了黄河自徐州铜山县境内溃决的严重灾情。黄河南岸的灵、虹、宿、泗、盱等州县一片汪洋，"历年来之公帑，付之波臣，数郡之田庐，俱遭荡析"。[105]乾隆皇帝气急败坏，飞令将管理该段河务的同知李焞、守备张宾立行斩决，并连颁谕旨，勒限一年完纳亏空，不完者即予正法，着家属追赔。仍不能完纳者，由高斌、张师载代赔。与此同时，为了彻底清查南河弊端，防止亏空案件再度发生，乾隆皇帝一方面将乾隆十年以后的历任河库道姚廷栋、叶存仁、何焴、李宏等一并革职，交部从严治罪；一方面饬令钦差尚书刘统勋等制定条款，加强财务管理。在乾隆皇帝的严令追逼下，不少官员倾家荡产，完纳亏空。一年限满时，乾隆皇帝又将其中未能完纳者正法示众，从而严厉地打击了贪官污吏的嚣张气焰。

2. 杨灏、恒文、蒋洲贪污亏空案

湖南布政使杨灏、云贵总督恒文、山西布政使蒋洲贪污亏空案是乾隆二十二年前后相继发生的三起高级官员贪污案。杨灏贪污案首先发现于乾隆二十一年九月。当时，杨灏利用经理放银买补常平仓谷备荒的机会，贪污白银三千余两。案情揭发后，经乾隆皇帝批准，杨灏被处斩监候。次年秋审时，湖南巡抚蒋炳竟以杨灏限内完赃而意存包庇，拟为缓决，并经三法司、九卿、科道共同讨论通过，呈送乾隆皇帝批准。这种明目张胆地庇护贪官的行为使得乾隆皇帝极为愤怒。他认为，杨灏身为藩司，侵肥克扣达三千余两，处以斩监候已系格外之恩，本次秋审自当定为情实依律正法，而经办官员竟如此为其开脱，这将为督抚藩臬等高级官员的贪赃开创一个恶劣的先例，平时他们可以肆无忌惮地侵渔克扣，一旦败露，又可以限内完赃而保全性命。针对当时高级官员贪污现象日益严重的情况，乾隆皇帝决定对之从严处理。一方面严令湖南巡抚蒋炳将杨灏立即正法，同时又以蒋炳窃弄权柄、包庇贪官而将之革职治罪，查抄家产。受此牵连，三法司、九卿、科道许多官员也都分别受到降级、革职的处分。

恒文贪污案发现于乾隆二十二年六月。根据揭发，恒文曾乘巡阅各地营伍之机，授意家人赵二勒索州县属员十五人财礼，并以进贡金炉为名压价勒买民间黄金。利用这些手段，在担任云贵总督一年多的时间里，恒文搜刮了数万两白银、黄金。得知这些消息后，乾隆皇帝非常气愤。"恒文深负朕恩，情罪重大"，"此而曲为宽宥，其何以饬官方而肃吏治"。[106]在经过调查，证明情况完全属实后，乾隆二十二年九月，乾隆皇帝派侍卫前往恒文解送入京所至之处，赐令自尽。与此同时，因为被其勒索的十五名云贵地方官未行检举，也分别予以交部查议、各降一级的处分。

蒋洲亏空勒派案发生于乾隆二十二年十月。蒋洲是雍正间大学士蒋廷锡之子，乾隆中由主事累擢至山西布政使。乾隆二十二年七月，又升任山东巡抚。在他欢天喜地赶赴山东新任之后不久，继任山西布政使的塔永宁揭发了他在山西任内亏空库银二万余两，临行之时又勒派通省属员交银以及于寿阳县伐木卖银、弥补亏空的事实。为了弄清真相，乾隆皇帝将蒋洲解任押回山西听审，并指令刚刚结束恒文一案调查工作的刘统勋赶赴山西调查处理。调查结束，不但发现在蒋洲弥补亏空的过程中太原府知府七赉等地方官曾"连名作札，向各属催取，明目张胆，竟如公檄，视恒文之授意派买，更有甚焉"，[107]而且发现了山西其他官员如按察使挞穆齐图、知州朱廷扬、守备武琏贪污亏空"皆盈千累万"，以及杨龙文身为监司侵帑勒派，山西巡抚明德等收受蒋洲贿赂等大量犯罪事实。这样，山西全省"巡抚藩臬，朋比作奸"的问题全部暴露。[108]对此，乾隆皇帝认为，"外吏营私贪黩，自皇考整饬以来，久已肃清，乃不意年来如杨灝、恒文等案屡经发觉，而莫甚于蒋洲此案。若不大加惩创，国法安在"。[109]蒋洲、杨龙文、朱廷扬等因此而被正法，明德等许多官员也分别受到革职、降级处分。

该案处理后，为了防止侵亏库帑的事件再度发生，乾隆皇帝一方面采取措施加强了各地库存银两的管理，规定此后州县钱粮，除应留支俸工、驿站等项外，其余悉应于征到三日内随征随解，新旧抚藩接任、离任，皆须将库存钱粮数目及有无挪借之处具折上奏，"仍照旧例，出结保题"；[110]一方面对有关法律条文进行修改，以防止各级官员利用法律上的漏洞肆行侵贪。如乾隆二十三年三月，乾隆皇帝下令，"将斩、绞、缓决各犯纳赎之例永行停止"，[111]同年九月，又规定："所有实系侵亏入己者，限内完赃减等之例着永行停止。"[112]

3. 李因培指使属员弥补亏空案

蒋洲亏空案处理十年之后，乾隆三十二年，又发生了李因培指使属员私下弥补属员亏空案。乾隆三十年十一月至次年二月，李因培一度任湖南巡抚。在此期间，他曾循例向乾隆皇帝具折奏报通省钱粮无亏。孰知奏折甫上，一个不识相的常德知府锡尔达便向李因培报告武陵县知县冯其柘亏空库帑二万余两。事关前程，李因培对此极为恼怒。他一方面伺机参劾锡尔达以图报复，一方面通过湖南布政使赫升额授意桂阳州知州张宏燧代替冯其柘弥补亏空一万余两。一切办妥后，始令锡尔达重新盘查。乾隆三十二年正月，张宏燧因谳狱讹误，革职交审，其受李因培指使代人弥补亏空的案情才一起被揭露。早在上年，乾隆皇帝在审理山西阳曲知县段成功亏银万两、同省三十二州县通同舞弊代补亏空一案时便曾严厉惩罚，大开杀戒，岂知一年以后，同类案件又在湖南发生，而且还是出于一省主要官员巡抚和布政使直接授意。"巡抚为封疆大臣，藩司系钱粮总汇，一省之整饬稽查，惟于抚藩是寄。乃伊等竟敢上下扶同，徇情朦蔽，充其伎俩，将何事不可为。"[113] 为此，乾隆皇帝分别将张宏燧、冯其柘即行处斩，李因培赐令自尽。为了防止类似案件再度发生，乾隆皇帝严令各省督抚通查所属，有无亏空，据实回奏。与此同时，还采纳直隶总督方观承的建议，进一步加强了对州县仓库钱粮的管理。

4. 两淮盐引案

两淮盐引案是乾隆三十三年被揭露的一起贪污大案。乾隆十一年后，主持两淮盐务的官员为了筹办乾隆皇帝南巡，私自规定每张盐引加收税银三两，勒令盐商交纳。乾隆十六年至乾隆三十年乾隆皇帝四度南巡，所花费用，大半取资于此。其中部分银两，主持盐务的官员则谎称盐商乐输报效、公捐银两，以作皇太后、皇帝万寿节及征讨金川、准噶尔、回疆赏赐之用，以博乾隆皇帝之欢心。其余部分，则由历任两淮盐务官员大肆挥霍，中饱私囊。很长一段时间里，乾隆皇帝本人都被蒙在鼓里。乾隆三十三年六月，两淮盐政尤拔世因向盐商勒索重贿未遂，而向乾隆皇帝揭发了此事内幕。这使乾隆皇帝极为吃惊。他粗略地估计了一下，两淮盐商每年销盐二十万引至四十万引，自乾隆十一年提引迄今，已经二十多年，私征税收当在千万以上。扣除历次南巡及两淮盐政采办内廷用物所花四百六十七万两，尚有六百数十万两或为历任经管盐务官员所侵蚀，或为官员市恩而未向盐商征收。[114] 为此，他当即将前任两淮盐政高恒、普福，盐运使卢见曾等概行解职交审，查封其任所资财及原籍家产，又派遣江苏巡抚彰宝、两淮盐政尤拔世赶赴扬州，办理此案。经过审讯，历任主持两淮盐务的官员高恒、普福、卢见曾、杨重英等均有极严重的贪污受贿现象。为此，乾隆皇帝将高恒、普福、卢见曾等人依律正法，南巡时因为公捐银两而赐予的商人顶戴也一律革去。所欠银两，勒令商众十年还清。翰林院侍读学士纪昀、军机处行走章京王昶、刑部司员黄骏昌、内阁候补中书徐步云因向卢见曾透露抄家信息，也分别受到了充军乌鲁木齐或革职的处分。

5. 贵州威宁州铅厂亏空案

贵州威宁州铅厂亏空案发生在乾隆三十四年。是年十月，贵州巡抚良卿参奏革职威宁州知州刘标及专管铅务之粮驿道永泰等人历年以来亏缺铜铅及帑银二十余万两。一个小小的知州，亏空数额竟如此巨大，这使乾隆皇帝十分惊诧，当即派内阁学士富察善前赴贵州会同良卿审理此案。谁知富察善刚出都门，被参革职知州刘标、粮驿道永泰控告亏空由于良卿、方世俊、高积等贵州官员婪索的报告也到达了北京。其中刘标控告呈文中还附有各上司历年勒索底簿。至此，贵州巡抚、布政使"通同勾结，肆意侵渔"的问题开始暴露。为此，乾隆皇帝立即将良卿、高积和已经调任湖南巡抚的方世俊等一并革职，急调湖广总督吴达善、刑部侍郎钱维城等前往贵州，进行审讯。审讯结果，不但证实了刘标、永泰揭露情况通属事实，而且发现了此案发生之前良卿等人与刘标等通同作弊，及见弊端无法遮掩又企图参劾属员以争取主动，以及良卿等贵州督抚透支养廉银、贵州按察使兼署藩司高积"以藩库所有水银私行贩卖"等许多新的罪证。[115]对此，乾隆皇帝极为震怒，"自来侵亏帑项犯案，从未有若此之甚者"，"黔省吏治，狼藉至此，实出情理之外"，[116]"督抚与藩臬，至于上下一气，串通结纳，任意营私，将何事不可为"。[117] 良卿立行正法之外，其子也发往伊犁与厄鲁特为奴，方世俊、高积等许多官员也分别被处死或受到严厉处分。为了弥补亏空，乾隆皇帝除派员反复清查刘标等案犯任所资财及原籍家产充数外，还令云贵总督及贵州同官各自摊银分赔。至此，这场轰动一时的亏空大案的处理方才告一段落。

6. 钱度贪污案

乾隆二十九年至乾隆三十七年，钱度曾两任云南布政使。在此期间，他利用手中掌握的对缅战争时支放银两的权力，每放银百两，扣除平余银一钱七八分不等。积年放银二千二百余万两，钱度本人即从中侵吞四万余两。除此之外，他还通过索取属员贿赂以及监管铜厂扣收平余等手段，从中搜刮白银数万两。为了藏匿这些财富，他要家人"或作地窖，或作夹壁，以作永久之计"。[118]乾隆三十七年初，因为他案牵扯，钱度的这些问题才一起被揭露。由于在此案发生之前，乾隆皇帝先后对许多高级官员贪污亏空案件皆做了极为严厉的处理，在他看来，"司道大员，必不致复有簠簋不饬之事"。[119]因而，钱度贪污案的再度发生，无异是对乾隆皇帝的当头一棒。对此，乾隆皇帝极为痛恨。案情查清后不久，便将钱度正法。和他一起隐匿寄顿财物的儿子钱酆以及幕友等也都受到极其严厉的惩罚。与此同时，为了了解并制止各省库银支放中的类似情弊，乾隆皇帝还传谕各省督抚将该省藩司如何支放、有无扣除余平及家人掌平之事，"即行查明，据实覆奏，毋得稍有瞻徇讳饰"。[120]

以上所举，不过是在此期间乾隆皇帝处理的众多贪污案件中比较典型的几个案例。由于乾隆皇帝惩贪是为了加强自己的专制统治，兼之以此时各级封建官吏机构已经日趋腐朽，因而这一时期的惩贪活动时起时落，时宽时严，有着极大的随意性，从而造成了"察吏非不严，而贪墨未息；锄恶非不力，而纵逸尚闻，甚且上下弥缝，就轻避重"的严重现象，[121]成为乾隆后期吏治进一步败坏的一个重要的原因。尽管如此，这一时期的惩贪活动还是收到了一定的效果。通过对各级官员尤其是高级官员贪污活动的严厉惩治，不但沉重地打击了贪官污吏的气焰，进一步加强了乾隆皇帝对各级政权的控制，而且在一定程度上限制了各级官员对广大人民的额外剥削，对于保证社会生产的正常进行，防止人民生活的进一步恶化也有着一定的意义。同时，这一活动的开展，也保证了国家正常的财税收入，对于当时正在进行的各次巩固国家统一的战争也提供了强大的物质基础。因而，乾隆皇帝之惩贪，虽然和进行统治阶级内部斗争、制造文字狱、加强思想统治一样，都是为了加强自己的专制统治，但是其积极影响却远在其他活动之上，对于社会经济的进一步发展和清朝统治全盛局面的形成，都起了一定的积极作用。

三、限制书吏幕友

书吏、幕友都是各级封建官吏的亲信和办事人员，一般是受各级官员的指令或委托，代替他们经管刑名、钱谷等重要事务。虽然他们没有职衔，地位甚低，但是由于清代官吏多系科甲出身，没有从政经验，不许在原籍任职，于任地情况极少了解，一些书吏、幕友便乘虚而入，"借历幕更事为名，始终占踞一衙门。官有去留，幕无更易"，乘间滋弊，成为当地事务的实际主宰者。¹²²因此，在各种贪污、亏空、违法乱纪案件中，往往都有他们插手。为了整顿吏治并加强对地方政权的控制，乾隆皇帝在加强对各级官员的控制和在经济上严惩贪污亏空的同时，又进行了限制和打击书吏、幕友不法行径的活动。

乾隆皇帝即位之初，针对书吏"贻民害而蛊国事"的问题，即严令京城各机构稽查原已递解回籍而又潜匿京师、营求作吏的书役，将之照例拘拿治罪。¹²³尔后不久，又对书吏危害国家政治和广大百姓的情况进行了全面的揭露。他说："书役之为害甚剧"，"其为小民扰累，何可胜言！故有讼狱尚未审结，而耗财于若辈之手，两造已经坐困者矣；额粮尚未收纳，而浮费于催征，中饱于蠹胥，已什去二三矣；其余勾缉命盗、因缘舞弊、遇事风生、株连无辜、贿纵要犯，大率贴写白役之为害居多。"¹²⁴为了对其违法活动进行打击，他要求各地官员"将所有吏役，按籍钩考，其有私行充冒者，悉行裁革"，"倘有坏法扰民之事，立即按律重惩"。¹²⁵此后，又连颁谕旨，命各地督抚、各省藩臬查核书役需索及舞文作弊、因缘为奸种种情弊。¹²⁶对于其中贪污赃私证据确凿者，则严加惩治，不稍宽贷。如乾隆十七年七月，以在京兵部书吏及福建藩司书吏先后"用空白作弊"，冒领饷银，情罪至为可恶，严令该管上司"审明时即行正法"，"以为蠹役之戒"。¹²⁷乾隆二十二年七月，以湖北广济县"蠹书"周锡琏等十二人轮充粮库总书，自乾隆十四年以后，"岁岁加派、私征分肥"而传谕湖北布政使富勒浑"详细追究、从重办理"。[128]乾隆三十四年六月，以浙江长兴县库书私增粮耗而派侍郎曹秀先等驰驿前往，查审具奏。[129]乾隆三十八年十月，以浙江太平县县书黄元桂等"浮收银米、匿地私征"而派人往查，严肃处理。[130]除此之外，对于中央各机关的役满书吏，不遵回籍定例，"潜留原署或著役他处、诱骗揽办、百弊丛生"的问题，也下令各衙门"严查逐出"。[131]

对于幕友，乾隆皇帝也照此办理，防范备至。乾隆六年六月，针对山东等地"上司幕宾往往借端出外，与各官往来款洽，串通信息，又或荐引亲友，入于下司之幕"，"遇事则彼此关照，作弊营私，高下其手"，以致各级官员为其所用等现象，乾隆皇帝告诫各地官员加意防范，严密稽查，以"得幕宾之益，而不受其累"。[132]乾隆二十二年六月，他再次要求各地督抚"关防扃钥，概不得任幕友出署往来交结，以绝嫌疑而肃官守"。[133]为了防止各衙门幕友之间互相勾结，操纵长官，依倚为奸，乾隆皇帝还先后做出各种规定，对幕友进行限制、打击。如乾隆十二年二月，他下令各省督抚整饬首府首县，"将聚集省会之觅馆幕客严查驱逐，倘仍听逗留，即将该府县照不力行保甲例参处"，并规定，"嗣后原官该省者，不得复在该省作幕。如经参奏或被首告，将延请之官照违例议处，营求作幕之人，严加惩治"。[134]乾隆十九年三月，严禁幕友于聘所携眷置产。[135]乾隆二十二年十一月，严禁上司幕友向属下州县勒荐幕友。[136]乾隆三十七年九月，云南布政使钱度与幕友叶木果通同贪污案发后，乾隆皇帝又采取措施，进一步加强了对幕友的限制。除重申各地督抚不得于本省延请幕友外，还将幕主扩大到了督抚之下的所有官员，被聘幕友的回避地区也缩小到了五百里以内。与此同时，还分别规定，督抚、司道、州县幕友，皆须详开履历住址，随时报部；前任官员之幕，不得留于后任；幕友在幕五年，即行更换。如违例延请及逾限不更换者，本管照隐匿不报例，降二级留任，幕友即行斥逐。对于各地上司、属员、幕友之间互相交接、联络声气的问题，则随时稽查处理，并由该管督抚于年终向中央政府汇奏，由军机处对其奏报情况进行稽查。[137] 对于纵容幕友往来交通、违法乱纪的官员，则严加处理。如乾隆九年九月，以西安布政使师念祖违例营私、纵容幕友家人招摇纳贿而将之解任。[138] 乾隆三十四年二月，以安徽太和县知县郭世仪将重价所买之妾转送幕友——本管上司史鲁璠之族叔史纬仪，而将郭世仪、史鲁璠一并革职，并严令各该督抚确查"阖省州县如有延上司戚族在幕者，立即查办"。[139] 安徽巡抚冯钤因为意图徇庇，也受到了革职处分。

经过这样一番整顿，不但在一定程度上限制了书吏、幕友对中央、地方事务的干扰和影响，而且也对全国吏治的整顿起到一定的推动作用。

第四节　严控绅衿

生监、绅衿是封建统治者维持统治的阶级基础和各级封建官吏的后备军。乾隆初年，调整统治政策，和官吏、八旗一样，他们也是主要受益者，并因此而使自己的政治、经济势力都得到较大的发展。乾隆皇帝亲政之后，和对全国官吏队伍的控制日益加强的步调相一致，对广大生监、绅衿的管理和控制也日益加紧。其主要内容是：整顿科举弊端，清理绅衿积欠和惩治、打击其不法行为。

一、整顿科举弊端

清朝时期，除八旗子弟外，科举制度是所有士庶地主子弟猎取功名、获取政治权益的主要途径。因而，从府、州、县学的童生入学考试以至考取举人和进士的乡试、会试，历来都被广大官绅所重视。为了进入仕途，举贡生员不但在考前竞相向主持考试的各省学政和乡、会试考官大行贿赂，而且还在考场上夹带传递，不一而足。雍正时期，在大力振刷政治的同时，对各种科举弊端也力行整顿，科场风气一度有所好转。乾隆初年，推行宽大政治，应考士子夹带文字入闱和主考官员收受贿赂的现象又开始出现。

针对科举考试中的这些弊端，亲政之后不久，乾隆皇帝即着手加强对各地应考士子的管理，并对贿卖生童的个别官员进行惩治。如乾隆四年二月，己未科会试届期，乾隆皇帝先期颁布谕旨，告诫应考举人"务将夹带之弊，尽行革除。仍有不肖之徒，玩视功令者，即行参奏，交部照例治罪，毋得姑容"。[140]乾隆六年三月，顺天乡试在即，乾隆皇帝又颁谕旨，禁止科场怀挟。[141]与此同时，将贿卖生童、影响恶劣的个别主考官员如山西学政喀尔钦革职严审，查抄家产，依律正法。

　　然而，由于长期以来形成的科场痼疾和各级官吏的上下欺瞒，科举弊端并未就此煞止，反有愈益发展之势。为此，乾隆九年秋，利用顺天乡试的机会，乾隆皇帝亲自出马，对科举弊端进行整顿。事先，乾隆皇帝为应考士子亲出考题；届时，为了防止应考士子夹带，又专派亲信大臣带领人员前往考场监试。监试大臣受命之后，不敢怠慢，严令属下人等认真搜查，并且规定，搜出一人夹带，赏银三两。结果头场考试即搜出夹带文字者二十一人，"或藏于衣帽，或藏于器具，且有藏于亵衣裤裤中者"。[142]因为考题略冷，入场士子不能回答而交白卷者六十八人，不完卷者三百六十九人，书写不工整和答案驴头不对马嘴者二百七十六人。迄至二场考试，又搜出夹带文字者二十一人，因见稽查严密，临点名时一哄而散者又有二千八百余人。[143]"京师如此，则外省情弊，不问可知。"[144]这使乾隆皇帝极为恼火。各级官员天天在他耳边吹嘘什么"人文日盛"，不断要求增加科举录取名额，原来竟是一班这样的"人才"！为此，他一方面下令将批准这些生员参加考试的顺天学政、国子监祭酒和在朝任职的这些生员的家长，以及乾隆元年以来历次顺天乡试时的监试御史，通通查出，交部严加议处；一方面下令将各省参加乡试的生员名额一概削减十分之一，以示惩罚。

　　与此同时，为了严化科举考试纪律，他还先后做出各种规定。根据这些规定，应考士子衣服一律单层。参试所用蜡烛一律由考生纳钱，官为置办。考生入场于头门、二门须经两次搜查，搜查时两人共搜一人，如二门搜出夹带，即将头门未曾搜出之官役治罪。考前运入考场的器具、食物也委派巡查御史逐件查阅。内外帘官、随役人等亦应一例搜查，如有夹带，立即治罪。士子考试怀挟，"其父、师一并究治"。[145]士子考试须按规定在指定区域进行，不得冒籍顶名。[146]为了认真贯彻这些规定，乾隆十二年和乾隆十五年两届乡试，均令各地派出大批人员"照例严查"。[147]

由于乾隆九年以后历次科举考试皆严密搜查，科举弊端的重点开始转向士子买嘱考官私通关节，各级考官"或于省会书院博督抚之欢，或于所属义学徇州县之请，或市恩于朝臣故旧，或徇纵子弟家人乘机作弊"。[148]对此，乾隆皇帝除一再严令内帘阅卷人等"冰兢自矢"，"严密关防"，以防不肖士子私通关节外，[149]还加重了对科举考试中作弊官员的处分。如乾隆十五年四川学政朱荃匿丧赶考、贿卖生童一案，不但朱荃本人被抄家，而且所有行贿官员也一概正法。又如乾隆十七年恩科会试时内帘监试御史蔡时田和应考士子曹咏祖私通关节一案，正值乾隆皇帝万寿节，而乾隆皇帝却严谕承审官员，"不必拘定万寿期内不加刑讯之例，惟宜迅速严密为妥"，[150]整个案件从揭露到蔡、曹二人被处斩仅用十一天。通过对科举弊端的整顿，一定程度上加强了乾隆皇帝对全国生监的控制和管理。

乾隆皇帝整顿科举弊端虽然收到了一定的成效，然而，由于广大生监和各级官吏通同作弊，科举考试中的作弊现象一直未能完全根除。乾隆三十四年五月，在审查进士朝考试卷时，乾隆皇帝又发现了廷臣拟取之前几名试卷中本人"姓名显然并见"的怪现象。[151]如廷臣拟定之前三名分别为严本、王世维、鲍之钟，第五名为程沆。而严本卷首句即云："人心本浑然也，而要必严辨于动静之殊。""严""本"二字同时出现。王世维卷则云"维皇降衷"，鲍之钟卷"则用苞含上下句"，程沆卷则云"成之者性也"，皆有本人之姓名见于卷中，作弊情节极为明显。因为事涉在朝大臣多人，乾隆皇帝无法一一穷治，不得不仅将发现问题之四卷名次抑至取卷之末，并将所取各卷名次略作改动。但由此可以看出，当时科举弊端是何等的严重，乾隆皇帝在发现、处理科举弊端以加强自己的专制统治方面花了多大的心血。

二、清理绅衿积欠

乾隆初年，调整统治政策，雍正时各地积欠概予豁免。受此影响，各地绅衿拖欠地丁钱粮的情况又开始趋于严重。兼之以经手征收钱粮的官吏、书役从中作弊，以完作欠，肆意侵贪，因而，乾隆十年以后，各省都有为数可观的民间积欠。如自乾隆二年至乾隆十年，安徽积欠钱粮六十四万余两。乾隆元年至乾隆十四年，河南积欠钱粮三十五万余两，甘肃钱粮一百多万石，山东九十七万石。最严重的是江苏一省，自乾隆元年至乾隆九年，累年积欠竟达二百多万两，"多由大户花分，寄庄无着，以及衿监、营兵、书役恃势抗欠之故"。[152]这种情况的存在和发展，一定程度上影响了国家正常的经济收入。为了保证国家正常的赋税收入，乾隆皇帝以江苏一省为重点，开展了清理绅衿积欠的活动。

乾隆十二年四月，在当地督抚的直接负责下，江苏清理积欠的活动正式开始。最初阶段以清查吏役侵蚀为重点，皆先由州县官员出示晓谕，准许各地吏役将其历年侵蚀情况及其数目自首。与此同时，还派员下乡，将欠册与欠户直接见面，掌握吏役侵蚀证据并根据所侵数目，酌定期限。限内完纳者，免其治罪；拖欠不完者，分别治罪有差。在清查活动中，皆由州县官照各地实欠"按户散单，令其自填，其收单各员，一切公用，均出于官，丝毫不派及粮户"。[153]由于政策得当，不到半年时间，书役自首侵蚀之银已有二十二万余两。[154]在江苏清理积欠活动的带动下，同年七月，经乾隆皇帝批准，安徽清理积欠的活动也开始着手进行。与此同时，乾隆皇帝还传谕全国各地督抚，"将该省未完钱粮内，或系民欠，或系带征之项，征完若干，未完若干，并本年经征已完、未完各数，分晰开具清单缮折奏闻"。[155]这些情况表明，清查工作取得了一定的成就，在顺利地向前发展。

清理积欠活动的开展，触及了侵蚀书役和拖欠钱粮绅衿的经济利益。"侵蚀书役，既无影射藏奸之地，又少输情悔罪之心。即绅衿花户，多有钱粮授受，亲友交割，皆非若辈所愿。"[156]为了阻止清理积欠活动的继续进行，他们通过自己政治上的代理人协办大学士、军机大臣高斌上奏乾隆皇帝，利用江苏清理积欠中个别侵蚀书役"畏罪不能自完，仍挽粮户代为应承实欠，重出完纳者甚多"的情况，对整个清查活动概予否定，声称"查出一弊，将更转增十弊，不惟无益，而且有损"。[157]与此同时，高斌还公然为拖欠钱粮的绅衿请命。他说："所谓绅衿者，其中贤愚优劣，固有不齐，但系一邑一乡之望，且南邦读书者多，尤宜养其廉耻，导之以礼。"为此，他要求撤回所有办理清查人员，仍循旧例，"新旧并征，于设法催科之中，寓劝导抚字之术"。[158]也就是说，不必分清官侵、吏蚀、绅欠，仍照前例，将之一股脑儿都摊到百姓身上。由于这次清查涉及在朝任职的许多江苏籍官员，因而高斌的这一奏折，不但是为侵欠吏役、绅衿张目，而且也代表了相当一批官僚的共同心声。对此，乾隆皇帝虽然仍然坚持清查，但是，对于这些言论和要求不能不予重视，因而在批答主持清查工作的署理江苏巡抚安宁的奏折时指出："此番经理，实汝不得已之举。……然与其经营于事后，孰若绸缪于事先。且十年、二十年之间，必清察一次，亦岂政体？汝等若平时留心，何致有此哉！既往不咎，此后宜加之意耳。"[159]在他看来，清理积欠并不是一件理直气壮的事情，对于清查的态度实际上变得软了起来。

乾隆皇帝的这种态度，无疑是向进行清查工作的各级官员泼了一瓢冷水。因而，乾隆十二年十月以后，江苏、安徽两省清查工作实际上停了下来。与此同时，一些绅衿却不但不完旧欠，而且还在进行清查活动的时候公然抗缴本年地丁钱粮。即以江苏一省而言，乾隆十三年一年积欠即达三十二万七千余两，较之乾隆元年至乾隆九年的平均积欠数字还高出十余万两。对此，乾隆皇帝不但不从主观上找原因，反而责怪当地官吏"经理不善"，甚至还倾向于停止清理积欠。"清查一事，徒自滋扰耳，于将来钱粮之完欠，究有何益？转不若以清查之力，用于本年之催征，尚为扼要之法。"[160]为了甩脱这个"积欠"包袱，摆脱被动局面，乾隆十六年正月，乾隆皇帝借首次南巡之机将乾隆元年以来江苏积欠二百二十八万余两、安徽积欠三十五万余两、河南积欠三十五万两、甘肃积欠一百多万两和山东积欠钱粮九十七万石概予豁免，这次清理积欠活动基本上是失败了。

　　乾隆皇帝普豁江苏等省积欠对于减轻一般劳动人民过重的赋税负担虽然有其积极意义，但对绝大多数绅衿交纳国课却产生了极为不利的影响。不但一些被豁省份如江苏省的绅衿"视旷典可以常邀"，以致乾隆皇帝首次南巡后的十来年间，历年积欠又累计达二百余万，迫使乾隆皇帝于二十二年、二十七年两次南巡时又将之尽数豁除，而且原来并无积欠省份的绅衿也竞相效尤，开始出现拖欠钱粮的现象。如在首次南巡时，乾隆皇帝曾以浙江与江苏"壤地相错，民风亦相近"但毫无积欠而对之加以表扬，但在南巡豁免江苏积欠后，乾隆十八年，浙江便积欠二十八万余两。"豁除之恩适以启拖欠之端"，收到了完全相反的效果。[161]与此同时，一些绅衿也逐渐摸索出抗欠钱粮的新窍门，"将本身额赋花分数十户，户愈碎则征愈难"。[162]为此，乾隆皇帝不得不对清理绅衿积欠工作重表重视，先后采取各种措施，开展清理积欠活动。如乾隆二十四年闰六月，针对江苏省绅衿"将田粮分立多户，或一人而屡易其名"以拖欠钱粮的情况，规定委员下乡，以官就民，"逐户传问，彼此互质"，"大户、小户之粮，一并催征，不得先催大户，后催小户"。[163]另外，还分别加强各州县钱粮账簿管理，严格新旧官吏钱粮交接手续等。针对因为豁免过滥，以致拖欠愈多的现象，又将豁免积欠和完纳积欠相挂钩，完成积欠较好的省份，则多予豁免；完成情况不好者，或者不豁，或者少豁。即使普行豁免，也分析致欠原因，豁免其因灾致欠部分而对未曾遭灾地区的钱粮依然照征。[164]对于全国其他地区的积欠，则勒令各地督抚随时查办，不得"待敕定科条，始为稽核"。[165]这样，至乾隆中期，各省绅衿积欠情况有所好转，乾隆皇帝清理绅衿积欠收到了一定的效果。

由于自雍正时推行地丁合一以来，国家赋税收入能够得到保证，乾隆前期，国家财政情况一直较好。总的看来，绅衿积欠问题在整个国家事务中并不占据重要地位。因而，乾隆皇帝对于清理积欠的态度并不如其父雍正皇帝那样积极，也不如他本人在处理其他政治问题时那样严厉。就清理方法而言，失当之处不少，清查范围也极为有限，以致清理积欠活动并没有收到明显的效果。然而，这些活动的开展毕竟在一定程度上限制了绅衿积欠的恶性发展，对于保证国家的经济收入，对于当时正在进行的巩固统一的战争的胜利以及乾隆皇帝专制统治的进一步加强，都起了一定的作用。

三、惩治不法衿监

乾隆初年，由于地方衿监经济和政治实力的发展，各种不法行为也日渐增多。有的为攫取分外政治利益和经济利益而聚众罢市、哄闹公署、挟制官长；有的霸占民利、包揽词讼、私设公堂、致毙人命、欺压百姓；有的又削尖脑袋，极力钻营，千方百计地设法掌握地方政治、经济实权；最恶劣的是一些在籍官吏，凭借在职期间结下的各种关系，勾结官府，武断乡曲，几乎成为一方乡里的土霸王。对于他们的胡作非为，各级地方官员或者公然与其同流合污，或者怕失掉前程，"多所瞻顾，不加创艾"。[166]这些现象的存在，严重地影响了封建国家对地方基层政权的控制。为了加强自己的专制统治，在整顿科举弊端、清理绅衿积欠的同时，乾隆皇帝也加强了对衿监的管理，对其违法行为给予了严厉的惩治。

1. 打击闹事

乾隆前期，衿监闹事曾多次发生。仅乾隆四年春夏间，便先后发生了湖南长沙、福建福安、直隶昌黎等三起生员闹事案件。乾隆七年八月，江苏、安徽等地遭受水灾，当地官员循例查赈。按照规定，"在城居民有力之家，例不在赈恤之例"。而宝应、淮安和高邮三县的一些衿监，却乘此聚众闹事。"聚众罢市，抬神哄闹公堂衙署，勒要散赈。"[167]乾隆十年以后的两年中，山西一些地区的衿监聚众闹事者更多。"如天镇之抢粮，乡宁、静乐、镇宁等处之聚众抗官，皆劣衿倡首。"[168]对此，乾隆皇帝极为重视。他说，朝廷所以优待士子，一是因为他们读书明理，立品修身，可为一般平民百姓的表率；二是为日后选拔官吏作准备。而这些士子却以安分为耻，以抗法为荣，不但会对广大百姓产生恶劣的影响，而且将来的吏治也不堪预测。稂莠不薅，则嘉禾不生。为了培养合乎需要的"端人正士"，凡是闹事生员，"即行斥革"，取消所予优待和特权。对于管教不严的学政、处理不力的督抚则分别交部议处。这样，才使这股闹事风气停了下来。

2. 禁止干政

乾隆前期，社会人口急剧增长，衿监数量日益庞大。而官吏数目有限，入仕困难，不少衿监充任牙行或营求里役头目以求自托。对此，乾隆皇帝也甚为注意。乾隆八年六月，针对"各省牙行多有以衿监任充","每至侵蚀客本,拖欠货银……以致羁旅远商,含忍莫诉"的情况,严禁衿监充任牙行。"如不肖衿监,藐视法纪,州县官奉行不力者,照胥役兼充牙行例,分别治罪。"[169]乾隆二十七年九月以后,又通令各省,严禁士子窜身里役如庄书、圩长之类。[170]对于生员包揽词讼,乾隆皇帝也严行禁止。"代人作证审属子虚者,即行详革,仍照包揽词讼例,加等治罪。"[171]即使所举证据属实,也要由该管学政对其加以警告,不得再犯。

3. 惩治违法行径

对于称霸乡里、鱼肉百姓的衿监,乾隆皇帝向来极为痛恨。他说:"地方生监武断把持恶习,最宜留心振刷。"[172]"向来乡绅在籍武断横行……最为吏治民生之害。"[173]因而,在对其不法行径进行惩治时,往往也极为严厉。乾隆十二年,福建巡抚周学健以本省田少人多,奏请开垦沿海岛屿。朝廷以事涉海防,查勘之后再作定夺。[174]然而不待朝廷命下,当地一帮绅衿"即遍贴告条,令渔佃人等请批,方准承垦",[175]企图将所有权控于己手。乾隆二十四年,同样情况又在浙江发生。当时,台州府滨海一带涨出沙涂数万亩,"认垦之户,半系衿豪胥猾,托名诡禀,空呈存案,以图占地"。[176]对于这种明目张胆地上欺朝廷、下压百姓的不法行径,乾隆皇帝极为愤怒,当即严令当地督抚详加训饬,严肃处理,"倘仍有肆横不法者,立即据实查参。若该督抚稍涉瞻徇,经朕访闻,惟该督抚是问,不为宽贷"。[177]乾隆二十七年,湖北蒲圻县监生任光以微嫌致死人命并重利盘剥乡民案发,乾隆皇帝除将正犯依法处置外,还将其家产一概抄没,以作地方公用。[178]乾隆三十六年，发生了湖南监生段兴邦威逼佃户周德先父子五人先后服毒投塘身死一案。地方官拟将段兴邦发配边远充军，将其田亩一半断给周德先。对此，乾隆皇帝以为，"段兴邦以田土细故……致周德先父子五人先后自尽，实属豪强凶恶，仅拟军罪，岂足蔽辜"，[179]严令主审官员重拟。地方官又改拟斩监候，乾隆皇帝仍不同意，一直到主审官员拟为正法，方才罢手。与此同时，还籍没段兴邦全部家产以兴办义田，收受贿赂的官员也一并革职严审。[180]

对于在籍官吏交结官府、为非作歹、欺压良善的行为，乾隆皇帝尤其不能容忍。乾隆十二年八月，以原任户部侍郎陈树萱"家居并不安分，每因细故争讼并干谒地方官"而将其革去职衔。[181]乾隆二十四年十二月，以御史孙绍基、州同张兆霖在籍期间"肆行撞骗，受贿累累，大干法纪"而分别将之革职严审。[182]乾隆二十八年十一月，又以休致知州刘有余杖死欠租佃户而将之问斩。[183]与此同时，还做出规定，严禁告病、告假回籍之大臣官员"谒拜督抚，结纳有司"，违犯人员照例治罪。[184]凡此种种，都在一定程度上打击了不法衿监的嚣张气焰，进一步加强了乾隆皇帝本人对广大衿监的控制和管理。

第五节 整顿八旗

在清朝政权建立和统一全国的过程中，以满洲贵族为核心而建立起来的八旗制度起过突出的作用。为了维持和加强清朝统治者对广大汉族人民的民族压迫和阶级统治，清初以来的历代帝王都将八旗视为政权存在的重要基础，并不断加强其对八旗的控制及八旗本身的建设。乾隆皇帝在位前期，有鉴于八旗和八旗军队既是清朝统治者的统治对象，又是其维护封建统治、镇压各地人民反抗斗争的依靠力量，在国家政治生活中发挥着极为重要的作用的现实，先后采取各种措施，进一步加强了自己对八旗的控制，并使其在国家生活中继续发挥重要的作用。其主要措施是：在政治上加强控制，扩大八旗入仕途径；在军事上不断进行整顿，以保持其较强的作战能力；在经济上设法解决旗人生计等。

一、加强人身控制，扩大八旗仕途

乾隆皇帝即位之初，有鉴于雍正时期八旗官员办事多务烦苛，大为旗人之累，一度"去其烦冗，俾从简易"。但是，随之而来的是办事官员的不负责任和旗务的废弛。对此，乾隆皇帝认为，"旗务废弛，所关甚大"，"办理事务，宽严当得其中。若严而至于苛刻，宽而至于废弛，皆非宽严相济之道"。[185]随着自己统治地位的不断巩固，乾隆皇帝逐渐加强了他对八旗事务的管理。乾隆四年六月，乾隆皇帝添派查旗御史对各旗事务进行稽查；[186]五年闰六月，定旗员降调补用之例；[187]六年二月，定八旗办事限期及逾限处分之例；[188]十六年十二月，为了改变原先八旗值月大臣办理旗务"率皆意存推诿，苟且了事"的现象，乾隆皇帝决定改派值年旗，以专责成。[189]

与此同时，对于八旗宗室、一般八旗官员和广大正身旗人的控制也日益加紧。乾隆十八年七月，针对不少满洲官员违反规定移居正阳门外汉官居住区的现象，严令满洲官员四百余家皆移回内城居住。[190]为了加强对各旗宗室的管辖，又于原来各族族长之外，添设各旗总族长二人，各给印信关防，以资管辖。[191]对于企图摆脱控制，逃离所居、所驻之地的八旗子弟和八旗兵丁，则三番五次地责令有关八旗官员"出派官弁访拿，解部审询"，"若有缘事情节，即照逃人例，分别轻重治罪，交该旗严行管束"。[192]为了防止类似情况再度发生，乾隆皇帝还严令该管各官严加约束，失察者"照外省驻防逃人之例，分别处分"。[193]乾隆二十八年，又进一步做出规定：正身旗人在逃，一月之内拿获或返回自首者，连同家属发往伊犁当差；复致逃走者销除名籍。[194]

除此之外，乾隆皇帝还十分注意严化八旗内部的等级制度，并加强了对八旗之内另记档案的开户人和户下奴仆的管理。八旗开户人原来多是各级贵族之奴仆或旗人抱养民人之子，或因在清朝政府进行的战争中立有功勋，或因追随主人年久，"伊主情愿令其出户"，而分别摆脱了奴仆的身份，其中一些人还获得了官职。[195]尽管如此，清朝历代统治者对他们及其子女仍然加以歧视，将之另记档案，在政治待遇上也低于正身旗人，不得与正身旗人一体拣选秀女，不得参加科举考试。如有差使，先由正身旗人挑补，然后始及另记档案人员。乾隆皇帝在位期间，对此相沿不改。如他曾多次查办八旗中的另记档案人员，并分别于吏、户、兵三部具册存案，以备查对。其中做官者，本人虽加恩免其革职，但却停其升转。他们的子孙也不准考试居官，而只准挑补前锋、护军、马甲等。[196]乾隆二十一年以后，随着旗人生计问题的日益严重和出旗为民政策的推行，这些另记档案人员又成了乾隆皇帝解决旗人生计问题的首批牺牲品。当年春，乾隆皇帝规定，另记档案人员中的"不食钱粮者，即令出旗"。[197]而且，在办理他们出旗事宜时，对于他们出旗之后的生计，概不考虑。"此等另记档案开户人等，本属家奴，不但不可与满洲正身并论，并非汉军及绿旗营兵可比。准其出旗为民，已属加恩格外……若以其生计艰窘，复一一官为料理安插，殊觉过当。"[198]对于担任差使的另记档案人员，虽然加恩不令出旗，也乘福州、广州等地汉军出旗为民之际，将他们轰出北京，到上述各地驻防，以空出更多的缺额解决在京正身旗人的生计。对尚未摆脱八旗奴仆身份的旗人，乾隆皇帝的控制更为严格。乾隆三年，为了限制八旗奴仆赎身开户，乾隆皇帝规定，凡乾隆元年以前卖身为奴者，三辈以后，著有劳绩，始准为民。[199]元年以后卖身之奴仆，虽准赎身为民，但为民之后，对于原主"主仆之名分尚存"，"只许耕作营生，不准求谋仕宦"。[200]乾隆十二年，乾隆皇帝又规定，已经赎身之八旗户下家奴，虽已上报部旗，仍令入于原主名下，作为开户，不准脱离原主，归本佐领下；未经申报部旗者，即使原主已经得过身价钱，仍令作为原主户下家奴，不得归入佐领作为开户。[201]乾隆二十一年以后，他们中的一些人又和另记档案人员一起被勒令出旗以解决八旗生计问题。

还需看到，乾隆皇帝在加强对八旗内部各阶层人员控制的过程中，极为注意突出自己在八旗中的最高统治者的地位。在他看来，由于八旗和皇帝的特殊的历史关系，所有八旗旗人乃至所有八旗官员都是自己理所当然的奴仆。汉官对于皇帝还可依例称臣，八旗官员必须自称"奴才"，否则便是对自己的大不敬。有时甚至为此还大发脾气，对一些不自称"奴才"的满洲官员严厉呵斥。如乾隆六年，镶红旗汉军旗人、贵州总督张广泗奏请以其子张极随任，于其子称"奴才"，自己却称"臣"。这使乾隆皇帝极为不满，令军机处"寄信训饬"。[202]这样一来，八旗官员奏事一律自称"奴才"。"奴才"太多，乾隆皇帝也觉可厌和有失体统尊严，因而，乾隆二十三年以后多次申令，满洲大臣奏事，"公事折奏称臣，请安、谢恩寻常折奏仍称奴才，以存满洲旧体"。[203]尽管如此，许多满洲官员仍以"奴才之称为卑而近，称臣为尊而远"而不分公事私事概称奴才。由此可以看出，乾隆皇帝对八旗子弟的人身控制是何等的严格！

在政治上对八旗控制日益加紧的同时，为了利用八旗官员加强对全国的控制，乾隆皇帝又为八旗官员普遍掌握全国军政权力而大开绿灯。

清朝初年，在建立对全国统治的过程中，清朝统治者即执行了内满外汉的政策。中央政府中，内阁、部院监寺等机构虽皆有汉员参加，但其大权皆操于满员之手。地方上的高级职务总督、将军，也都由满人或者入关前投降清朝的汉人担任。这一政策的推行，对于清朝统治的建立和巩固起过一定的作用，因而历代清朝统治者都将之奉为国策，坚持不渝。然而一则因为清初时期满洲"人数不多，仅足敷京员之用"，[204]二则出于联合汉族地主阶级共同镇压人民反抗斗争的需要，各省巡抚，布、按二司以下和绿营军队中的各级官员仍然多由汉人担任。乾隆皇帝即位之后，清朝政权建立已经百年，清朝统治日益巩固，满族人口数量激增，使更多的满洲官员担任地方军政要职不仅成为可能，而且也是解决八旗生计所必需，在这样的情况下，扩大满官入仕途径的问题便提上了乾隆皇帝的议事日程。

早在乾隆皇帝即位之初，他即采取措施扩大满洲官员的入仕途径。乾隆二年九月，他采纳御史舒赫德的建议，改变以前中央政府各部中的满洲、蒙古郎中只准保举地方布、按两司的旧规定，准许他们和汉官一起保举道员，[205]从而开辟了广大满洲官员进入仕途的新途径。尔后不久，保举范围进一步扩大，中央政府中任职的满洲科道官员在内升时又取得了优先拣选的权利。[206]与此同时，满洲郎中保举的官职也降低到了道下之府。这些规定，对于开放满官仕途虽然有一定作用，但是由于中央各部中的满洲官员数量有限，大批八旗子弟的入仕问题仍然没有解决。为此，乾隆皇帝不惜损害广大汉官的切身利益，一方面进一步降低满洲官员外转时的官职的限制，另一方面设法开辟八旗子弟入仕的新途径。乾隆六年二月，乾隆皇帝规定，"嗣后满洲进士，亦着照依甲第名次选用知县"。[207]按照这一规定，知县以上的各级官员皆可使用八旗官员，朝廷内外各级行政官吏几乎全部开放，八旗子弟入仕名额大大增加。为了解决八旗武职官员的升转问题，乾隆皇帝又以绿旗营伍废弛，"分用满员，以资钤辖"为借口，以大批旗员补用绿营守备以上的各级官员。[208]根据兵部奏报，至乾隆三十八年时，在直隶、山西、陕西、甘肃、四川五省副将至守备一千八百二十六缺中，"满洲蒙古在绿营者"，已经超出原定数额六百四十七名的一倍以上。[209]至此，满洲官员不但掌握着中央和地方的主要权力，而且在数额上也将及半数。[210]正是在此期间，乾隆皇帝的专制统治得到了极端的加强。

大批八旗子弟进入各级军政机关严重地影响了广大汉族知识分子的入仕，因而这一措施引起了他们强烈的不满和反对。作为他们的代表，六科给事中杨二酉和翰林院检讨杭世骏等人先后上书乾隆皇帝，对乾隆皇帝使用官吏中的内满外汉政策进行了批评。其中杨二酉奏疏的语气尚为缓和，他说："满洲用为外任，恐伊等于子民之道，多未讲习，一日驱为民牧，有失闲检，顿罹参处，殊为可惜。"[211]杭世骏的奏疏则相当激烈，他说："意见不可先设，畛域不可太分，满洲才贤虽多，较之汉人，仅什之三四，天下巡抚尚满汉参半，总督则汉人无一焉，何内满而外汉也。"[212]为了替自己的这些措施进行辩解，乾隆皇帝一方面重谈"满汉远迩，皆朕臣工，联为一体，朕从无歧视"；[213]一方面又强词夺理地对这些人的批评进行反驳。他气呼呼地说："国家教养百年，满洲人才辈出，何事不及汉人？"[214]入关以来，满员长期担任内外高级职务，高级职务尚能胜任，何况府州县等中下级官吏？如果说，满洲官员不熟悉吏治，汉官入仕之前又有几个熟悉吏治，还不是靠在任职后随时学习，哪有先学生儿子再去嫁人的道理？与此同时，他还倚势压人，指责这些建言之臣侵犯了皇帝的用人权力。"此中裁成进退，权衡皆出自朕心，即左右大臣，亦不得参预，况微末无知之小臣乎？"[215]为了制止汉官再发类似议论，他还将杭世骏革去职务，逐回杭州老家。这样，这股反对势力才被他强压下去。

为了平息广大汉官的不满情绪，在广大满洲官员仕途问题基本解决之后，乾隆皇帝也就满汉仕途矛盾问题采取了一些调和措施。如乾隆十六年七月，他对一些督抚徇庇所属满员、参奏所属汉员的现象进行了批评。[216]乾隆十七年十一月，他以"近年满员保送外任者多，以致各部院谙练出色之司员渐少"，大批担任道府以下官职的满员升转为难，决定"除特旨除授外，满洲司员保送道府之例着暂行停止"。[217]后来，又针对到绿营任职的旗员"全弃满洲旧规，反染绿旗汉习，诸事妄行，将所余之资，不知撙节，滥行奢赏，徒事虚文，甚至以买妾为事"等严重问题，对其使用情况加以限制。[218]这样，才使因仕途分配不均而发生的满汉官员之间的矛盾缓和下来。

二、整顿八旗军政，提倡清语骑射

为了发挥八旗军队在镇压人民反抗、维护国家统一方面的暴力作用，乾隆皇帝也极为重视八旗军队的建设，其主要措施是：增设八旗兵种，扩大八旗兵额；整顿八旗军政；提倡清语骑射，保持满洲旧俗。

1. 增建八旗兵种，扩大八旗兵额

自从八旗建立之后，根据清朝统治者的需要，八旗兵种和八旗军队数量都在不断完备和增加。以兵种而言，乾隆皇帝即位时，便已有骁骑、步军、护军、前锋、火器、虎枪等

营。乾隆十三年，对金川用兵，山路崎岖，碉堡林立，攻克为难。为此，乾隆皇帝特于八旗前锋、护军内简选精卒千人"操演云梯"，练习攀山越岭的战术，命曰健锐营。[219]金川战事结束后，健锐营建置仍然保存下来，成为八旗军中的一个固定的兵种，从而使八旗兵种的建设更为完备。

为了保持一支强大的武装力量，根据八旗户口日益繁衍的情况，乾隆皇帝还多次扩编八旗军队。乾隆三年十月，乾隆皇帝亲政不久，即增添八旗护军、领催、马甲四千三百三十余名，养育兵一万七百七十余名。[220]乾隆十四年九月，以从护军营拣选千人另建健锐营而令各旗"各按佐领选其出色者挑补护军校、护军"。[221]乾隆十八年三月，以健锐营新设需要扩编而增添马甲一千名，并酌增养育兵等。[222]这些措施，就其动机而言，虽然大都是为了解决八旗生计，但也确实收到了加强军事力量的效果。

2. 整顿八旗军政，提高军队素质

乾隆时期，由于长期以来的和平环境，八旗军政事务日益废弛，军队素质也迅速下降。其主要表现是，各级军官贪污腐化，吞食空额钱粮情况相当严重；军事训练苟且塞责，如同虚文，官员兵丁提笼架鸟、入班唱戏者比比皆是。为了保证八旗军队的作战能力，乾隆皇帝即位不久，即着手对八旗军政进行整顿。

首先是裁革亲随名粮制度。康熙以后，八旗军队中逐渐形成了亲随名粮制度。各级军官除本身俸饷外，另据军职高低，各支亲随名粮数分。如都统六名、副都统四名、参领二名、佐领一名等。雍正中推行养廉银制度，军队中的亲随名粮得到政府公开认可，"武职去任之后，将名粮停扣，不必募补，即留与接任之人"，这种变相贪污变成了军官们的一种合法收入。而在实际执行中更是弊端百出，"又有于定数之外私自克扣增添"，以少报多，以无报有。对此，乾隆皇帝认为，"武职亲丁，虽年年造册，究系虚名开载，实无其人，名实不符"，决定将之裁革，[223]并于乾隆十年一律改发养廉，从而在一定程度上抑止了军官吞食兵丁钱粮的行为。

其次是针对八旗军政训练日渐废弛的情况，强调军事训练。乾隆四年十月，因为各省驻防八旗"渐染习俗，惟好安逸，不务勤操，该管大臣又不以训练为事，以致技艺渐劣，迥不如前"，[224]乾隆皇帝颁布谕旨，严行申饬。乾隆九年，为了检查驻防八旗军事训练情况，他派遣钦差大臣、尚书、公讷亲查阅河南、山东、江南三省营伍，并对训练不力的官员，分别进行撤换和处分。为了督促各地八旗官员及时训练军队，他还将派员查阅定为制度，按年分批进行。[225]正是由于他对八旗军政的不断整顿，才使八旗军队保持了较强的战斗力，并在此后不久发生的平定准噶尔、回疆等地少数民族上层分子叛乱的战争中发挥了主力军的作用。

3. 提倡清语骑射，保持满洲旧俗

满族以少数民族入主中原，到了乾隆时期，已经百年以上。由于长期受先进的汉族文化的熏陶，不少八旗子弟、八旗官员甚至八旗王公忘却旧俗，"不谙国语"，骑射生疏。与此同时，他们却竞相仿效汉俗，重视文化知识的学习，重视科举考试，有的人还因欣羡汉人习俗而改姓换名。如将钮祜禄氏改为郎姓，以汉字文义取名甘露珠、嘉木灿等。这一趋势的发展，使得这个居于统治地位的民族逐渐失去了自己的独立性。乾隆皇帝既以满族作为自己的统治基础，对此现象自不能不表示极度关切。他认为，是否坚持清语骑射、能否保持满洲旧俗是有关清朝政权兴亡的大问题。为此，他多次告诫八旗子弟"骑射我朝根本"，"清语尤为本务"，"我朝先正遗风，自当永远遵循，守而弗替"。[226]

乾隆皇帝一反其父在位期间一直不出京城的惯例，多次率领八旗北上秋狝，行围较猎，演习骑射，以期挽回八旗旧俗。乾隆十七年三月，他郑重其事地分别于紫禁箭亭、御园引见楼、侍卫教场、八旗教场各立"训守冠服骑射碑"一通，"俾我后世子孙臣庶，庶知满洲旧制，敬谨遵循，学习骑射，娴熟国语，敦崇俭朴，屏去浮华，毋或稍有怠惰"。[227]并先后做出各种规定，提倡清语骑射，将之作为满洲举人考试、官员升黜和宗室王公承袭爵位的必要条件。如乾隆七年八月谕，"凡遇行走、齐集处，大臣、侍卫官员以及兵丁俱着清语"。[228]乾隆十二年七月，以满洲人等渐疏清语，祭天神多不如式而命臣下编纂《满洲祭天祭神典礼》一书。[229]乾隆十七年七月又规定，"嗣后武职内凡升转承袭各官引见者，除例应射箭无庸置议外，其不应射箭之印务章京及侍班官员亦皆令其射箭"。[230]乾隆二十二年十一月，规定满洲举人考试进士，先阅其马步骑射，"生疏者不准应试"。[231]乾隆二十六年十月，又规定京察时"办事妥协之员必兼清语熟悉者，方许保列一等，否则办事即妥，亦不许保举"。[232]乾隆二十九年二月，为了使宗室王公学习清语骑射，又规定承袭王公爵位时，不分嫡庶，概以长于骑射清语者承袭。[233]对于不谙清语、不能骑射的满洲官员和宗室王公，或者严词申斥，不许保举；或者勒令延师，限期学成。对于各地八旗子弟要求就近设点参加科举考试则斥之为"背谬已极"，"殊失设立驻防之本意"，概不准行，并规定"嗣后不得以此谬论再行妄渎"。**234**对于无助于满洲子弟学习清语骑射的八旗义学，则以"徒有学校之名，而无育材之实"为借口干脆予以取消。**235**对于混写汉名汉姓的满洲官员除严行申斥、勒令改写之外，还传谕各该旗"嗣后不得复蹈此习"。**236**

三、解决八旗生计

乾隆时期，承平日久，八旗生齿日繁，原来即已存在的八旗生计问题愈益突出。因而在解决八旗生计问题时，乾隆皇帝也较之于康熙、雍正两代皇帝花费了更多的心血。其主要特点是，在继续实行赈济银两、回赎旗地、增添养育兵额等消极的解决八旗生计政策的同时，还从积极的方面寻找出路，实行出旗为民和京旗移垦等重要措施，帮助旗人自谋生路，从而在一定程度上解决了八旗生计问题。

乾隆皇帝即位后，借给旗人俸饷、赈济八旗银两、回赎旗地和增设八旗养育兵额等以前采用过的许多解决八旗生计的方法仍在继续实行。以借给俸饷、赈济银两而言，乾隆皇帝刚刚即位，即普赏八旗兵丁一月钱粮，出征八旗所借银两尽予豁免。不久，又加赏在军兵丁一月钱粮。乾隆元年八月，借给八旗兵丁一年俸饷。二年九月，又借给在京八旗兵丁半年饷银。三年七月，因为所借银两无力偿还，将之全部豁免。

乾隆八年十二月，又加恩赏给八旗和内府三旗各一万两白银。与此同时，雍正时期开始的以各地八旗生息银两赈济八旗穷困兵丁的政策还在继续执行。以回赎旗地而言，继雍正之后，乾隆皇帝又先后动用帑银数百万两将民典旗地概予赎回，"准令贫乏旗人承买，以为恒产"。[237]以添设养育兵而言，雍正二年养育兵初设，数量仅有四千八百。乾隆皇帝则将之连翻数番，几达三万。这些措施，虽使原来颇为突出的八旗生计问题有所缓解，然而由于是以消极赈济为主而不是帮助旗人自力谋生，仅能奏效于一时，尤其是其中的借给俸饷，对于广大旗人来说，更无异于是饮鸩止渴。政府支出大批银两，旗人随手花费，不长时间，又归乌有。而后每月扣除额饷，"于生计转为无益，非养赡旗人之善策"。[238]又如回赎旗地之举，政府支出百万库帑，赎回旗地，准许旗人承买，但是旗人买后不久，"竟有私行典卖与旗民者"。[239]因而，从乾隆四年以后，乾隆皇帝借给八旗俸饷、赈济八旗银两的数量和次数都大大减少，回赎旗地也不再准许旗人置买，而是将之作为公产，招佃收租，赈济八旗穷困兵丁。为了切实解决八旗生计，乾隆皇帝不得不另行筹计，从乾隆七年开始先后推行了八旗出旗为民和京旗移垦的活动。

乾隆前期，大规模的出旗为民活动先后进行过三次。其中第一次是在乾隆七年到乾隆八年，出旗主要对象是在京八旗汉军。乾隆七年四月，乾隆皇帝规定，在京八旗汉军人员，"所有愿改归民籍与愿移居外省者"，"俱限一年内具呈本管官查奏"。[240]由于这种做法在八旗发展史上还是第一次，因而乾隆皇帝尚没有放开手脚，在允许汉军出旗为民的同时，还先后就此作了一些限制和补充性规定。一是不允许入关以前即已投降清朝的人员子孙出旗为民;二是"文职自同知等官以上,武职自守备等官以上,俱不必改归民籍"。[241]由于有这些限制,这次出旗为民人口不多,总共约有两万人。[242]尽管如此,这次出旗为民活动的开展毕竟为解决八旗生计问题开辟了一条新路子。

十几年后,为了进一步解决八旗生计,从乾隆十九年到乾隆二十年,乾隆皇帝又以各地驻防汉军为对象,开展了第二次更大规模的出旗为民活动。乾隆十九年三月,乾隆皇帝规定,福州驻防"汉军人等或亦照京城汉军之例,各听其散处经营"。[243]七月以后,出旗范围又陆续扩大到了京口、杭州、广州和全国各地的驻防汉军。为了妥善地办理汉军出旗为民事宜,在方法上,乾隆皇帝规定,当地绿营缺出,即将出旗汉军顶补,汉军"所出之缺,即将京城满洲兵派往顶补"。[244]与此同时,乾隆皇帝也放宽了对于出旗人员的身份限制。汉军官员、从龙入关汉军的子孙皆准出旗。对于年老、办事迟钝和犯有罪过的汉军人员,甚至还逐令出旗。如乾隆二十一年规定,"汉军在京甲兵,有愿往直省散处为民者,准出旗为民"。[245]二十三年又规定,"汉军中老年残疾,差使迟钝者,令其出旗为民"。[246]二十七年还规定,从龙人员,如直省有可靠之处,愿为民者听便;六品以下官员愿为民者听便等。[247]为了加快出旗为民的步伐,乾隆皇帝还对办事迟缓的官吏严加斥责。[248]经过这次办理,大批汉军转为绿营或者民籍,所出之缺由满洲八旗顶补,一定程度上解决了八旗生计问题。

在办理汉军出旗为民事宜取得一定成效后，从乾隆二十一年到乾隆二十三年，乾隆皇帝又进行了以八旗另记档案人员为主要对象的第三次出旗为民活动。乾隆二十一年二月，乾隆皇帝颁布谕旨："现今在京八旗，在外驻防内另记档案及养子开户人等，俱准其出旗为民，其情愿入籍何处，各听其便，所有本身田产，并许其带往。"[249] 其中"不食钱粮者，即令出旗"，有正额差使及担任官职人员，愿出旗者，或转绿营，或转民籍；不愿出旗者，则遣令出京，至福州、广州等地顶替汉军出旗所遗之缺，[250] 以"将伊等之缺，挑补另户，俾得多支粮饷"。[251] 这些另记档案及开户人等，虽然先世曾为八旗奴仆，但因祖上或本人积有功勋，早已取得正身旗人的地位，乾隆皇帝对他们竟如此歧视，或者逐令出旗，或者轰出北京，当然引起了他们的不满。因此，在他们出旗为民之后不久，其中一些人又通过贿求八旗官员复入旗籍。为此，乾隆二十七年，乾隆皇帝严令八旗官员查拿乾隆二十二年以后"另记档案，业经为民，又复入旗，侵占旗缺者"。[252] 向官府自首者无赏无罚，仍令出旗为民；为人检举者"悉发往伊犁"。[253]

由于存有民族和阶级偏见，在整个出旗为民活动中，乾隆皇帝始终坚持先疏后亲、先远后近的原则，因而被逐令出旗者，大多是八旗中的二等公民。在办理出旗事宜时，又但求摆脱本身困境，不管出旗人员死活，一个时期之内，给出旗为民中的一般军丁造成了较大的困难。但是也应看到，作为入关以后各种解决八旗生计方法中的一个创举，出旗为民毕竟是一个比较积极的方法。经过三次大规模的出旗为民活动，不但使一直非常严重的八旗生计问题得到缓解，减轻了清朝政府的财政负担，而且也使大批汉军和另记档案人员在政治上摆脱了八旗的桎梏，因而乾隆前期推行的出旗为民活动对于清朝国势的继续强盛，对于整个社会的发展和进步都有着一定的积极意义。

在大力推行出旗为民政策的同时，为了解决八旗生计，乾隆皇帝还想到了八旗移垦。乾隆五年，他派大学士查郎阿等东行出关，相度地势，寻找宜于屯垦之处。乾隆六年十月，查郎阿等返京复命，报告拉林（今属黑龙江省五常市）、阿勒楚喀（今黑龙江省阿城区）一带地方"除棉花外，凡谷麦杂粮，俱可耕种，洵称上地"。[254]这样，乾隆皇帝又进行了京旗移垦拉林、阿勒楚喀的活动。为了替京旗移垦准备必要的条件，乾隆七年，乾隆皇帝首先派闲散余丁及台站壮丁携带官给牛具籽种前赴该地，为移住满洲每户垦田三顷、建屋三间。[255]在各种准备工作大致就绪后，乾隆九年秋，一千户移垦人员从北京陆续出发，前往屯垦地界。在开始阶段，由于屯田人员不谙耕作技术、未携家眷、人力单薄和管理人员不负责任等许多原因，屯垦效果并不理想。不但耕作面积小，单产低，不足自给，而且牛只死亡、土地荒芜、房屋烧毁等现象也相当严重。对此，乾隆皇帝除对管理不力的官员进行处罚之外，还分别采取各种措施，解决屯垦中出现的具体问题。如乾隆十年以后，针对不少移垦旗丁"安家银两渐次用完"，"牛只等项毙坏，无力置买，不免拮据"等问题，每年拨银五千两，对其困难者予以补助。[256]乾隆十三年，以移垦满洲"不能全行耕种"土地，口粮不敷而借粮一万石。[257]

乾隆十七年，以种地人员多未携带家眷，不安心于屯垦而传谕八旗大臣，以后派遣种地人等"将家属一并咨送，不准留京"。²⁵⁸

在广大移垦兵丁的共同努力下，乾隆十七、十八年以后，移垦情况开始好转，广大移垦兵丁"生计渐裕"。²⁵⁹这样，从乾隆二十一年开始，乾隆皇帝又陆续从京派遣三千户满洲前往移垦。"起身之先，每户赏给治装银两，沿途复给与车辆草束，到彼又赏给立产银，并官房田地以及牛具籽种等项，计一户需银百余两。"²⁶⁰为了办好屯垦，乾隆皇帝规定，不得再向拉林、阿勒楚喀一带发配犯人，以免影响当地屯垦兵丁的情绪。²⁶¹与此同时，针对种地人员"逃回者甚众"的现象，²⁶²乾隆皇帝一方面命令严化入关手续，进关者俱须持有"该管官印票、关防"；²⁶³一方面对违法逃回者严厉惩罚，分别正法。由于乾隆皇帝的重视，至乾隆二十五年以后，拉林、阿勒楚喀一带地方"驻扎满洲日多，居民日密，商贩牲畜，不期而集"，²⁶⁴已经成为一个塞外重镇了，乾隆皇帝的京旗移垦政策取得了成功。

第六节 "马上朝廷"

在乾隆皇帝的全部政治活动中，四出巡幸也是一个极其重要的方面。据统计，终乾隆一朝，各种巡幸活动有一百五十次之多。其中拜谒东、西陵及盛京三陵六十六次，巡幸热河避暑山庄及秋狝木兰五十二次，东巡曲阜举行阙里祀典八次，南巡江浙六次，巡幸中州一次，西巡五台山六次，巡幸明陵、盘山及天津等畿甸地区十四次，平均每年出巡两次还多。乾隆皇帝这种极为频繁的巡幸活动，不但在二百六十多年的清朝历史上首屈一指，而且在两千多年的各代封建帝王中也极为罕见，对于乾隆时期全国政治形势的发展产生了极大的影响。

　　乾隆皇帝之所以如此频繁地举行巡幸活动，是因为他把巡幸活动看作是加强自己统治的一个重要的措施。乾隆十二年，他在驻跸避暑山庄期间，曾对三代以下的各朝政治得失和康熙皇帝在位期间多次巡幸全国各地的原因进行过一番分析。他说，夏、商、周三代以后，统治时间最长的是汉、唐、宋、明四朝。而在这四朝历史上，往往开国后不过一两代，便会发生内乱。究其缘故，不只是因为上苍对之不眷顾，更重要的还是因为当时最高统治者怠于政事。正是有鉴于此，自己的祖父康熙皇帝在平定三藩叛乱之后，"即不敢以逸豫为念，巡狩之典，或一岁而二三举行"。[265]虽然巡狩也有"耗财劳众"之弊，但是和其在"察民瘼，备边防，合内外之心，成巩固之业，习劳苦之役，惩晏安之怀"等方面的效果相比，"所全者大，则其小者有不必恤矣"。[266]这些历代帝王失败的教训和康熙皇帝成功的经验给了乾隆皇帝极其深刻的教育。他认为，目前虽"值四方宁谧之时"，但是为了保持祖宗流传下来的江山基业，"实不敢使文恬武嬉，以隳圣祖之家法"。[267]在这些思想的支配下，乾隆皇帝根据自己的政治需要和全国各地的具体情况，先后进行了多次巡幸活动，以致当时出使中国的朝鲜使臣将乾隆皇帝称为"一日不肯留京，出入无常"的"马上朝廷"。268于此择其影响较大的巡幸活动分别作一介绍，以见乾隆皇帝巡幸之大致情况。

一、巡幸避暑山庄和秋狝木兰

巡幸避暑山庄和秋狝木兰是乾隆皇帝各种巡幸活动中最重要的一种巡幸活动。从乾隆六年乾隆皇帝初举秋狝木兰至其去世，除乾隆十五年以前偶有间断，乾隆四十二年、四十三年因孝圣宪皇后丧期未曾举行之外，基本上都是每年一次。巡幸季节往往是夏至秋返，一般都在两个月以上，有时还长达三五个月。因而，尽管其巡幸次数不如谒陵次数多，但是其绝对巡幸时间却远远超过包括谒陵在内的其他各种巡幸活动。以其每次巡幸避暑山庄的时间为两个半月计算，五十二次巡幸，总计时间约在十年以上，相当于乾隆皇帝秉政全部年代的六分之一左右。因而，整个乾隆时期，避暑山庄成了清朝政府的第二个政治中心，在国家政治生活中发挥了极为重要的作用。

木兰秋狝始于清朝入关之初，当时，清朝统治者根据多数蒙古贵族未曾得过天花，"以进塞为惧"而"延颈举踵以望六御之临"的情况，往往借出塞秋狝之机接见各部蒙古王公、台吉，举行宴会，赏赐银两，调解各部蒙古王公之间的争端，从而使中央政府与蒙古各部之间的联系有所加强。三藩叛乱平定以后，随着清朝统治的进一步巩固，铲除准噶尔地区的厄鲁特蒙古地方政权的任务提上了议事日程。与此同时，各部喀尔喀蒙古也率众内附，需要处理的蒙古事务空前增多。

《乾隆皇帝大阅图》 （清）郎世宁绘

为了适应这种形势，康熙皇帝除多次举行木兰秋狝之外，还从康熙四十二年以后，在京师和木兰围场中间的热河，兴建了避暑山庄。这样，巡幸避暑山庄和秋狝木兰在国家政治生活中的地位进一步提高。乾隆皇帝在位期间，为了完成康、雍两代帝王的"未竟之绪"，先后规划并进行了平定准噶尔地区的达瓦齐叛乱、阿睦尔撒纳叛乱，平定喀尔喀王公青滚杂卜叛乱和回疆地区的大、小和卓木叛乱等重要的军事行动。随着各次平叛战争的不断胜利，中央政府直接控制的版图空前增加，民族事务进一步增多。这样，巡幸避暑山庄、秋狝木兰又于原来的联络蒙古各部王公的作用之外，在联络藏族、回族、青海蒙古上层僧俗人士方面也发挥了重要的作用。

129

《木兰图卷·合围》 （清）郎世宁等绘

为适应这一形势，乾隆皇帝即位不久，便对山庄原来的各处建筑加以修葺。乾隆二十年以后，又在修葺的基础上，对山庄进行了大规模的营建。与此同时，巡幸山庄和秋狝木兰中的政治活动也空前增多，除接见各族王公贵族，封赐爵号，赏赐缎匹、银两，举行宴会之外，规划各次平叛战争，接见各部投顺人员以及安排各部王公入觐也都在避暑山庄进行。其中接见各部投顺人员，如乾隆十八、十九年之间杜尔伯特部台吉车凌、车凌乌巴什、车凌孟克三车凌的求抚，辉特部台吉阿睦尔撒纳之来降，以及乾隆三十六年九月土尔扈特部首领渥巴锡等之前来归顺。至于各族贵族王公入觐热河者则更是史不绝书。其主要者，如乾隆二十年平定达瓦齐叛乱之后厄鲁特各部台吉、宰桑之入觐；乾隆二十四年回疆叛乱平定后各城伯克之入觐，乾隆四十五年西藏宗教领袖班禅六世及内外蒙、厄鲁特、青海蒙古各部之祝贺乾隆皇帝七十寿辰；乾隆四十六年、五十五年、六十年喀尔喀蒙古宗教领袖哲布尊丹巴呼图克图和蒙古广大僧俗贵族之入觐。除此之外，其他各族上层贵族前来山庄入觐、扈从秋狝者也络绎不绝，不胜枚举。因为需要处理的事务太多，有时乾隆皇帝还于一年之内两次巡幸避暑山庄。如乾隆十九年，乾隆皇帝东巡盛京，拜谒祖陵。为了接见内迁的杜尔伯特部台吉、三车凌等，乾隆皇帝提前动身，于热河避暑山庄驻跸两月之后才前赴盛京。而在谒陵途中，又得知辉特部台吉阿睦尔撒纳率部前来归降的消息，因于当年十月回到北京之后不久，又再赴避暑山庄接受阿睦尔撒纳等归降人员的觐见，征询他对于进兵准噶尔的看法，加封其为亲王、北路参赞大臣，其他随降人员也分别授予爵位并各加赏赉。在一切活动结束之后，方才回到北京。总之，终乾隆之世，凡在乾隆皇帝巡幸期间，避暑山庄一直热闹非常。乾隆皇帝巡幸避暑山庄和秋狝木兰活动，对于国内各民族的团结和统一发挥了相当重要的作用。

乾隆皇帝之所以重视巡幸避暑山庄和秋狝木兰，还在于塞外的巡狩生活能够锻炼人君和整个统治集团的奋斗意志。清朝以武功开国，历代皇帝尤其是清太祖努尔哈赤、清太宗皇太极几乎都是在马背上度过了自己的一生。正是这种艰苦奋斗的精神，促成了他们事业的成功。有鉴于此，康熙皇帝在位期间，虽然清朝统治已经巩固下来，但是他"惟恐八旗之众，承平日久，耽于安乐，不知以讲武习劳为务"，因而多次北上秋狝，"较猎行围之典，岁频举行"。[269]雍正皇帝继位后，虽然因为致力于内政的整顿而没有举行秋狝活动，但是仍从思想上对之极表重视，并一再告诫乾隆皇帝："予之不往避暑山庄及木兰行围者，盖因日不暇给，而性好逸，恶杀生，是予之过。后世子孙当遵皇考所行习武木兰，毋忘家法。"[270]列祖列宗的开国业绩和祖、父两代皇帝的殷殷嘱托，给了年轻的乾隆皇帝极为深刻的教育。其中，康熙皇帝晚年之时"较射习网、阅马合围"，不肯一日休息，更给乾隆皇帝留下了极深的印象。[271]他认为，这种精神和行动都是本朝累代"相传之家法"。[272]因而，为了磨砺自己和整个满洲贵族统治集团以及八旗子弟的吃苦耐劳精神，地处关塞之外，"义重习武，不重崇文"的避暑山庄和木兰围场便成了一个绝好的场所。[273]每届秋狝之时，乾隆皇帝总是亲自率领八旗子弟行围较猎，并"时时以学习国语、熟练骑射、操演技勇谆切训诲"。[274]

为了使广大官员和八旗兵丁都对木兰秋狝表示重视，他除了多次颁布谕旨进行训诫之外，还采取措施，分别予以奖惩。如乾隆十七年七月秋狝木兰之前，乾隆皇帝做出规定，将从此次扈从行围的八旗兵丁中选拔骑射较优者充任前锋、护军、前锋校、护军校；[275]乾隆十八年九月秋狝木兰过程中，因为扈从行围的领侍卫内大臣公丰安、侍卫班领副都统扬桑阿、随从侍卫侯田国恩、领侍卫内大臣阿里衮等畏缩不前、不能骑射，分别将之削爵革职，效力赎罪。[276]与此同时，为了保证秋狝活动的正常举行，他还对汉唐以来历代帝王兴建离宫别苑以逞己欲的现象痛加指责，指斥其只能破国亡家，"是可戒无足法也"。[277]对于个别官员谏阻巡幸避暑山庄、秋狝木兰者，则严加呵斥，指斥其用意在于"使旗人尽忘淳朴服勤之旧俗，而惟渐染汉人陋习，人人颓废自安，文既不文，武亦不武"。[278]这样，在乾隆皇帝秋狝木兰活动的倡率下，各级贵族、官员和八旗军队中的颓废习气都有所扭转，对于乾隆前期政治比较健康地发展和平定边疆少数民族上层贵族叛乱战争的胜利进行，对于巩固国家统一都起到了一定的积极作用。

二、东巡谒陵

在乾隆皇帝的各种巡幸活动中，谒拜先祖陵墓次数最多。清朝先祖陵寝分在关内、关外两处。在关外者为永陵、福陵、昭陵，在关内者分葬遵化、易州两处。其在遵化者有清世祖福临生母孝庄文皇后之昭西陵，清世祖福临夫妇之孝陵、孝东陵，清圣祖玄烨之景陵，以其皆在京师之东，通称东陵。其在易州者为乾隆皇帝父亲清世宗胤禛之泰陵，以其在京师之西，又称西陵。乾隆皇帝即位后，提倡以孝治天下，为了表示自己对先祖的怀念，除于节庆日和已故各帝生辰、忌日按时派遣皇族子弟前往致祭外，几乎每年都亲行谒拜京畿各陵；有时因战争胜利和其他原因，为了告慰先祖在天之灵，一年之中谒拜两三次。因为这些谒陵活动多数都是例行公事，来去匆匆，故而次数虽多，但其政治影响甚微，不值记述，值得记述的是乾隆皇帝在位期间的四次东巡盛京谒拜祖陵活动。

　　乾隆皇帝东巡谒陵，有着深刻的政治目的。首先，东北是清朝先世的发祥之地，在清朝政权建立和发展的过程中起过极为重要的作用。入关以后，迁都北京，清朝政治中心南移。为了进行统一战争和加强对全国的统治，相当一部分八旗子弟举族南迁，盛京降为清朝政府的陪都。但是因其是祖宗创业之地，兼之以在清朝政府进行的历次战争中，奉天、吉林、黑龙江等地又源源不断地向内地输送作战骁勇的"新满洲"，因而历代清朝统治者对于陪都盛京和整个东北地区仍然相当重视。入关之初，为了保持其在全国特殊的政治地位，清朝政府仿效中央政权规模，设立盛京五部。与此同时，康熙皇帝还三次东巡谒陵，以加强对东北地区的控制。乾隆皇帝即位时，清朝最高统治者已近四十年没有举行东巡谒陵之典，为了进一步加强对东北地区的统治，再行东巡刻不容缓。

　　其次，乾隆时期，国家统一，政局安定，各级贵族普遍腐化，皆耽于晏安，"或轻视故都而惮于远涉，或偶诣祖陵，视同延揽古迹而漠不动心"。为了使广大贵族子弟了解当时"奕禩之升平景运，皆昔日艰难开创之所留贻"，从而使他们"处尊位而常缅前劳"，兢兢业业"永保勿坠"大清江山，[279]继康熙皇帝之后，乾隆皇帝先后在乾隆八年、十九年、四十三年、四十八年进行了四次东巡谒陵活动。

在四次东巡活动中，谒拜先祖陵寝和临奠开国功臣坟茔是一项重要的内容。关外清朝祖陵分为三处。其中清太祖努尔哈赤父祖陵墓在盛京以东之赫图阿拉，是为永陵。清太祖努尔哈赤之陵墓名曰福陵，清太宗皇太极之陵墓名曰昭陵，皆在盛京。明神宗万历十一年，努尔哈赤以十三副父祖遗甲起兵，开始了统一满洲本部的战争。经过三十多年的艰苦奋斗，始将满洲统一，建立了自己的政权。与此同时，为了反抗明朝统治者的民族压迫，又以七大恨祭天伐明，先后于萨尔浒、辽沈等役大败明军，奠都沈阳。皇太极继位后，经过积极整顿内政，又在松锦战役中歼灭明军主力。父子两代皇帝整整奋斗了六十年，饱经忧患，始为入关统一奠定了一个良好的基础。为了表示自己对两代开国皇帝的景仰和崇拜，乾隆皇帝每次东巡，都是以谒陵为中心。与此同时，对于葬在盛京的一些开国功臣如克勤郡王岳托、武勋王扬古利、弘毅公额亦都、直义公费英东和一些觉罗坟茔，也亲自临奠赐祭。[280]除此之外，乾隆十九年二次东巡时，又将盛京怡贤亲王祠改为贤王祠，将在开国过程中功勋卓著的宗室重臣如武功郡王礼敦、慧哲郡王额尔衮、宣献郡王斋堪、通达郡王雅尔哈齐、礼烈亲王代善、饶余亲王阿巴泰、郑亲王济尔哈朗、颖亲王萨哈璘等皆入祀致祭。[281]乾隆四十三年三次东巡时，入祀人员又增加了在入关统一战争中做出突出贡献的睿亲王多尔衮、豫亲王多铎和肃亲王豪格。[282]乾隆时期，许多

《乾隆皇帝南巡图》之过德州（局部）　（清）徐扬绘

开国功臣的后裔仍在朝中担任重职，乾隆皇帝利用东巡谒陵之际向他们的祖先致祭并对其开创业绩大加表彰，也进一步加强了这些朝廷重臣对乾隆皇帝本人的向心力，起到了巩固统治的作用。

对奉天一带贵族、官吏、士子、百姓普行加恩也是东巡中的重要内容。乾隆皇帝每次东巡谒陵，均免除奉天全境历年积欠及次年官庄、民田全部正额地丁钱粮。后来几次巡幸，针对当地文化事业不断发展的情况，还颁布谕旨，扩大当地府州县学录取名额。对于当地官员，乾隆皇帝也格外加恩。历次东巡，皆将在事官员普加一级，因公讹误而受到处分者概予宽免。与此同时，乾隆八年首次东巡时，还特令此后盛京各官皆由本地人员补放，以扩大本地贵族子弟入仕途径。[283]对于留居盛京的宗室觉罗和外戚姨舅子孙，乾隆皇帝也存恤备至。除分别赏赐银两缎匹之外，还于谒陵结束后驻跸盛京期间频举大宴。宴会时，随来王大臣，扈从人员，盛京将军以下本地现任、休致各级官员，闲散宗室觉罗和守护陵寝的姨舅外戚子孙以及当地耆老等，概令参加。开怀畅饮的同时，还观赏戏剧节目，"白金以级颁，百戏良具陈。酌酒赐尔饮，尔醉我亦欣。还念尔先民，曾同百战勋"。[284]宴会后，又赏赐御制诗篇，讲武比射，活动一个接着一个。几天之中，整个盛京城一直沉浸在非常热烈的节日气氛之中。

在当时的国家政治生活中，作为统治民族的一个组成部分，东北地区居住的满族发挥着重要的作用。由于东巡谒陵有利于团结满洲贵族、百姓，挽回统治集团颓废习气，巩固清朝统治，乾隆四十三年，乾隆皇帝在第三次东巡谒陵时通谕中外，将东巡谒陵作为定制，俾后世子孙世世遵守。他在这道谕旨中还规定，如果后世子孙"欲莅陪京"，"而其时无识之臣工，妄以为人主当端处法宫，综理庶政，不宜轻出关外，此即我朝之乱臣贼子，当律以悖命之罪诛之毋赦"，[285]表现了乾隆皇帝对东巡谒陵活动的高度重视。

三、六巡江南

北上秋狝、东巡谒陵之外，对乾隆时期政治发生过重要影响的还有乾隆皇帝的巡幸江南活动。继其祖康熙皇帝之后，从乾隆十六年开始，至乾隆四十九年止，乾隆皇帝对江浙地区进行了六次巡幸。江南地区物产丰富，为全国财赋重地，历代清朝统治者对之向表重视，这当是百年之间祖孙两代皇帝频繁巡幸的共同原因。除此之外，乾隆皇帝南巡还有着特殊的历史原因。

雍乾之际，随着封建专制制度的进一步加强，清朝中央政府和江南地主阶级之间的关系一度颇为紧张。首先，在经济上，针对江南大户历年赋税积欠相当严重的情况，雍正、乾隆两代皇帝曾先后两次对之进行清理，很大程度上伤害了江南地主阶级的物质利益。其次，乾隆皇帝即位之后，为了解决八旗生计，一度采取措施扩大八旗子弟入仕途径。与此同时，还以整顿科举弊端为借口，减少内地各省府州县学生员名额，限制汉族地主阶级知识分子入仕，也使以"人文渊薮"而著称的江南地主阶级的政治权益受到了严重的损害。因而，自雍正以后至乾隆初期，江南地主阶级和中央政府之间的关系一直若即若离，极不融洽。在经济上，他们凭借人多势众和各种盘根错节的关系网，百般阻挠和破坏清理积欠活动的开展，或者完旧欠新，或者新旧并欠，使得清理积欠活动无法继续开展；对于在政治权益上受到的损害，他们也同样不能容忍。乾隆七、八年间，六科给事中杨二酉、翰林院检讨杭世骏等先后上书，对乾隆皇帝侵犯汉族地主阶级利益的内满外汉政策进行了尖锐的批评。乾隆十五、十六年之间，又有人炮制了伪孙嘉淦奏疏稿在社会上广泛流传。其中开列"五不解，十大过"，将抨击的矛头直接指向了乾隆皇帝本人。该奏疏稿虽然未必一定是出自江南地主阶级知识分子之手，但是，其在江南地区广泛流传的现象说明，伪奏疏稿的有关内容在江南地主阶级中产生了共鸣。对此，乾隆皇帝一方面重施其父雍正皇帝的故伎，以江南地主阶级知识分子为重点，大兴文字狱，进行残酷镇压；一方面又效法其祖康熙皇帝旧规，再次南巡，并借巡幸之机采取一些让步措施，对江南地主阶级普加笼络，从而使自己的专制统治进一步得到了加强。

首先是蠲免积欠。乾隆皇帝南巡之前，中央政府和江南地主阶级之间关系紧张的主要症结是积欠情况严重。有鉴于整个国家财政情况不断好转，为了消除江南地主阶级的不满情绪并争取他们对自己的支持，乾隆十六年首次南巡，乾隆皇帝即下令蠲免乾隆元年以来江苏积欠地丁二百二十八万余两，安徽积欠地丁三十万五千余两。浙江一省虽无积欠，也蠲除本年应征地丁钱粮三十万两以示奖励。与此同时，将山东、河南、甘肃等省历年积欠钱粮二百余万两也概予蠲免。[286] 尔后，随着国家财政情况的进一步好转，历次南巡，也无不以蠲免积欠钱粮为务。对于两淮、浙江商众，因为他们每逢庆典、军需、河工等大项开支，皆频捐巨款，报效朝廷，乾隆皇帝也大沛恩膏。为使他们在经济上也得到实惠，乾隆皇帝还分别免除其未完税务，每引加赏盐五斤至十斤不等。[287]总计六次南巡，共免除经过州县逋负钱粮两千余万两。通过这些活动，大大缓和了中央政权和江南地主阶级之间颇为紧张的关系，乾隆皇帝的专制统治也因此而得到了进一步的加强。

其次是重视文教，选拔人才，量授官职。乾隆九年，乾隆皇帝清厘科举弊端，全国各省进学人员普减十分之一，引起了包括江南地主阶级在内的各地地主阶级的普遍不满。南巡期间，乾隆皇帝竭力表示自己对教育事业的重视和对学术发展的关心。首次南巡，即向江宁钟山书院、苏州紫阳书院、杭州敷文书院各颁殿版十三经、二十二史等书。他还以三吴两浙为人文所萃，民多俊秀，"应试之人日多而入学则有定额"为由，特命增加上、下两江和浙江三省府州县学岁试文童录取名额。[288]进献赋颂者，还由乾隆皇帝亲自出题进行考试。中试者，直接赐给举人、进士头衔，授给官职。乾隆四十七年七月，《四库全书》告成。乾隆皇帝又专拨库帑百万两，雇觅书手续抄三份庋藏于镇江金山寺之文宗阁、扬州大观堂之文汇阁和杭州西湖圣因寺之文澜阁，以供士子观摩誊录。乾隆皇帝的这些措施，使得江南一带士子感到他们处处都受到乾隆皇帝的优待，因而对乾隆皇帝的态度也改为竭诚的拥戴，乾隆皇帝的统治地位得到了进一步的巩固。

再次是对巡幸经过的各地官员普遍加恩。乾隆皇帝历次南巡，在籍、致仕官员皆前来迎驾。因为他们是当地人望，各有一定的影响和号召力，因而每到一地，乾隆皇帝必定接见这些人员，赐坐、赏饭、赐人参貂皮、晋封官爵、赐子孙功名出身等不一而足。为了减少政治上的反对势力，对于因公诖误而受到处分或革职的官员，乾隆皇帝也大施其怀柔、拉拢手段，凡途经各省文武官员曾受罚俸、住俸、降级处分者，皆准开复。革职家居者，则根据情由或复其原品，或赏赐新衔。**289** 对于现任封疆大吏，因为他们负有方面之任，则更是表示重视，或赏赐金银，或题诗给匾。这些措施，使得大批封建官僚感恩戴德，无不"浃髓沦肌"。**290** 因而，整个南巡过程中，乾隆皇帝和江南各级官吏之间的关系处于相当融洽的气氛之中。

再其次是祭扫明孝陵和历代名臣祠墓。乾隆皇帝每次南巡，总要绕道江宁祭奠明孝陵，以表示自己对前朝开国皇帝朱元璋的尊重。对于巡幸沿途三十里以内的历代名臣诸如晋臣卞壶，唐臣张巡、许远、陆贽，宋臣曹彬、范仲淹、宗泽、岳飞、韩世忠，明臣徐达、常遇春、李文忠、方孝孺、于谦等，也分别由翰林院撰拟祭文，遣官致祭。通过这些活动，乾隆皇帝一方面表示自己是历代帝王特别是明朝统治者的当然继承者，以消除江南汉族人民的民族意识；一方面又借此机会向江南地区的广大士民普遍灌输忠孝节义等封建道德观念，以在思想上巩固自己对全国的统治。

除了上述各种活动之外，在历次南巡中，乾隆皇帝还多次视察黄河、淮河和运河的治理情况和浙江海宁海塘的修建工程。根据他的指示，以治黄和海塘修建为重点，江南各地先后兴修了一些大型水利工程，对于减轻当地水患的为灾程度，促进农业生产的发展，也都起到了一定的作用。

总之，乾隆皇帝六次南巡，基本上消除了江南地主阶级对中央政府特别是对乾隆皇帝的不满情绪，实现了笼络江南地主阶级，进一步巩固统治的目的。因而，乾隆四十九年六次南巡后，乾隆皇帝对南巡之举甚为满意，将之和平定准噶尔叛乱一起作为自己在位五十年中的两件大事。[291]然而，由于乾隆皇帝在南巡过程中大肆挥霍，也使多年积攒起来的国家财富大量消耗。各级官员为了讨得乾隆皇帝欢心，在办理乾隆皇帝南巡过程中滥用民力，大肆铺张，也给江南广大人民带来了沉重的负担，引起了普遍的不满和反对。所有这些，都促成了乾隆后期清朝统治的衰落。因而，乾隆皇帝归政之后，面对全国各地人民的反抗斗争，对于自己六巡江南的看法也发生了转变。他对军机章京吴熊光说："朕临御六十年，并无失德。惟六次南巡，劳民伤财，作无益害有益。将来皇帝南巡而汝不阻止，必无以对朕。"[292]表示了他对历次南巡病国殃民的深深的忏悔。

---

1 《清高宗实录》卷一，雍正十三年八月庚寅。

2 《清高宗实录》卷一，雍正十三年八月丙申。

3 《清高宗实录》卷九二，乾隆四年五月丁巳。

4 《清高宗实录》卷一四三，乾隆六年五月庚寅。

5 《清高宗实录》卷一八四，乾隆八年二月甲午。

6 《清高宗实录》卷三二九，乾隆十三年十一月丙子。

7 《清高宗实录》卷四七四，乾隆十九年十月庚申。

8 《清高宗实录》卷二五八，乾隆十一年二月丁酉；卷四六〇，乾隆十九年四月壬辰。

9 《清高宗实录》卷二九一，乾隆十二年五月辛亥。

10 《清高宗实录》卷二〇二，乾隆八年十月壬戌。

11 《清高宗实录》卷八八二，乾隆三十六年四月戊寅。

12 《清高宗实录》卷一四〇，乾隆六年四月辛丑。

13 《清高宗实录》卷二六六，乾隆十一年五月庚戌。

14 《清高宗实录》卷六三〇，乾隆二十六年二月丁丑。

15 《清高宗实录》卷一〇一，乾隆四年九月乙丑。

16 《清高宗实录》卷二六四，乾隆十一年四月丁丑。

17 梁章钜:《枢垣纪略》卷二二。

18 赵翼:《檐曝杂记》卷一。

19 《清高宗实录》卷一〇三，乾隆四年十月己丑。

20 《清高宗实录》卷一〇六，乾隆四年十二月戊寅。

21 《清高宗实录》卷一〇六，乾隆四年十二月辛巳。

22 《清高宗实录》卷一〇六，乾隆四年十二月辛巳。

23 《清高宗实录》卷一六九，乾隆七年六月己酉。

24 《清高宗实录》卷二七四，乾隆十一年九月甲午。

25 《清高宗实录》卷四四〇，乾隆十八年六月庚申。

26 《清高宗实录》卷四六〇，乾隆十九年四月辛巳。

27 《清高宗实录》卷六八六，乾隆二十八年五月己巳。

28 《清高宗实录》卷六九七，乾隆二十八年十月壬寅。

29 张廷玉:《澄怀主人自订年谱》卷三，雍正十一年。

30 王先谦:《东华录》，乾隆六年十二月乙未。

31 《朝鲜李朝实录中的中国史料》第8册，英宗十三年（乾隆二年）四月丁卯。

32 《清史稿》卷二八八《鄂尔泰张廷玉传》。

33 《清高宗实录》卷一一四，乾隆五年四月甲戌。

34 《清高宗实录》卷一五六，乾隆六年十二月乙未。

35 《清高宗实录》卷一八〇，乾隆七年十二月丙申。

36 《清高宗实录》卷一八一，乾隆七年十二月癸卯。

37 《清高宗实录》卷一八四，乾隆八年二月甲午。

38 《清高宗实录》卷三一一，乾隆十三年三月丙午。

39 《清高宗实录》卷三一七，乾隆十三年六月甲戌。

40 《清高宗实录》卷三一三，乾隆十三年四月癸酉；卷三二七，乾隆十三年十月辛丑。

41 《清高宗实录》卷三一四，乾隆十三年五月丙戌；卷三一五，乾隆十三年五月壬寅。

42 《清高宗实录》卷三二〇，乾隆十三年闰七月丁巳。

43 《清高宗实录》卷三二三，乾隆十三年八月辛亥。

44 《清高宗实录》卷四〇七，乾隆十七年正月己丑。

45 《清高宗实录》卷四三四，乾隆十八年二月庚申。

46 《清高宗实录》卷三九六，乾隆十六年八月戊戌。

142

47 《清高宗实录》卷四二九，乾隆十七年十二月乙巳。

48 《清高宗实录》卷四三六，乾隆十八年四月丁亥。

49 《清高宗实录》卷四二九，乾隆十七年十二月壬子。

50 《清高宗实录》卷四二五，乾隆十七年十月丙午。

51 《清高宗实录》卷四八四，乾隆二十年三月丙戌。

52 《清高宗实录》卷四八四，乾隆二十年三月丙戌。

53 《清高宗实录》卷四八六，乾隆二十年四月甲寅。

54 《清高宗实录》卷四八四，乾隆二十年三月丙戌。

55 《清高宗实录》卷四八五，乾隆二十年三月庚子。

56 《清代文字狱档·胡中藻坚磨生诗抄案》，上海书店影印本，1986年。

57 《清高宗实录》卷三八四，乾隆十六年三月壬寅。

58 《清高宗实录》卷四九七，乾隆二十年九月庚子。

59 《清高宗实录》卷五三七，乾隆二十二年四月庚辰。

60 《清高宗实录》卷五三六，乾隆二十二年四月庚午。

61 《清高宗实录》卷五三七，乾隆二十二年四月辛巳。

62 《清高宗实录》卷五三七，乾隆二十二年四月辛巳。

63 《清高宗实录》卷五四二，乾隆二十二年七月癸卯。

64 《清高宗实录》卷一三五，乾隆六年正月辛卯。

65 《清高宗实录》卷九九，乾隆四年八月甲午。

66 《清高宗实录》卷五〇〇，乾隆二十年十一月庚辰。

67 《清高宗实录》卷五六〇，乾隆二十三年四月壬戌。

68 《清高宗实录》卷四〇，乾隆二年四月辛未。

69 《清高宗实录》卷二八五，乾隆十二年二月丁亥。

70 《清高宗实录》卷三六〇，乾隆十五年三月壬子。

71 《清高宗实录》卷六五一，乾隆二十六年十二月戊子。

72 《清高宗实录》卷八〇一，乾隆三十二年十二月壬午。

73 《清高宗实录》卷九六〇，乾隆三十九年六月丙戌。

74 《清高宗实录》卷九六六，乾隆三十九年九月甲寅。

75 《清高宗实录》卷九〇三，乾隆三十七年二月癸巳。

76 《清高宗实录》卷四八一，乾隆二十年正月甲辰。

77 《清高宗实录》卷六七二，乾隆二十七年十月辛丑；卷六三三，乾隆二十六年三月甲子。

78 《清高宗实录》卷七〇，乾隆三年六月乙酉。

79 《清高宗实录》卷八〇，乾隆三年十一月乙卯。

80 《清高宗实录》卷八六，乾隆四年二月丙戌。

81 《清高宗实录》卷六四，乾隆三年三月甲寅。

82 《清高宗实录》卷七二，乾隆三年七月癸亥。

83 《清高宗实录》卷一〇七，乾隆四年十二月乙未。

84 《清高宗实录》卷一五一，乾隆六年

九月庚寅。

85 《清高宗实录》卷二二五，乾隆九年九月壬辰。

86 《清高宗实录》卷一六七，乾隆七年五月乙亥。

87 《清高宗实录》卷一四三，乾隆六年五月。

88 《清高宗实录》卷二八五，乾隆十二年二月。

89 《清高宗实录》卷二五二，乾隆十年十一月戊辰。

90 《清高宗实录》卷二八五，乾隆十二年二月己丑。

91 《清高宗实录》卷三四九，乾隆十四年九月壬申。

92 《清高宗实录》卷三四九，乾隆十四年九月甲戌。

93 《清高宗实录》卷三五二，乾隆十四年十一月壬子。

94 《清高宗实录》卷二八八，乾隆十二年四月戊辰。

95 《清高宗实录》卷三五一，乾隆十四年十月甲辰。

96 《清高宗实录》卷三五一，乾隆十四年十月甲辰。

97 《清高宗实录》卷二八五，乾隆十二年二月己丑。

98 《清高宗实录》卷二八五，乾隆十二年二月己丑。

99 《清高宗实录》卷二八九，乾隆十二年四月丙戌。

100 《清高宗实录》卷二九九，乾隆十二年九月庚戌。

101 《清高宗实录》卷三四九，乾隆十四年九月壬申。

102 《清高宗实录》卷三四九，乾隆十四年九月壬申。

103 《清高宗实录》卷四四七，乾隆

104 《清高宗实录》卷四四五，乾隆十八年八月辛亥。

105 《清高宗实录》卷四四七，乾隆十八年九月丙子。

106 《清高宗实录》卷五四六，乾隆二十二年九月辛丑。

107 《清高宗实录》卷五四九，乾隆二十二年十月丙戌。

108 《清高宗实录》卷五五〇，乾隆二十二年十一月癸巳。

109 《清高宗实录》卷五五〇，乾隆二十二年十一月癸巳。

110 《清高宗实录》卷五五三，乾隆二十二年十二月。

111 《清高宗实录》卷五五九，乾隆二十三年三月壬子。

112 《清高宗实录》卷五七〇，乾隆二十三年九月戊戌。

113 《清高宗实录》卷七七七，乾隆三十二年正月辛巳。

114 《清高宗实录》卷八一三，乾隆三十三年六月辛巳。

115 《清高宗实录》卷八四五，乾隆三十四年十月癸酉。

116 《清高宗实录》卷八五二，乾隆三十五年二月庚申。

117 《清高宗实录》卷八四八，乾隆三十四年十二月乙卯。

118 《清高宗实录》卷九〇五，乾隆三十七年三月丁巳。

119 《清高宗实录》卷九〇五，乾隆三十七年三月丁巳。

120 《清高宗实录》卷九〇九，乾隆三十七年五月丙辰。

121 《清高宗实录》卷八三三，乾隆三十四年四月癸酉。

122 《清高宗实录》卷六九四，乾隆

二十八年九月癸亥。

123　《清高宗实录》卷五，雍正十三年十月甲寅。

124　《清高宗实录》卷二一，乾隆元年六月己卯。

125　《清高宗实录》卷二一，乾隆元年六月己卯。

126　《清高宗实录》卷四五二，乾隆十八年十二月甲午。

127　《清高宗实录》卷四一八，乾隆十七年七月辛未。

128　《清高宗实录》卷五四三，乾隆二十二年七月丙午。

129　《清高宗实录》卷八三六，乾隆三十四年六月甲寅。

130　《清高宗实录》卷九四四，乾隆三十八年十月丁亥。

131　《清高宗实录》卷八八九，乾隆三十六年七月甲寅。

132　《清高宗实录》卷一四四，乾隆六年六月甲午。

133　《清高宗实录》卷五四一，乾隆二十二年六月戊寅。

134　《清高宗实录》卷二八五，乾隆十二年二月庚寅。

135　《清高宗实录》卷四五九，乾隆十九年三月甲戌。

136　《清高宗实录》卷五五一，乾隆二十二年十一月辛亥。

137　《清高宗实录》卷九一七，乾隆三十七年九月丁巳。

138　《清高宗实录》卷二二四，乾隆九年九月庚辰。

139　《清高宗实录》卷八二八，乾隆三十四年二月甲子。

140　《清高宗实录》卷八六，乾隆四年二月壬午。

141　《清高宗实录》卷一三九，乾隆六

142　《清高宗实录》卷二二二，乾隆九年八月癸丑。

143　《清高宗实录》卷二二三，乾隆九年八月庚申。

144　《清高宗实录》卷二二二，乾隆九年八月癸丑。

145　《清高宗实录》卷二二五，乾隆九年九月乙未。

146　《清高宗实录》卷二四六，乾隆十年八月乙巳。

147　《清高宗实录》卷三六四，乾隆十五年五月辛亥。

148　《清高宗实录》卷三四二，乾隆十四年六月丁亥。

149　《清高宗实录》卷三六六，乾隆十五年六月辛巳。

150　《清高宗实录》卷四二〇，乾隆十七年八月己亥。

151　《清高宗实录》卷八三四，乾隆三十四年五月辛卯。

152　《清高宗实录》卷三三九，乾隆十四年四月。

153　《清高宗实录》卷三〇一，乾隆十二年十月。

154　《清高宗实录》卷三〇一，乾隆十二年十月。

155　《清高宗实录》卷三〇一，乾隆十二年十月乙酉。

156　《清高宗实录》卷三〇〇，乾隆十二年十月壬申。

157　《清高宗实录》卷二九九，乾隆十二年九月乙巳。

158　《清高宗实录》卷二九九，乾隆十二年九月乙巳。

159　《清高宗实录》卷三〇一，乾隆十二年十月丙戌。

160　《清高宗实录》卷三二〇，乾隆

十三年闰七月丁卯。

161 《清高宗实录》卷三八〇，乾隆十六年正月癸卯。

162 《清高宗实录》卷三九五，乾隆十六年七月。

163 《清高宗实录》卷五九一，乾隆二十四年闰六月丙申。

164 《清高宗实录》卷七二六，乾隆三十年正月戊申。

165 《清高宗实录》卷九〇四，乾隆三十七年三月辛丑。

166 《清高宗实录》卷六七〇，乾隆二十七年九月辛酉。

167 《清高宗实录》卷一七三，乾隆七年八月乙巳。

168 《清高宗实录》卷三〇二，乾隆十二年十一月辛卯。

169 《清高宗实录》卷一九五，乾隆八年六月己卯。

170 《清高宗实录》卷六七〇，乾隆二十七年九月辛未。

171 《清高宗实录》卷八八九，乾隆三十六年七月甲寅。

172 《清高宗实录》卷五八三，乾隆二十四年三月戊申。

173 《清高宗实录》卷六九八，乾隆二十八年十一月庚申。

174 《清高宗实录》卷二八二，乾隆十二年正月壬寅。

175 《清高宗实录》卷二九六，乾隆十二年八月甲子。

176 《清高宗实录》卷五八三，乾隆二十四年三月。

177 《清高宗实录》卷二九六，乾隆十二年八月甲子。

178 《清高宗实录》卷六六四，乾隆二十七年六月丙申。

179 《清高宗实录》卷八九〇，乾隆

180 《清高宗实录》卷八九五，乾隆三十六年十月甲申。

181 《清高宗实录》卷二九七，乾隆十二年八月乙酉。

182 《清高宗实录》卷六〇二，乾隆二十四年十二月己丑。

183 《清高宗实录》卷六九八，乾隆二十八年十一月庚申。

184 《清高宗实录》卷六〇六，乾隆二十五年二月丙子。

185 《清高宗实录》卷八，雍正十三年十二月乙亥。

186 《清高宗实录》卷九四，乾隆四年六月壬午。

187 《清高宗实录》卷一二〇，乾隆五年闰六月庚子。

188 《清高宗实录》卷一三六，乾隆六年二月戊申。

189 《清高宗实录》卷四〇四，乾隆十六年十二月癸巳。

190 《清高宗实录》卷四四二，乾隆十八年七月丁巳。

191 《清高宗实录》卷五二八，乾隆二十一年十二月壬申。

192 《清高宗实录》卷二一三，乾隆九年三月甲午。

193 《清高宗实录》卷二四八，乾隆十年九月乙亥。

194 《清高宗实录》卷六九九，乾隆二十八年十一月庚午。

195 《清高宗实录》卷五〇六，乾隆二十一年二月庚子。

196 《清高宗实录》卷三五六，乾隆十五年正月甲寅。

197 《清高宗实录》卷五〇六，乾隆二十一年二月庚子。

198 《清高宗实录》卷五一二，乾隆

二十一年五月乙亥。

199 《清高宗实录》卷七〇，乾隆三年六月丙申。

200 《清高宗实录》卷七〇，乾隆三年六月丙申。

201 《清高宗实录》卷二九四，乾隆十二年七月癸卯。

202 《清高宗实录》卷一五七，乾隆六年十二月己酉。

203 《清高宗实录》卷五五七，乾隆二十三年二月壬申。

204 《清高宗实录》卷一七七，乾隆七年十月壬子。

205 《清高宗实录》卷五一，乾隆二年九月庚戌。

206 《清高宗实录》卷七二，乾隆三年七月戊午。

207 《清高宗实录》卷一三六，乾隆六年二月乙巳。

208 《清高宗实录》卷三七七，乾隆十五年十一月乙卯。

209 《清高宗实录》卷九二七，乾隆三十八年二月辛巳。

210 《朝鲜李朝实录中的中国史料》第11册，英宗二十五年（乾隆十四年）四月乙未。

211 《清高宗实录》卷一七七，乾隆七年十月壬子。

212 《清高宗实录》卷一八四，乾隆八年二月癸巳。

213 《清高宗实录》卷一八四，乾隆八年二月癸巳。

214 《清高宗实录》卷一八四，乾隆八年二月癸巳。

215 《清高宗实录》卷一八四，乾隆八年二月癸巳。

216 《清高宗实录》卷三九五，乾隆十六年七月庚辰。

217 《清高宗实录》卷四二六，乾隆十七年十一月壬戌。

218 《清高宗实录》卷九一四，乾隆三十七年八月壬申。

219 《清高宗实录》卷三四九，乾隆十四年九月甲戌。

220 《清高宗实录》卷七八，乾隆三年十月癸未。

221 《清高宗实录》卷三四九，乾隆十四年九月甲戌。

222 《清通典》卷七四《兵七》。

223 《清通典》卷七四《兵七》。

224 《清高宗实录》卷一〇二，乾隆四年十月丙子。

225 《清高宗实录》卷二七四，乾隆十一年九月辛丑。

226 《清高宗实录》卷四一一，乾隆十七年三月辛巳。

227 《清高宗实录》卷四一一，乾隆十七年三月辛巳。

228 《清高宗实录》卷一七三，乾隆七年八月戊申。

229 《清高宗实录》卷二九四，乾隆十二年七月丁酉。

230 《清高宗实录》卷四一九，乾隆十七年七月甲戌。

231 《清高宗实录》卷五五一，乾隆二十二年十一月丁巳。

232 《清高宗实录》卷六四七，乾隆二十六年十月辛卯。

233 《清高宗实录》卷七〇五，乾隆二十九年二月甲辰。

234 《清高宗实录》卷七二，乾隆三年七月壬戌。

235 《清高宗实录》卷五五七，乾隆二十三年二月甲戌。

236 《清高宗实录》卷八三七，乾隆三十四年六月庚午。

237 《清高宗实录》卷一二二，乾隆五年七月甲戌。

238 《清高宗实录》卷七二，乾隆三年七月丙辰。

239 《清高宗实录》卷一二二，乾隆五年七月甲戌。

240 《清高宗实录》卷一六四，乾隆七年四月壬寅。

241 《清高宗实录》卷一八九，乾隆八年四月戊申。

242 中国第一历史档案馆藏：《内务府会计司三旗银两庄头处呈稿》。

243 《清高宗实录》卷四五九，乾隆十九年三月丁丑。

244 《清高宗实录》卷四五九，乾隆十九年三月丁丑。

245 《八旗则例》卷三《户口·汉军出旗为民》。

246 《清通考》卷二〇。

247 《大清会典事例》卷一一一五《八旗户口》。

248 《清高宗实录》卷五〇〇，乾隆二十年十一月癸酉。

249 《清高宗实录》卷五〇六，乾隆二十一年二月庚子。

250 《清高宗实录》卷五〇六，乾隆二十一年二月庚子。

251 《清高宗实录》卷六六二，乾隆二十七年闰五月己巳。

252 《清高宗实录》卷六六三，乾隆二十七年闰五月乙酉。

253 《清高宗实录》卷六六四，乾隆二十七年六月丁酉。

254 《清高宗实录》卷一五三，乾隆六年十月。

255 《清高宗实录》卷一六六，乾隆七年五月乙丑。

256 《清高宗实录》卷二五五，乾隆十年十二月丁巳。

257 《清高宗实录》卷三一一，乾隆十三年三月庚戌。

258 《清高宗实录》卷四二二，乾隆十七年九月丁卯。

259 《清高宗实录》卷四七五，乾隆十九年十月辛未。

260 《清高宗实录》卷五〇四，乾隆二十一年正月甲戌。

261 《清高宗实录》卷五五一，乾隆二十二年十一月丙辰。

262 《清高宗实录》卷六〇〇，乾隆二十四年十一月庚申。

263 《清高宗实录》卷六五一，乾隆二十六年十二月甲申。

264 《清高宗实录》卷六一五，乾隆二十五年六月己丑。

265 《清高宗御制诗初集》卷四三《避暑山庄百韵诗序》。

266 《清高宗御制诗初集》卷四三《避暑山庄百韵诗序》。

267 《清高宗御制诗初集》卷四三《避暑山庄百韵诗序》。

268 《朝鲜李朝实录中的中国史料》第11册，英宗二十九年（乾隆十八年）正月丁卯。

269 《清高宗实录》卷五七六，乾隆二十三年十二月癸丑。

270 清高宗：《御制避暑山庄后序》，乾隆四十七年七月。

271 《清高宗御制诗初集》卷四三《避暑山庄百韵诗序》。

272 《清高宗实录》卷四一一，乾隆十七年三月辛巳。

273 清高宗：《御制避暑山庄后序》，乾隆四十七年七月。

274 《清高宗实录》卷四一一，乾隆十七年三月辛巳。

275 《清高宗实录》卷四一九，乾隆十七年七月丙子。

276 《清高宗实录》卷四四六、四四七，乾隆十八年九月。

277 清高宗：《御制避暑山庄后序》，乾隆四十七年七月。

278 《清高宗实录》卷五七六，乾隆二十三年十二月癸丑。

279 《清高宗实录》卷一〇六六，乾隆四十三年九月丁亥。

280 《清高宗实录》卷三〇一，乾隆八年九月乙未、丙午、戊申。

281 《清高宗实录》卷四七三，乾隆十九年九月甲午。

282 《清高宗实录》卷一〇六五，乾隆四十三年九月壬午。

283 《清高宗实录》卷二〇一，乾隆八年九月丙午。

284 《清高宗御制诗初集》卷一八《赐父老�》。

285 《清高宗实录》卷一〇六六，乾隆四十三年九月丁亥。

286 《清高宗实录》卷三八〇，乾隆十六年正月庚申。

287 《清高宗实录》卷三八三，乾隆十六年二月甲申。

288 《清高宗实录》卷五三二，乾隆二十二年二月庚午。

289 《清高宗实录》卷三八一，乾隆十六年正月庚申。

290 《清高宗实录》卷一二〇一，乾隆四十九年三月己酉。

291 《清高宗实录》卷一二〇一，乾隆四十九年三月己酉。

292 《清史稿》卷三五七《吴熊光传》。

第四章　实干兴邦

　　乾隆皇帝幼读诗书，长期接受的是"修身、齐家、治国、平天下"的儒家传统教育。尧、舜、禹、汤、文、武等历史上的圣明之君的治绩在他的脑海中留下了深刻的印象，成为他日后治理天下的楷模和法式。因而，他即位之初，便在这一儒家传统思想的指导下，推行宽严并济的政策，纠正雍正败政，减轻人民负担。尔后，他又以"措天下于郅隆""家给户足"为己任，[1]在采取措施加强自己的专制统治的同时，还顺应社会发展的需要，对社会经济和广大人民生计予以高度的重视，从而使乾隆前期整个社会经济在清初以来的基础上继续迅速发展，并出现了相当繁荣的局面。

第一节　重农务本

一、人口增长和乾隆皇帝的重农措施

　　在中国封建社会里，农民是整个社会的基本组成部分，农业是整个国民经济中最主要的经济形式。农民生活和农业

生产状况如何，是衡量各代统治者政绩的主要标志，也直接关乎封建政权的存亡。清朝入关以后，有鉴于明朝灭亡的历史教训，为了维持自己的统治，保证赋税收入，几代皇帝对农业生产的恢复和发展都采取了积极的措施。因而，从清初以来，农业生产和整个社会经济一直在向前发展，为乾隆时期社会经济的进一步发展和繁荣局面的形成，准备了必要的条件。

乾隆时期，社会经济发展因为人口增长过快而出现了新问题。据统计，三藩叛乱平定之初，全国人口近七千万；乾隆初年，全国人口增加到一亿四千多万。半个世纪的时间里，翻了一番。乾隆皇帝在位期间，由于地丁合一制度的全面贯彻，人口增长率更高，二十多年的时间里，始终以千分之十三到千分之十八的高速度持续增长。至乾隆二十七年，人口数突破二亿大关。尔后，虽因战争、灾荒，人口增长率较前一时期略有降低，但是因为人口基数过大，至乾隆五十五年，人口数已达到三亿。一个多世纪的时间里，全国人口连翻两番。尽管广大劳动人民不断开垦荒地、扩大种植面积、改进耕作技术、推广高产作物，但是整个社会人均占有耕地仍然相对不足，人均占有粮食也较明朝后期有所减少，市场米价持续上涨，人民生计问题日益突出。

在这样的情况下，为了防止发生新的社会动乱动摇自己的统治，乾隆皇帝适时地采取了种种措施。即位之初，他即声称"农桑为致治之本"，"食为民天，一夫不耕，或受之饥；一女不织，或受之寒"，并反复要求各级官员"重农务本"。[2]随着全国人口的不断增长，他又多次强调"养民之本，莫要于务农"，[3]"劝民勤农，为政之本"，[4]并将此作为考察各级官员政绩的主要标准。乾隆二年五月，乾隆皇帝命令南书房、翰林院和武英殿翰林一起将中国古代农书以及各种典籍中有关"播种之方，耕耨之节与夫备旱、驱蝗之术"的记载汇编为《授时通考》一书，"颁布中外，庶三农九谷，各得其宜"。[5]乾隆八年四月，御史徐以升奏进区田法，每亩约费工本银三两，产量却高达十余石，"收获之广，无逾此者"。[6]对此，乾隆皇帝极感兴趣，当即下令奉宸苑依法试种。同年七月，他又批准湖南巡抚蒋溥的建议，由当地政府捐资，在民间推广双季稻的种植。[7]对于其他可资民生的植树，种棉，栽培茶叶、苎麻，种桑养蚕等，乾隆皇帝也大力提倡。对于不事生产的游惰之徒如僧道、娼妓等，或者加以限制，或者明令取缔；对于有妨粮食生产的一些行业如酿酒，一些作物如烟草，则严加限制。所有这些措施，既表现了乾隆皇帝对农业生产的重视，又在一定程度上保证了社会生产的继续发展。

二、劝垦田地

在乾隆皇帝的各种重农措施中，乾隆皇帝用力较大而且对当时的社会生产也确实起了较大积极作用的是劝垦田地。

乾隆皇帝即位之初，鉴于雍正年间各地官员虚报开垦现象严重，垦田数字多有不实，名为开荒，实则加赋，一度命令各地官员据实申报历年虚垦数字，予以豁除。与此同时，还做出规定："嗣后各该督抚……凡造报开垦亩数，务必详加查核，实系垦荒，然后具奏。不得丝毫假饰，以滋闾阎之扰累。"[8]在他的影响下，各地官员对于垦荒的态度一度趋于消极，垦田数字增长甚为缓慢。据《清实录》各卷统计，除去豁除部分，从乾隆皇帝即位至乾隆四年底，全国报垦数字仅有二千六百六十八顷，平均每年仅增土地六百顷，远远赶不上这一时期人口增长的需要。针对当时各省"生齿日繁，地不加广，穷民资生无策"的现实问题，乾隆五年以后，乾隆皇帝改变态度，对劝垦田地表现出异常积极的态度。是年七月，乾隆皇帝颁布谕旨，命令各地"开垦闲旷地土"，"凡边省内地零星地土可以开垦者，悉听本处民夷垦种，并严禁豪强首告争夺"。[9]与此同时，为了调动各地官员和广大农民垦荒种田的积极性，还将此作为官吏考课升黜的重要依据，并根据各地的实际情况，先后做出各种具体规定。如针对河南、湖北等地人民想将所种旱地改为水田而又惧怕政府加赋的顾虑，规定："愿将旱田改为水田者，钱粮仍照原定科则，免其加赋。"[10]针对湖北、陕西等省官、私荒地颇多的现象，规定听民认垦，"承垦官地者，以具呈之先后为定；承垦民地者，先责成业主，业主无力，许他人承垦为业"；无主荒地，"官为招垦，给照为业，若本地人力无余，准邻近无业之人承垦，编入土著"。[11]为了防止土地荒芜，乾隆七年，又进一步规定，业主他徙，"承佃佃户久经应差纳课"已达三十年以上者即为世业。在此之后，还一再颁布谕旨，不断扩大这些规定的适用范围，增加免于升科的垦荒亩数。

在乾隆皇帝这些政策的鼓励下，全国各地都出现了垦荒的热潮。不但人烟密集之处的山头地角垦种无遗，向来人烟罕至的山林地带也先后垦出了大片的肥田沃土。如乾隆二十九年前后，江西七十七个厅州县查出可垦官山一千二百六十二顷，分给少地或无地贫民。[12]陕西洛川、韩城、澄城、白水诸县之中的大山内，"土性饶沃，方圆百里之内，不下数千顷"。[13]当地政府从乾隆三十二年起，招募民人垦种，开辟出大片良田。湖北一省，继乾隆十年开辟内地荒芜田地山场十一万七千九百顷之后，广大流民又冲向鄂西山区。至乾隆三十八年前后，原来山林密障之地已是"户口日繁，流寓人众，所在开垦"。[14]为此，清朝政府也不得不承认这一既成事实，开放原来封禁官荒，"令民间自行首报，分别升科"。[15]这样，全国垦田数字急剧上升。据《清实录》各卷所载，从乾隆五年至乾隆三十五年这三十年的时间里，仅内地各省，垦田数字即已在二十万顷以上，很大程度上缓和了因人口迅速增长而导致的耕地相对不足的矛盾，也大大促进了当时社会经济的发展。

在采取措施鼓励人民垦荒的同时，对于人口稠密地区的无地贫民自发地向地多人少的地区和省份的流徙，乾隆皇帝抱着积极支持的态度。乾隆前期，土地兼并现象进一步剧烈，各地自然灾害也接连不断地发生，导致不少无地贫民纷纷向边远地区或内地田多人少的省份迁徙。山东、河南、直隶一带贫民流向东北；陕西、山西、直隶贫民或北向内蒙，或西流甘肃；湖广、江西、广东一带人民流向四川；东南沿海地区的贫民则越海流向澎湖、台湾。

其中，东北为清朝统治者的发祥之地，历代清朝皇帝为了保护这块"根本之地"，一直将严禁民人出关垦种奉为国策，执行不渝，致使东北大片土地长期不能垦种，经济发展甚为缓慢。乾隆前期，受劝垦田地思想的影响，乾隆皇帝对内地民人移居东北态度渐趋缓和，采取了睁一只眼闭一只眼的态度。如乾隆五年，他规定，居住东北的内地人民可在该地入籍，"其不愿入籍者，定限十年，令其陆续回籍"。[16]乾隆十五年八月，十年限满，乾隆皇帝又再次加恩，展限十年，[17]实际上承认了内地民人在东北地区的长期居住权。乾隆七年以后，直隶天津、河间等地连续三年遭灾，大批饥民拥向山海关、喜峰口、古北口等地，前往关外就食。为了解决饥民生计，乾隆皇帝指令边口官弁，"如有贫民出口者，门上不必拦阻，即时放出"。[18]"山海关向经禁止，但目今流民不比寻常，若稽查过严，若辈恐无生路矣。"[19]这样，不长时间里，四万七千多名内地民人先后迁至东北居住，此后还在不断增加。其中除三四万人或经营工商，或为人佣作之外，绝大多数人皆借租佃旗人土地之名而"额外开荒，希图存身"。[20]在他们的辛勤劳动下，成片荒地变成了良田沃土。至乾隆十四年时，吉林乌拉、伯都讷地方官员丈量土地时，丈出旗人余地三万八千五百八十六亩和游民私垦地一万三千八百九十八亩。[21]乾隆十八年，吉林泰宁县又丈出寄入旗人名下开垦地一万六千七百四十四亩。[22]乾隆三十一年，盛京一带也丈出旗民余地三十一万二千四百垧。[23]对于山西、陕西、直隶等省民人越种蒙古牧地问题，乾隆皇帝也采纳当地官员意见，"边民获粮，蒙古得租，彼此两便"，批准执行。[24]在此规定的影响下，许多民人出口种地，"古北口外，内地民人前往耕种者，不下数十万户"。[25]其中仅至八沟、塔子沟一带垦种者，即有二三十万人。[26]另外，前往喀喇沁租种土地的内地民人，也有数万之多。[27]

对于广东、湖广、江西等省无地民人迁居四川垦荒，乾隆皇帝的态度更为积极。明末清初，由于社会动乱，四川人口锐减，大片土地荒芜，从康熙以后，各省无地贫民前往垦种者络绎不绝。直至乾隆时期，这种情况还在继续。对此，当地官员以有妨治安或无地可垦为借口，设法阻止外地民人迁入。为此，乾隆皇帝多次谕令当地官员，"验明人票相符，即予放行，到川编入烟册，移知原籍存案"。[28]与此同时，还对各级官员反复开谕："贫民远图生计，亦不可持之太峻，盖伊本籍如有产业，必不肯轻去其乡，何用阻截？若因亲族可依，就食他处，必尽行逐回，转绝其谋生之路。"[29]"今日户口日增，而各省田土不过如此，不能增益，正宜思所以流通，以养无籍贫民。……有司设法禁止，不但有拂人性，且恐转滋事端。封疆大吏，当通达大体，顺民情所便安，随宜体察。……既不绝小民觅食之路，又可清闾阎盗贼之源，斯两得之。"[30]"此等无业贫民，转徙往来，不过以川省地广粮多，为自求口食之计。使该省果无余田可耕，难以自赡，势将不禁而自止；若该处粮价平减，力作有资，则生计所趋，又岂能概行阻绝。"[31]在乾隆皇帝的干预下，南方各省先后有大批贫民携眷入川，至乾隆十三年，仅云贵两省移居四川者即达二十四万余人。他们除和当地人民一起继续在人口稠密地区垦荒种地之外，还远至当时人烟稀少的川西邛州府属蒲江，雅州府属名山和川南叙州府属屏山，保庆府属南江各地，开辟荒山野岭，兴修水利工程，种植粮食、茶叶、棉花等，对乾隆时期四川生产的发展做出了巨大的贡献。乾隆皇帝对内地贫民移垦边远地区荒田的积极态度，对于当时土地的大量开垦和社会经济的迅速发展起到了一定的推动作用。

除内地劝垦田地之外，乾隆皇帝还先后兴办了京旗移垦和西域屯田。其中京旗移垦已在上章八旗生计中予以论述，这里重点介绍一下西域屯田。

康熙五十四年以后，为了解决西北戍边部队军粮供应问题，康、雍两帝相继在科布多、巴里坤、哈密等处兴办屯田。乾隆皇帝继位之后，继续其事。但因当时清朝中央政府和准噶尔地方政权处于严重的军事对峙状态，因而投入人力不多，耕作地区甚小，收效也并不显著，更谈不上对全国生计有何裨益了。准噶尔叛乱的平定和西北地区的统一推动了当时屯田事业的发展。乾隆二十一年，乾隆皇帝首先组织了从巴里坤到乌鲁木齐一线的屯田活动。乾隆二十二年，又派绿旗兵于吐鲁番地方垦田两千三百亩，以为进攻南疆之用。乾隆二十三年，在添派军队增垦乌鲁木齐一带荒地的同时，乾隆皇帝又调兵六千，在南疆哈喇沙尔、托克三一带兴办屯田。至此，新旧屯田总数已达五万二千七百九十一亩。回疆叛乱平定之后，乾隆皇帝拨出内帑三百万两，采买籽种、农具，进行了更大规模的屯田活动。以屯田范围而言，原先不过巴里坤至乌鲁木齐一线，此时，除原来地区继续增垦之外，西至伊犁，北至塔尔巴哈台、雅尔，南至哈喇沙尔、辟展、托克三、乌什等地也先后规划屯田。以屯田形式而言，除原先的旗屯之外，民屯、回屯、商屯、遣屯等各种不同形式的屯田活动也相继开展起来。根据乾隆皇帝的指示，山东、山西、陕西尤其甘肃各地的民人在当地政府的统一组织下，纷纷挈家出关，前往指定地点屯种。不少商人也先后携资前往该地，认垦田地。以耕作农作物而言，原先只有青稞一种，此时则豌豆、大小麦、糜、粟等粮食作物和胡麻、菜籽等经济作物以及各种菜蔬无不大量种植。至乾隆三十年，各种形式的屯田总数已在四十万亩以上，而且还在继续增加。由于乾隆皇帝重视和各种屯田措施得力，屯种田地连年丰收，当地军民自给有余，单是辟展屯田兵丁一年即可向国家交售屯粮四万余石。乾隆二十九年、三十年和三十六年，甘肃连年遭灾，根据乾隆皇帝指示，还由乌鲁木齐等地调拨粮食赈济内地饥民。西域统一后乾隆皇帝兴办的各种屯田，对于解决人民生计，对于边防建设和巩固国家统一，都起了积极的作用。

为了解决人口激增和全国耕地面积相对不足的矛盾，对于劝垦田地，乾隆皇帝的态度比较积极，但出于巩固统治的目的，不只在劝垦田地中迈出的步子极为有限，而且在涉及统治阶级的根本利益时，还不惜损害广大人民群众的利益，千方百计地维持封建统治秩序，限制人民开垦荒地。如乾隆十七年时，贵州官员要求允许屯田军队开垦当地田边地角，乾隆皇帝则以其易启苗、汉矛盾而明令禁止；[32]为了防止垦荒农民破坏封建秩序，乾隆皇帝还下令将一些可以开垦的山林地带如湖广西部和江西、福建交界之处严加封禁，以致相当长的时期中，这些地区的土地资源不能得到利用。对于东北、蒙古等地的垦荒，禁令虽比康、雍时期有所放松，但也没有取消。如乾隆十五年正月，乾隆皇帝颁布谕旨，除重申禁民出关的规定外，还分别下令各省"查禁商船携带闲人"。[33]对于喀喇沁蒙古出售给汉人的牧场，也分别下令赎回，并且命令当地蒙古王公、台吉"严饬所属，嗣后将容留民人居住增垦地亩者，严行禁止"。³⁴对于东南沿海居民流寓台湾开垦土地者，则肆行辱骂："此皆穷困逋逃之辈，性情狡悍，不能安分，结伙连群，势必滋生事端"，并下令当地官员将福建、广东赴台人民"严行禁止，仍于各处口岸，设法巡逻周密，毋许私行逗遛一人"。³⁵所有这些规定，都大大影响了广大人民垦荒的积极性，阻碍了社会经济的发展。

三、兴修水利，治理黄河

水利是农业的命脉，民生的保障。为了发展农业、安定民生，在大力劝垦田地的同时，对于各地水利工程的兴修，乾隆皇帝的态度也相当积极。他即位之后不久，便亲自抓了江南水利、浙江海塘工程和直隶水道疏浚等重要水利工程的查勘和兴修。针对乾隆以前江南各地水利工程修建草率、不计久远，"圩岸不无坍颓，沙泥不无淤积"的问题，乾隆皇帝认为："与其岁久浚筑，事难费倍，不若逐年疏葺，事易费省。"³⁶为此，他要求江南各地官员，"各于所属境内相视河流浅阻，每岁农隙，募夫挑挖，定为章程，逐年举行"。³⁷为了全面规划当地水利兴修并防止当地官员"视为具文，玩误工作及阳奉阴违"，³⁸乾隆皇帝专拨帑银一百万两，派遣大理寺卿汪漋等前往经理督办。在汪漋和当地官员的共同主持下，乾隆三年至乾隆六年，江苏、安徽和河南三省的各条水道得到了一番普遍的疏浚和治理。除此之外，还于各州县修建陂塘沟渠、圩埂土坝近百处。³⁹对于江浙两省杭、嘉、湖、苏、松、常、镇七府沿海海塘的修建和保护，乾隆皇帝也极为重视。乾隆初年，他先后派遣嵇曾筠、刘统勋、讷亲等重臣前往该地，查勘或主持该地修建石塘的活动。乾隆六年，他还专拨帑银九十余万两，修建了从海宁到仁和长达四千二百余丈的海塘工程。与此同时，对于直隶各地水道的疏浚，乾隆皇帝也非常注意。他说："直隶河道水利，关系重大，若但为目前补救之计而不筹及久远，恐于运道民生，终无裨益。" [40]因此，从乾隆二年开始，他先后派遣重臣鄂尔泰、讷亲、高斌、孙嘉淦、刘于义等查勘直隶水利，并以治理永定河为中心，开展了规模颇大的兴修直隶水利活动。在这一活动取得

《京畿水利图》卷（局部）　（清）弘旿绘

一定成就后，从乾隆九年开始，又将治理永定河的范围扩大到了它的上游山西省境内的桑干河，在大同附近的桑干河南北两岸各开支渠一道，不但浇溉了桑干河两岸的大片土地，而且也大大减弱了下游的水势。

对于全国各地的水利事业，乾隆皇帝不遗余力地予以提倡。乾隆二年，他在一道谕旨中指出："自古致治以养民为本，而养民之道，必使兴利防患。水旱无虞，方能使盖藏充裕，缓急可资。是以川泽陂塘，沟渠堤岸，凡有关于农事，预筹画于平时，斯蓄泄得宜。潦则有疏导之方，旱则资灌溉之利，非可诿之天时丰歉之适然，而以临时赈恤为可塞责也。"[41]为

此，他要求各地官员对于所辖境内的水利工程"应行修举者，即行修举；或劝导百姓，自为经理。如工程重大，应动用帑项者，即行奏闻，妥协办理，兴利去害，俾旱涝不侵，仓箱有庆"。[42]在他的关心下，不少地区的官员注重水利事业，全国各地相继兴修了不同规模的水利工程。

如乾隆初年，宗室德沛在任甘肃巡抚期间，开渠凿井，兴修水利。[43]署理陕西巡抚崔纪则于西安、同州、凤翔、汉中四府及商、乾、兴安三州出借耗羡银两，劝民凿井灌田。[44]直隶平山知县郭殿正、阜平知县罗仰镳分别于滹沱河、沙河两岸引水灌田，改造良田上百顷。[45]河南嵩县知县康基渊则组织人民将县内伊河两旁古渠并山涧诸流可资引导者，一律疏治深通，溉田六万二千余顷。[46]乾隆二十三年至二十八年，阿尔泰任山东巡抚期间，注重水利，先后修渠灌田，种植水稻近五百顷。[47]调任川督后，仍以兴修水利为重，全省境内凡有关于水利、农田及疏浚河渠、兴修城工处所，俱亲临查勘筹

办。[48]在他的组织下，乾隆二十九年雅州府名山县、潼川府三台县以及叙州府屏山县、保宁府南江县广大人民在新垦荒地上挑渠溉田数千顷。[49]乾隆三十一年，他又以都江堰水利工程"为数十州县水利所关"，组织当地人民挖深堰底，增筑大坝。与此同时，对于都江堰上游汶、保、茂各州的水利工程也着手进行兴修。[50]除此之外，一些边远地区如广东、云南、广西和西北巴里坤一带也都在当地官员的主持下，相继兴修了一些水利工程。其中，巴里坤的水利工程别具特色。乾隆十八年前，该地军民灌溉屯种田地，向靠开渠引南山雪水。但因遍地黄沙，渠水流失严重，该地屯军凿木为槽，铺设了一条长达百余里的木渠，改造了大片的良田。所有这些水利工程，都在不同程度上促进了各地农业生产的发展，对于乾隆时期全国经济的发展和繁荣局面的形成，起了一定的推动作用。

在号召全国各地兴修水利的同时，对于治理黄河，乾隆皇帝也予以重视。他说，南北河工关系国计民生，最为紧要。[51]他在在位期间，先后拨出大量库帑，对黄河进行整修。在治河方法上，乾隆皇帝基本上是依康熙旧轨而无所创新，一是疏浚下游，二是增固堤堰，三是开挖引河。如乾隆元年四月，黄河自江苏砀山县毛城铺决口后，乾隆皇帝命令南河总督高斌等组织人力，疏浚下游河道，又于宿迁至清河二百里间黄河北岸增筑遥堤、格堤；乾隆七年，黄河自江苏丰、沛两县两次决口后，为了减缓水势，乾隆皇帝命南河总督白钟山等开挖支渠，宣泄水势；乾隆二十一年，黄河自孙家集决口后，乾隆皇帝又采纳白钟山、张师载二人建议，组织夫役，挑浚淤浅，增筑堤工等。由于治河工作技术性较强，而通晓河务之大员甚为难得，为了培养得力治河官员，在组织人力治河的同时，乾隆皇帝还劝谕一些通晓河务的中级官员如河南布政使朱定元、浙江按察使完颜伟等，"将疏浚保护之法加意讲求，以备将来之任使"。[52]为了便于就地指挥治河事宜，乾隆十六年以后，乾隆皇帝还借南巡之机多次到河工地段考察，并对治河事宜进行布置。所有这些活动，都表现了乾隆皇帝对治河事务的关心，也在一定程度上减轻了黄河为患的严重程度。

乾隆皇帝提倡兴修水利和组织治理黄河，虽然取得了一些成就，然而由于经办官吏的处理不善和乾隆皇帝本人对自然科学知识的无知不学，这些成就不但极其有限，一些工程还劳民伤财，得不偿失。即以乾隆初年署理陕西巡抚崔纪组

《乾隆帝南巡图卷·视察黄河》之一　（清）徐扬绘

织的凿井活动而言，在得到乾隆皇帝的首肯后，为了邀功请赏，他不顾当地实际情况，狐假虎威地下令所属各地于四十日内每田十亩，凿井三眼，以致当地人民或因发价不足，或因时间过紧，所开之井，"井面围圆只合抱有余，深者不过二三丈，浅者仅有丈余……倘遇天时亢旱，禾苗未见焦枯，而各井已先涸矣"。[53]不但未收凿井实效，反而给民间带来了极大的骚扰。其他各地的水利工程也多因官吏经营不善而旋修旋废，收效甚微。再以黄河治理而言，明末黄河改道以来，一百多年间，下游河道频年溃决，而且溃自北岸者占十之八九。这些情况说明，江苏境内河道蜿蜒曲折、水流不畅和距离出海口过远是其主要原因。通过总结可以看出，根治黄河的主要出路，一是使河道北移，使其自河南流经山东入海，以缩短入海距离；二是即使不改变河道，也应以疏浚河道淤沙为主。当时，一些有识之士如吏部尚书孙嘉淦、侍郎裘曰修和著名学者钱大昕即先后提出了于山东境内开发引河、使黄河改归宋前旧道的主张。然而，因为不学无识，乾隆皇帝不但对改道主张不予接受，而且在治河中，也像传说中的鲧治洪水一样，极其愚蠢地大筑堤堰，以致淤沙沉淀，河床日高，超出平地两三丈以上，更增加了黄河溃决的危险性。其次，乾隆皇帝南巡，主要用意是加强自己的政治统治，并借此机会游山玩水，寻欢作乐，偶至治河工地一游，情况尚不能了解全面，哪里能发现问题并作出有真知灼见的指示。再次，因为吏治败坏，河工久成各级官员觊觎垂涎之利薮，朝廷每年拨出大批款项大多都入了治河官员的腰包，真正用以治河的极其有限。所有这些，都使乾隆皇帝治理黄河的成就较之乃祖康熙皇帝大为逊色，对于民生改善和社会经济发展没有发挥应有的作用。

四、放松开矿限制

清朝政权建立之初，吸取明朝末年朝臣竞言矿利，中使四出，暴敛病民，阶级矛盾空前激化的教训，一度对各地采矿事业加以限制。康、雍时期，这种限制进一步加强。为了防止矿徒集结，妨碍农业生产，破坏封建统治秩序，对于偷刨矿砂的旗汉人民，不是解部枷责，就是发边卫充军。臣下建言开矿者，严旨切责之外，往往还交部察议，给予处分。因而相当长的一段时期内，除了滇铜生产为政府铸钱所必需而得以存在之外，各地采矿事业一直处于极度萎缩的状态而不得发展。

对于康、雍以来最高统治者禁止言利并限制采矿事业发展的做法，乾隆皇帝颇不以为然。他说："从来利之一字，乃圣人之所不讳而为贤者之所谨防"，"后人但见言利之害，遂将义、利判然分为两途"，实际上并不符合圣人之原意。在他看来，"义、利本非两截，用以利物，则公而溥，是利即义也"，"所谓利物者，以百姓之资财谋百姓之衣食"。[54] 全国各地蕴藏的丰富的矿藏都是有利民生、不应弃置的"天地自然之利"。[55] 在这种思想的指导下，乾隆皇帝一反清初诸帝的做法，根据社会的实际需要，对于采矿事业表现了比较积极的态度。当时，全国各地钱贵银贱，经济发展迫切需要扩大铜矿开采。乾隆二年，乾隆皇帝颁布谕旨，"凡产铜山场，实有裨鼓铸，准报开采"。[56]尔后，准予开采的矿藏品种不断增加。如乾隆五年二月以后，准予全国各地开采煤矿。乾隆十年以后，准予开采铁矿、铅矿等。与此同时，批准采矿的地区也不断扩大。云南之外，又扩大到四川、两广、湖广、江西、安徽、山东、山西、陕西、直隶、奉天、蒙古和准噶尔地区。

随着采矿事业的不断发展，矿税成为一项重要的财政收入，使乾隆皇帝对采矿的态度更加积极主动，鼓励寻找矿源，并对组织采矿取得成就的官员加以奖赏。如乾隆十三年二月，云贵总督张允随、云南巡抚图勒炳阿等奏报新开大雪山、多那两铜矿，年产量可达二百万斤。乾隆皇帝在奏折上批示："欣悦览之，此皆卿调剂有方也。"[57]又如乾隆二十六年底，北京西山一带各处煤矿因开采年久，窑深积水，"以致刨挖维艰，京城煤价渐为昂贵"，乾隆皇帝命令工部、步军统领和顺天府各衙门"会同悉心察勘煤旺可采之处，妥议规条，准令附近村民开采，以利民用"。[58]再如乾隆三十六年正月，为了鼓励滇铜开采和冶炼，乾隆皇帝采纳云南巡抚诺穆亲的建议，规定地方官报开新厂，每年获铜二十万斤以上者记录一次；三十万斤以上者，记录两次；四十万斤以上者，记录三次；五十万斤以上者加一级，八十万斤以上者奏请升用。[59]还如乾隆三十七年十二月，乾隆皇帝闻知蒙古阿拉善王游牧区之哈布塔海哈拉山一带蕴藏金矿，当即谕令阿拉善王与陕甘总督勒尔谨联合勘查，规划开采。[60]

与此同时，乾隆皇帝对于康、雍以来有关采矿的各种限制也大大放松。如对各地的煤矿采掘，分别通过免税和简化批准手续鼓励人民进行开采；对于国家十分需要的滇铜和其他一些矿藏，规模较小者听民开采，酌量抽税；规模较大者改由各地政府直接控制，并且采取预发工本、添给价值等措施刺激生产。这样，乾隆前期，全国各地官员纷纷呈请开辟辖区矿藏，绝大多数都得到了乾隆皇帝的批准。据统计，从乾隆十年到乾隆三十九年，经乾隆皇帝批准的采矿项目不下四十余起。比如铜矿的开采和冶炼，雍正间政府允许开采的只有云南一处，而至乾隆时期，除云南采铜事业继续发展之外，广西之宣化、苍梧、池州、恭城，四川之天全州、盐源县，湖南常宁，陕西宁羌州和山西之交城、阳城、平定、盂县等许多地区也开始开采；以采煤而言，除原来的北京西山之外，全国所有产煤省份皆有开采，其中东北之辽阳、张家口外之土木、独石口外之东槽碾沟还后来居上，成为新的采煤中心。由于采矿地区扩大，各种金属产量也急剧增长。即以滇铜生产而言，由于乾隆中又于汤丹、大碌两厂之外另设子厂三十余处，因而产铜数量空前增加。雍正年间，滇铜最高年产量只有四百万斤。而至乾隆二十二年已经超过千万斤，[61]乾隆三十一年前后，又增长至一千二三百万斤，从事采矿、冶炼的工人也增加到数十万人。[62]其中仅东川府属会泽县境内的汤丹、大碌两铜厂厂众达两三万人。[63]冶炼出来的各种金属，或由国家在各地铸为铜钱，在市场上广泛流通，或由场铺铸成农具、器皿，在人民生活和生产活动中发挥巨大的作用。

乾隆前期，乾隆皇帝对采矿事业的限制较之康、雍时期虽然有所放松，然而当时正值乾隆皇帝专制统治日益强化之时，其首先考虑的不是矿业生产的发展，而是自己统治的巩固，因而这种放松也是极其有限的。对于影响封建统治秩序的采矿活动，往往解散矿徒，封禁矿坑，不准开采；即使准予开采的矿藏，也是严令有关官员对矿徒编立保甲，严密稽查，甚至对采矿人数和生产规模等都进行限制。如乾隆九年，薰城知县高嵙呈请自备工本于山东峄县、滕县、费县等地开采银、铜、铅矿，乾隆皇帝以为，该地"地近孔林"，"利之所在，易集奸匪，争斗之衅必生"，下令严加禁止。[64]又如乾隆十年，在批准安徽怀远、凤台二县开采煤矿的同时，乾隆皇帝还指示当地官员"于采煤处照保甲法各设窑头，并遴员稽查弹压"。[65]此后各省大抵皆按此法管辖属内采矿人众。乾隆三十一年，乾隆皇帝又采纳云贵总督杨应琚的意见，将云南各矿厂的采掘范围限制在矿厂周围四十里之内。[66]直到乾隆三十九年在批准开采察哈尔平顶山煤矿时，乾隆皇帝一方面认为"开挖煤窑，自属有益之事"，一方面又对"聚集多人，有碍于蒙古游牧"、妨碍封建统治秩序表示担心。[67]

　　此外，乾隆皇帝对各地采矿业的重税政策也严重地限制了采矿事业的发展。按照乾隆皇帝规定，商办铜矿，每产铜百斤，抽二十斤税，余铜一半商售归本，一半官为收买。[68]这样，商人自行支配的产品只有百分之四十，如果再加上主管官吏的无厌盘剥，更是获利无几。因而，不少矿坑开采不久便因财力不支而无法继续。据统计，整个乾隆前期，因经营蚀本等原因而被各级官员以矿尽为名报封的采矿地点不下二十余处。所有这些，都严重地限制了采矿事业的发展，并对当时中国社会经济的发展产生了极为不良的影响。

第二节　蠲赈积贮

一、蠲免钱粮和赈恤灾民

三藩叛乱平定之后，清朝政府的财政状况逐渐好转。尔后，又经过雍正皇帝在位期间的大力整顿吏治，推行摊丁入地和耗羡归公政策，以及乾隆皇帝即位之初统治政策的调整，国家财政收入逐年增加，国库盈余也逐年增多。乾隆二十年以前，国库存银通常维持在三四千万两之间。此后，因为西域平定，军费开支大量节省，国库存银更是直线上升。至乾隆三十一年，已达六千万两。两年之后，又超过七千万两，[69]几乎相当于当时全国一年半的总收入。清初以来尤其是乾隆时期国家财政收入的不断增加，为乾隆皇帝进行经常性的钱粮蠲免和灾害赈恤奠定了重要的物质基础。[70]

除此之外，乾隆皇帝在位期间进行经常性的蠲赈活动还有着深刻的现实原因。三藩叛乱平定之后，社会经济虽然不断发展，然而由于封建国家、各级封建官吏和地主阶级对广大农民的残酷压榨和剥削，以及康熙中期以后全国人口的急剧增长，广大农民的生活一直非常困苦。"地方小有旱涝"，人民即"轻去其乡，以致抛弃室庐，荒芜田亩"。[71]兼之以地主阶级乘机落井下石，兼并土地，贫富两极分化日益加剧，广大人民的反抗情绪也不断增长，整个乾隆前期，全国各地人民的抗租、抗粮、反科派斗争甚至小规模的农民起义一直此起彼伏。作为地主阶级的最高代表者，乾隆皇帝当然不会通过触及地主阶级土地所有制的方式缓和阶级矛盾，为了消弭广大人民的反抗情绪，只有采取蠲免钱粮、赈恤灾民等措施来减轻人民的一些负担，以期达到巩固统治的目的。

乾隆皇帝即位之初，针对雍正时蠲赈活动中存在的一些问题，在普蠲雍正十二年以前全国积逋的同时，还多次颁布谕旨，放宽灾蠲范围并严禁各级官员匿灾不报。清朝初年，根据政府规定，被灾十分者，免钱粮十分之三；八分、七分者，免十分之二；六分者，免十分之一。雍正皇帝在位期间，将之加以放宽，被灾十分者免钱粮十分之七，九分者免十分之六，八分者免十分之四，七分者免十分之二，六分者免十分之一。对此，乾隆皇帝认为，"田禾被灾五分，则收成仅得其半，输将国赋，未免艰难，所当推广皇仁，使被灾较轻之地亩，亦得均沾恩泽"。因此，他决定，嗣后被灾五分之处亦准报灾，地方官查勘明确并蠲免钱粮十分之一。[72]对于一些匿灾不报的官员，他也多次严加指责，斥责他们"捏报丰收，不恤民艰，使饥冻流亡之惨，不得上闻；蠲免赈恤之恩，不得下逮"。[73]为了扭转这种现象，他宁可置夸大灾情、"希图取悦于地方"的官员于不问，而对"故为掩饰，不肯奏出实情"的官员严加处分。[74]与此同时，鉴于国家财政情况进入了清初以来最好的时期，针对全国各地的具体情况，乾隆皇帝先后多次进行了蠲免正额钱粮和赈恤灾民的活动。于此摘取数例，以见乾隆皇帝蠲赈之大致情况。

乾隆二年春，对畿辅、山东地区遭灾人民进行的蠲赈活动，是乾隆皇帝即位之后进行的一次大规模的蠲赈活动。当年二月至五月，将近半年时间，畿辅、山东一带久旱不雨，夏粮失收。为了拯救灾民，乾隆皇帝首先蠲免直隶地丁钱粮七十万两，山东地丁钱粮一百万两。[75]与此同时，还开放京师各仓及截留漕米五十万石，从当年六月起，对广大灾民进行赈济。为了办好赈务，乾隆皇帝先是派遣官员踏勘灾情，确定灾区范围，查造灾民户口，分别极贫、次贫，大口、小口，预给印票，以定赈数；而后运米各乡，先示赈期，届时唱名，按大口每月给谷三斗，小口减半，不遗不滥，统一给发。办赈期间，所有办赈人员办公用度皆于公项内支给，并委派道员对赈济工作随时检查。"实心办事之员，保题优叙；办理不能妥协之员，严参治罪。"[76]六月以后，连降大雨，旱象解除。为了恢复生产以使秋稼有成，乾隆皇帝又令各地官员照所种

秋田亩数借给籽种。在当地政府的组织下，山东灾区人民开始秋种，而畿辅一带却因山水骤发而由旱变涝。这时，乾隆皇帝又派遣侍卫官员赍带帑金分六路出发，会同灾区地方官抚恤安顿，排水播种。[77]次年春，在二麦生长过程中，乾隆皇帝又多次谕令两地官员组织人民扑灭蝗螟。在乾隆皇帝的关心下，自然灾害最后被战胜，乾隆三年，两省夏粮获得了丰收。

> 淮水今何似，中宵未解忧。
>
> 波臣势方盛，赤子尔何尤。
>
> 庐舍皆如舫，桑麻尽付流。
>
> 每披灾疏报，似听泣声愁。
>
> 异涨知稍退，穷黎得慰不。
>
> 空传一掬泪，为我达扬州。[78]

这是乾隆七年淮扬一带水灾时，乾隆皇帝写的一首诗，表达了他对灾区人民境遇的关心。乾隆七年夏秋之际，江南

一带连降暴雨，淮黄交涨。为了防止河堤溃决，当年七月初，河臣完颜伟下令开放洪泽湖内减水坝，河湖之水四下漫溢，在江苏、安徽两省北起徐州、宿迁、清河，南至寿州、凤阳、宿州、灵璧、泗州，东至淮安、宝应、高邮、扬州、兴化、盐城等四十八州县的广大地区内泛滥成灾，"民间自中人之家以及极贫下户，皆流离四散"。[79]得知这一消息，乾隆皇帝食不下咽，焦急异常，指令该地督抚"不得拘于常例，务须多方设法，竭力拯救"。[80]根据他的指示，七月间，大学士鄂尔泰、直隶总督高斌、户部侍郎周学健先后携带帑银二百五十万两，前往该地办赈。与此同时，乾隆皇帝还将两省被水地方，雍正十三年以前积欠逋赋及本年应征地丁钱、漕概予豁免。随着对灾害程度的进一步了解，乾隆皇帝一方面命令相邻各省安插灾区流民，一方面加拨部帑二百九十万两，截漕及协拨各省粮米二百二十万石，对灾区人民进行普遍的赈济。九月以后，水势稍退，乾隆皇帝愁眉稍展。在办理赈务的同时，又谕令各州县贷给灾民籽种，筹备秋播春种。半年多的时间里，除治河所需帑项外，国家蠲免及赈济所用几近千万，才使灾区生产恢复正常，人民生活也大致安定下来。

乾隆十二年秋，山东大部分地区遭受严重水灾。当年冬，乾隆皇帝曾命截漕二十万石进行赈济，并以乾隆十三年是山东轮免地丁钱粮之年而将全省乾隆十二年应征未完钱粮缓至乾隆十四年征收。乾隆十三年春，灾情继续发展。继上年水灾之后，全省又遇严重旱灾，广大饥民四散逃亡。是年春，乾隆皇帝东巡曲阜，路途中目睹了灾区"村落多萧条，老幼率惨懔，腹饥嗷鸿哀，衣薄状鹤湁"[81]的惨状，这使他感到："东省此次荒歉，非比寻常。邹、滕以南，小民之艰苦尤甚。拯救之方，刻不容缓。"[82]为此，他破例将巡幸沿途蠲免地丁钱粮十分之三按数发给灾民。与此同时，又截漕六十万石并协拨直隶、河南、安徽、江苏四省储粮，对灾区人民进行赈济。乾隆皇帝认为，办好赈务，关键在于办赈官员。他说："救荒无良策"，"地方官尽得一分心，民受一分之惠；灾黎得一日赈，即度一日之命。"[83]为此，他专调办赈有方的浙江布政使唐绥祖任山东布政使，直接负责办赈事务。与此同时，他还令大学士高斌、左都御史刘统勋带领御史四员及一些候补、候选州县官前赴灾区，查办和具体负责办赈事务。针对老弱妇孺不能远行的情况，乾隆皇帝指令办赈官员送米下乡就近放赈。为了减轻灾民痛苦，乾隆皇帝还劝谕业主减除当年租额，并谕令相邻各省收容灾区流民。五月间，全省得雨，旱象解除，二麦得收，灾害基本度过。这时，乾隆皇帝又谕令高斌、刘统勋等就势查勘山东水利，以防水、旱自然灾害再度发生。谕令各地官员加倍出借种子，及时播种，恢复生产。至此，这场历时半年多的办赈活动方告结束。

乾隆十六年春，浙东八府七十余州县久旱不雨。五月以后，旱情进一步发展，至当年七月，滴雨未下，夏粮失收，秋收无望，市场米价腾贵，每石骤增至二两以上。百姓无食，有吃石粉以充饥者。[84]得知这一消息，乾隆皇帝认为，"浙省今年被灾较重，非寻常偏隅水旱可比"。[85]为了拯救灾民，他首先分别蠲、缓灾区应征钱漕，以纾民力。[86]尔后，又根据各地灾害程度，开放当地常平仓，截漕五十万石，协拨邻省米谷三十万石，对灾区人民进行赈济。在办赈过程中，为了防止吏胥侵蚀，乾隆皇帝命令当地官员根据直隶办赈方法做出相应规定。除此之外，乾隆皇帝还先后下令开放海禁、禁米出洋、免征入浙商贩米税、准许江浙生俊在浙纳粟捐监以扩大当地米谷来源，劝令有粟富民及贩米商人照市价减粜惠民，以减轻人民痛苦。[87]九月以后，灾轻地区晚稻陆续开始收获，米价有所下降，灾情缓解。这时，乾隆皇帝又谕令对重灾地区人民进行展赈，以待次年麦收。一直到次年五月夏粮收获之时，这场历时将近一年的赈济活动方才结束。

> 下河十岁九被涝，今年洪水乃异常。
> 五坝平分势未杀，高堰一线危骑墙。
> 宝应高邮受水地，通运一望成汪洋。
> 车逻疏泄涨莫御，河臣束手无良方。
> 秋风西北势复暴，遂致冲溃田禾伤。
> 哀哉吾民雁昏垫，麦收何救西成荒。
> 截漕出帑救大吏，无遗宁滥丁宁详。
> 百千无过救十一，何如多稼歌丰穰。
> 旧闻河徙夺淮地，自兹水患恒南方。
> 复古去患言岂易，怒焉南望心彷徨。[88]

这是乾隆十八年秋江南黄河溃决后乾隆皇帝写的一首悯农诗，记述了这次水灾和乾隆皇帝组织赈济的大致情况。乾隆十八年六月，江苏境内黄河盛涨，相连河湖水势亦超出常年。七月初，邵伯湖边的两个减水闸及高邮湖边的车逻镇大坝首先溃决，湖西一带一片汪洋，堤东一带亦多被淹。[89]西起铜山、东至海州一带广大民田普遍遭灾，百万生灵嗷嗷待哺，"河堤溃决实乃非常之灾"。[90]有鉴灾情重大，区域广泛，当年八月，乾隆皇帝截漕四十万石并调拨大量库银，对灾区人民进行赈济。然而，在这一活动刚刚开始不久，由于历年来河臣侵蚀治河款项，工非实工，料非实料，冒销浮混，无所不至，九月上旬，黄河又于江苏省上游地段张家马路溃决。不但历年治河之公帑付之东流，两江人民也雪上加霜。"数郡之田庐，俱遭荡析。"[91]对此，乾隆皇帝又气又急。他一方面派员清查南河亏空，严惩有关官员，并加拨白银百万两，堵塞黄河决口；一方面加截江、浙、安徽漕米六十五万石，协拨河南、山东、湖北、江西、浙江等省米谷六十五万石对灾区人民进行赈济。与此同时，还分别各地灾情轻重，蠲、缓灾区地丁钱漕。按照他的要求，办赈官员"挨户给赈，并亲身督率，派员查察"。[92]当年十二月，两处决口同时堵塞，水势开始减退。这时，乾隆皇帝又指示当地官员疏消积水，播种早禾，恢复生产。命令办赈官员展赈一二月以待次年麦收。至乾隆十九年夏收前，前后十个来月，不计河工所耗帑项，但就蠲免、赈济银米而言，有千万之多。

上述几例，不过是乾隆皇帝大量灾蠲活动中的个别事例，乾隆时期，其他地区性的灾蠲不胜枚举。其他各种形式的蠲免如减除旧额、差役蠲免、巡幸蠲免和全国性的普免钱漕活动也史不绝书。在这些蠲免活动中，影响较大的是乾隆皇帝效法其祖康熙皇帝而进行的几次全国性的普免钱漕活动。

第一次全国性的蠲免活动是在乾隆十年。当时，经过即位之后统治政策的调整和十来年的休养生息，国家府库充实，开支减少。"左藏所储，可以供数年之经"，[93]"寰宇敉宁，既鲜糜费之端，亦无兵役之耗"。[94]凭借这些雄厚的物资积存，为使普天之下"一民一物，无不均沾大泽"，[95]是年六月，乾隆皇帝效法康熙五十一年普免天下钱粮旧例，决定将乾隆十一年全国直省地丁钱粮一概蠲免。与此同时，乾隆皇帝还决定，各省蠲免正赋之年如有未完旧欠，"一并停其征收，展至开征之年，令其照例输纳"，以免民间有追呼之扰。[96]如果各省于应蠲之年遇有水旱灾害，出于特恩又行蠲免者，则将之登于档册，再于开征之年补行豁除。为使业主、佃户均沾惠泽，乾隆皇帝还谕令各省督抚转饬州县官劝谕各地业主酌减租粮。以往历次蠲赋，耗羡照例输纳，以供有司养廉及办理公务之用，为使"闾阎之间，终岁不闻催科之声"，[97]乾隆十一年正月，乾隆皇帝又做出补充决定，"蠲赋之年应征耗羡，一并缓至开征之年按数完纳"。[98]按照这些规定，从乾隆十一年到乾隆十三年，全国各省地丁钱粮分作三年普免一周，总计此次普免钱粮总数达二千八百二十四万余两。

乾隆二十四年以后，西域平定，中央政府直接控制的版图空前扩大，军费开支却大幅度降低，兼之以连岁年谷顺成，庶务丰殖，国家财政收入较之于乾隆前期又大大增加。在这样的情况下，为使"薄海亿兆，并裕仓箱之庆"，[99]乾隆皇帝又进行了第二次全国性的蠲免活动。乾隆三十一年正月元日，乾隆皇帝颁布谕旨，普免全国本年应征漕粮。根据这一决定，从乾隆三十一年到乾隆三十五年，湖广、江西、浙江、江苏、安徽、河南、山东八省普被蠲免一次，总计蠲粮不下四百万石。

乾隆皇帝二十五岁登基，至乾隆三十五年，已经年届六十。为了庆祝自己六十诞辰以及次年乾隆皇帝生母崇庆皇太后的八十大寿，根据国家财政空前良好的情况，继乾隆十一年、三十一年两次普免全国钱漕之后，乾隆三十五年正月元日，乾隆皇帝再颁谕旨，从本年起，分三年时间，将全国应征地丁钱粮再行普免一周。与此同时，为使广大佃户也"分沾渥泽"，乾隆皇帝又做出规定，"轮蠲之年，遍行劝谕各业户等，照应免粮银十分之四，令佃户准值减租，使得一体仰邀庆惠"。[100]此次蠲免总数达二千七百九十四万余两。

此次蠲免之后，乾隆皇帝还将此奉为国家定制，一直坚持到他去世之前。如乾隆四十二年、乾隆五十五年、嘉庆元年又三次普免全国地丁钱粮。乾隆四十五年、乾隆五十九年又两次普免全国漕粮。总计八次蠲免，银两不下一亿四千万，粮谷一千二百万石。如果再加上其他蠲免赈恤数字，总数将在二亿三千万两以上。不但和他的祖父康熙皇帝相比起来是有过之而无不及，而且在两千多年的中国封建社会的帝王群体中也是空前绝后、绝无仅有的。

作为乾隆皇帝一生政治生活中的一个重要内容，乾隆皇帝进行的蠲赈活动对当时的政治形势和社会经济的发展都起了重大的作用。

首先，中国古代自然灾害相当频繁，由于封建剥削极为沉重，兼之以广大农民生产条件简单，产量低下，极少积储，因而每次自然灾害都使灾区广大人民流离失所甚至成批死亡，从而使生产停滞，社会经济遭受严重破坏。乾隆皇帝的这些蠲赈活动，使得这些历史上多次发生的现象大大减轻，既保障了全社会的基本安定，同时又使社会经济得以继续向前发展。

其次，在中国封建社会里，土地是广大农民赖以生存的基础。自然灾害发生之日，往往是地主、商人和官僚兼并土地剧烈之时，土地兼并使得阶级对立愈益严重。乾隆皇帝的蠲赈活动，一定程度上延缓了广大农民失去土地的过程，对于缓和阶级矛盾，消弭广大人民的反抗斗争起了重要的作用。不仅如此，因为清朝是以满洲贵族为主体建立起来的一个王朝，满汉民族矛盾一直相当严重。乾隆皇帝的这些蠲赈活动，受惠面遍及汉族官僚、地主、士人、商贾、自耕农、佃农等各个阶级、阶层，对于民族矛盾的缓和也起到了重要的作用。

再次，乾隆皇帝亲政之后，为了加强自己的专制统治，先后在统治集团内部掀起了一次又一次的斗争。与此同时，对地主阶级、各级官吏和广大知识分子的控制也不断加强，对广大人民反抗斗争的镇压也不遗余力。所有这些，都在社会上引起了强烈的不满。乾隆皇帝的蠲赈活动一定程度上抵消了各阶层人士的不满情绪，对于加强自己的专制统治也起到了重要的作用。

二、重视积贮备荒

各种蠲赈活动之外，对于积贮备荒，乾隆皇帝也极为重视。早在即位之初，乾隆皇帝便留意对前朝粮食积贮制度的整顿和其中弊端的厘剔。如有的地方官因怕造成亏空影响考成而虚报仓储，实则封银于库；有的地区则因主管官吏保管不善而使积贮粮食朽烂变质，不堪食用。也有一些地区，买补出粜，全靠行政命令，"出粜之时，则派单令其纳银领谷若干；及买补之时，则派单令其纳谷领银若干。纳银则收书重取其赢余，纳谷则仓胥大肆其勒抑。甚至以霉烂之谷充为干洁，小民畏势，不敢不领，惟有隐忍赔累而已"。[101]还有一些地区，"买补之际，往往择县中富户，发给银两，令其交谷，有照时价短发十之一二者"，"出粜之时，惟附近居民就近赴买，而乡民则往返守候，不能遍及"。[102]对于这些问题，乾隆皇帝即位之后即分别采取措施加以清厘。如针对粮食保管不善以致霉烂的问题，则命令各地改善通风条件，或根据具体情况由贮米改为贮谷，并及时出陈易新。对于买补、出粜中的一些弊病，也先后下令制止。除此之外，为了使各地仓贮切实发挥惠民作用，乾隆皇帝还改变出借仓谷一石归还时加息一斗的旧例，规定欠岁出借，"止应完纳正谷，不应令其加息"。[103]经过乾隆皇帝的整顿，清代仓贮制度更加健全，并在乾隆时期备荒活动中发挥了重要的作用。

乾隆三年之后，乾隆皇帝对仓贮制度愈益重视，先后采取各种措施扩大粮食积贮数量。他在亲政之初，为了加强对全国情况的了解，先后命令各省按时奏报当地市场粮价，按年奏报民数、谷数。通过各地汇奏，乾隆皇帝发现，各地粮食价格一直不断上涨，全国人口也已高达一亿四千多万，几乎超过康、雍时期统计数字的五六倍。所有这些情况，都使乾隆皇帝深深地感到全国人民生计问题对于自己巩固统治的重要性。为了平抑粮价以解决广大人民生计，乾隆皇帝一方面做出规定，禁止商人囤积居奇、禁米出洋，减税或免税以招徕外国米船进口，永免全国各地商人米税；一方面对于积贮粮食表示了高度的重视。他认为，"储蓄之道，实为吾民养命之源"。[104] "从来养民之道，首重积贮。"[105] 为了引起各级官员的重视，他还在一道谕旨中说："目今生齿益众，民食愈艰，使猝遇旱干水溢，其将何以为计？我君臣不及时筹画，又将何待？岁月如流，迄以无成，乃曰俟诸后人，不几为天下后世笑乎！"[106] 在这些思想的指导下，乾隆皇帝开始把增加贮粮机构、扩大贮粮数额作为积贮工作中的重要任务。

首先，乾隆皇帝非常重视民间贮粮。他多次要求各地督抚"于民间有余之时，教之撙节之方，使人自为计，户有盖藏，庶几长保盈宁"。[107] 在乾隆皇帝的提倡下，除了各户自行存贮之外，各种民间贮粮机构如社仓、义仓等存粮大量增加。如广西一省，仅乾隆四、五两年，社仓存谷已有两万八千余石。[108] 为了鼓励社仓捐输，一些地方官员还在原来有关规定的基础上制定了更加详细的奖励办法。乾隆元年，乾隆皇帝曾规定，捐谷"十石以上者，给以花红；三十石以上者，奖以匾额；至三四百石者，督抚奏闻，给以八品顶戴"。[109] 乾隆六年八月，浙江官员即根据上述精神进一步规定："士民捐谷至十石以上者，州县给花红，鼓乐导送；三十石以上，州县给匾；……五十石以上，详报知府给匾；一百石以上，详报布政使给匾；一百五十石以上，详请督抚、二院给匾；年久乐输，多至三四百石者，照例题请，给八品顶戴荣身；如捐至千石以上，又系有职之员，奏闻，分别职衔大小，酌量议叙。捐输杂粮，亦照谷石之数，画一奖励。"[110]

其次，对于各种传统的贮粮机构如旗仓、营仓、灶仓、水次仓等，乾隆皇帝也表示重视，并设法添设贮粮地点，增加贮粮数额。如乾隆五年，乾隆皇帝应河道总督白钟山之请设立河标营仓，买粮分贮。[111] 同年三月，应盛京户部侍郎双喜之请，于广宁、义州二处增设旗仓。[112]

再次是截留漕米，充实地方仓廪，以备赈贷之用。漕粮原是专供京畿地区的军队、王公百官和居民食用的粮食，只有在地方严重缺粮的情况下才由皇帝批准截存于受灾地方，因而历朝截漕数额一般较小。如康熙皇帝在位六十一年，截漕总数计二百四十万石；雍正皇帝在位十三年，截漕总数达二百九十万石。乾隆皇帝即位后，为了地方赈贷及存贮之用，截漕次数和数额都大大超过康、雍两朝，仅乾隆八年七月一次截漕即达九十万石，分贮于江苏、安徽、浙江、江西、湖北、湖南、福建、广东各省以备缓急之用。[113] 至乾隆二十三年正月，截漕数字已达到一千三百二十万石，相当于康、雍两朝截漕总数的两倍半。[114]

在通过上述各种方式积贮粮食的同时，乾隆皇帝还将主要精力放在纳粟捐监和动帑采买上，通过这两种方式，国家先后积贮了大量的粮食。其中仅捐监一项，从乾隆三年正月至乾隆八年四月，五年多的时间里，收粟数额便已达六百余万石。经过乾隆皇帝的努力，整个乾隆前期，国家常年存粮一直在三千万石以上，其中乾隆三十八年还突破四千万石大关，对于解决广大人民生计发挥了重要的作用。

乾隆皇帝重视粮食积贮和全国积贮粮食的大幅度增加固然有其积极作用，然而由于乾隆皇帝过分强调积贮，执行的官吏又在采买粮食过程中经理不善，也使筹集米谷活动受到了一些挫折，并给广大人民生计带来了不少问题。乾隆三年以后，根据全国粮食价格不断上涨和人口大量增加的情况，乾隆皇帝曾不切实际地把筹集粮食的希望寄托在各地地主子弟的纳粟捐监上，指望通过这种方式，分文不花，在全国征集到三千二百万石粮食。乾隆三年正月，乾隆皇帝做出决定，将原来由户部掌管的折色捐监移于各省，改收本色。[115]因为所定征集数额过高，效果并不理想。实行三年，各省所纳粟数仅二百五十余万石，合计尚不足十分之一。[116]后来，乾隆皇帝又放宽捐监地区限制，降低捐监米谷数额，赴部、在省捐监悉听士民之便，[117]纳谷数额也由原来的二百二十石减至一百八十石，以鼓励地主子弟捐监。实行之后，所捐米谷又有三百五十万石。数量虽有增加，但是和原定数额还相距甚远。而且，越到后来，赴捐人数越少，各省纳粟捐监已有名无实。[118]这样，乾隆十年十月，乾隆皇帝不得不将各省纳粟捐监之例停止，仍由户部改收折色。乾隆皇帝企图以纳粟捐监大幅度地增加国家粮食积贮的活动基本上失败了。

纳粟捐监之外，乾隆皇帝还将动帑采买作为扩大积贮的一个重要手段。一个时期之内，他不考虑全国实际粮食总产量和社会需要，先后拨出大量库帑，采买粮食。在他看来，只要政府拿出银钱，各地粮食便可源源不绝地征集上来。为此，他制定了一个采买粮食四千八百万石的计划，并将此数额摊派各省，限令完成。在他的严旨督催下，从乾隆七年以后，全国各地"处处积贮，年年采买，民间所出，半入仓庾"，[119]而且不少地区还只买不粜，一些地区即使出粜，其间也弊端种种。这种掠夺式的采买产生了严重的后果，"是未收积储备用之益，而先贻谷贵病民之扰"，[120]以致全国米价无处不昂，广大贫民怨声载道，不少地区还因此而发生多次闹赈、抗粮斗争。为了平息广大人民的不满情绪，经过征询各地督抚意见，乾隆十三年七月，乾隆皇帝放弃了原来不切实际的采买计划，停止采买，恢复米税，以次平粜粮食一千多万石，[121]将全国贮粮定额规定在三千三百七十九万石左右。[122]这一定额，虽比雍正时期贮粮旧额二千八百万石多出六百万石，但却比不切实际的乾隆定额四千八百万石减少了一千四百余万石。后来，乾隆皇帝又规定，全国各地积贮粮食，如已达到规定数目的十分之三四，"即不必亟资买补"。[123]这样，全国粮价开始下降，因为人为地过度采买而导致的全国米价上涨、民食艰难的问题才算大致解决。

1 《清高宗实录》卷一六二，乾隆七年三月庚申。

2 《清高宗实录》卷四二，乾隆二年五月庚子。

3 《清高宗实录》卷一九五，乾隆八年六月壬申。

4 《清高宗实录》卷一九七，乾隆八年七月。

5 《清高宗实录》卷四二，乾隆二年五月庚子。

6 《清高宗实录》卷一八八，乾隆八年四月辛卯。

7 《清高宗实录》卷一九七，乾隆八年七月。

8 《清高宗实录》卷四，雍正十三年十月乙亥。

9 《清通典》卷一《食货一》。

10 《清通典》卷一《食货一》。

11 《清通典》卷一《食货一》。

12 《清高宗实录》卷七二五，乾隆二十九年十二月。

13 《清高宗实录》卷七八七，乾隆三十二年六月。

14 《清高宗实录》卷九二七，乾隆三十八年二月己卯。

15 《清高宗实录》卷九二七，乾隆三十八年二月己卯。

16 《清高宗实录》卷一二七，乾隆五年九月丁酉。

17 《清高宗实录》卷三七一，乾隆十五年八月甲午。

18 《清高宗实录》卷一九五，乾隆八年六月丁丑。

19 《清高宗实录》卷二〇八，乾隆九年正月癸巳。

20 《清高宗实录》卷三五六，乾隆十五年正月乙卯。

21 《清高宗实录》卷三五二，乾隆十四年十月癸巳。

22 《清高宗实录》卷四五二，乾隆十八年十二月戊子。

23 《清高宗实录》卷七五六，乾隆三十一年三月癸酉。

24 《清高宗实录》卷一五，乾隆元年三月丁巳。

25 《清高宗实录》卷六〇四，乾隆二十五年正月庚申。

26 《清高宗实录》卷三〇四，乾隆十二年十二月己未。

27 《清高宗实录》卷三四八，乾隆十四年九月丁未。

28 《清高宗实录》卷一三八，乾隆六年三月戊寅。

29 《清高宗实录》卷三六七，乾隆十五年六月戊子。

30 《清高宗实录》卷六〇四，乾隆二十五年正月庚申。

31 《清高宗实录》卷七八四，乾隆三十二年五月壬申。

32 《清高宗实录》卷四一八，乾隆十七年七月己未。

33 《清高宗实录》卷三五六，乾隆十五年正月乙卯。

34 《清高宗实录》卷三四八，乾隆十四年九月丁未。

35 《清高宗实录》卷八四五，乾隆三十四年十月癸酉。

36 《清高宗实录》卷二〇，乾隆元年六月辛未。

37 《清高宗实录》卷二〇，乾隆元年六月辛未。

38 《清高宗实录》卷二〇，乾隆元年六月辛未。

39 《清通典》卷五《食货五》。

40 《清高宗实录》卷四九，乾隆二年八月甲戌。

41 《清高宗实录》卷四七，乾隆二年七月癸卯。

42 《清高宗实录》卷四七，乾隆二年七月癸卯。

43 《清高宗实录》卷五一，乾隆二年九月己酉。

44 《清高宗实录》卷四七，乾隆二年七月癸卯。

45 《清高宗实录》卷三一四，乾隆十三年五月乙未。

46 《清高宗实录》卷七七一，乾隆三十一年十月戊午。

47 《清高宗实录》卷六八四，乾隆二十八年四月癸巳。

48 《清高宗实录》卷七九三，乾隆三十二年八月。

49 《清高宗实录》卷七〇九，乾隆二十九年四月。

50 《清高宗实录》卷七七五，乾隆三十一年十二月。

51 《清高宗实录》卷二五，乾隆元年八月乙酉。

52 《清高宗实录》卷一〇五，乾隆四年十一月辛酉。

53 《清高宗实录》卷五八，乾隆二年十二月戊戌。

54 《清高宗实录》卷七〇，乾隆三年六月乙未。

55 《清高宗实录》卷九七二，乾隆三十九年十二月壬辰。

56 《清史稿》卷一二四《食货五·矿政》。

57 《清高宗实录》卷三〇九，乾隆十三年二月。

58 《清高宗实录》卷六五〇，乾隆二十六年十二月庚午。

59 《清高宗实录》卷八七六，乾隆三十六年正月丁未。

60 《清高宗实录》卷九二三，乾隆

三十七年十二月戊子。

61 《清高宗实录》卷五五三，乾隆二十二年十二月。

62 《清高宗实录》卷七六四，乾隆三十一年七月壬申。

63 《清高宗实录》卷七二五，乾隆二十九年十二月戊戌。

64 《清高宗实录》卷二一六，乾隆九年五月丙戌。

65 《清高宗实录》卷三五三，乾隆十年十一月丙戌。

66 《清高宗实录》卷七六四，乾隆三十一年七月壬申。

67 《清高宗实录》卷九七二，乾隆三十九年十二月壬辰。

68 《清高宗实录》卷六八七，乾隆二十八年五月庚辰。

69 法式善：《陶庐杂录》卷一。

70 常建华：《乾隆朝蠲免钱粮问题试探》，《南开史学》1984年第2期。

71 《清高宗实录》卷三一一，乾隆十三年三月丙午。

72 《清高宗实录》卷六八，乾隆三年五月丙寅。

73 《清高宗实录》卷四，雍正十三年十月辛未。

74 《清高宗实录》卷一四四，乾隆六年六月乙未。

75 《清高宗实录》卷四一，乾隆二年四月丙子。

76 《清高宗实录》卷四三，乾隆二年五月戊申。

77 《清高宗实录》卷四六，乾隆二年七月甲午。

78 《清高宗御制诗初集》卷一〇《览河臣奏报洪湖水势》。

79 《清高宗实录》卷一七二，乾隆七年八月戊子。

80 《清高宗实录》卷一七二，乾隆七年八月戊子。

81 《清高宗御制诗二集》卷二《山东上年被灾州县颇多虽屡加恩期灾民不致失所而清跸所历深用恻然因再降旨加恩普赈一月以示优恤》。

82 《清高宗实录》卷三一一，乾隆十三年三月丙午。

83 《清高宗实录》卷三一一，乾隆十三年三月丙午。

84 《清高宗御制诗二集》卷三一《命加赈浙省去岁被灾州县诗以示意》。

85 《清高宗实录》卷三九六，乾隆十六年八月丁未。

86 《清高宗实录》卷三九四，乾隆十六年七月己卯。

87 《清高宗实录》卷三九五，乾隆十六年三月癸巳。

88 《清高宗御制诗二集》卷四三《下河叹》。

89 《清高宗实录》卷四四三，乾隆十八年七月己巳。

90 《清高宗实录》卷四五〇，乾隆十八年十一月庚申。

91 《清高宗实录》卷四四七，乾隆十八年九月丙子。

98 《清高宗实录》卷四五一，乾隆十八年十一月。

93 《清高宗实录》卷二四三，乾隆十年六月壬戌。

94 《清高宗实录》卷二四二，乾隆十年六月丁未。

95 《清高宗实录》卷二四二，乾隆十年六月丁未。

96 《清高宗实录》卷二四三，乾隆十年六月乙丑。

97 《清高宗实录》卷二五六，乾隆十一年正月辛未。

98 《清高宗实录》卷二五六，乾隆十一年正月辛未。

99 《清高宗实录》卷七五二，乾隆三十一年正月壬申。

100 《清高宗实录》卷八五〇，乾隆三十五年正月癸未。

101 《清高宗实录》卷二二，乾隆元年七月己亥。

102 《清高宗实录》卷五八，乾隆二年十二月丁酉。

103 《清高宗实录》卷四四，乾隆二年六月丙寅。

104 《清高宗实录》卷七七，乾隆三年九月丁丑。

105 《清高宗实录》卷九七，乾隆四年七月壬申。

106 《清高宗实录》卷一六二，乾隆七年三月庚申。

107 《清高宗实录》卷一四二，乾隆六年五月甲戌。

108 《清高宗实录》卷一四七，乾隆六年七月。

109 中国第一历史档案馆藏乾隆朝题本《仓贮类》，乾隆元年二月初七日宋筠奏《为积贮原以备荒等事》。

110 《清高宗实录》卷一四八，乾隆六年八月己亥。

111 《清通典》卷一四《食货一四》。

112 《清高宗实录》卷一一三，乾隆五年三月庚午。

113 《清高宗实录》卷一九六，乾隆八年七月壬辰。

114 《清高宗实录》卷五五五，乾隆二十三年正月丙辰。

115 《清高宗实录》卷六一，乾隆三年正月庚午。

116 《清高宗实录》卷一三六，乾隆六年二月癸卯。

117 《清高宗实录》卷一三六，乾隆六年二月癸卯。

118 《清高宗实录》卷二五〇，乾隆十年十月戊申。

119 《清高宗实录》卷三〇四，乾隆十二年十二月戊辰。

120 《清高宗实录》卷一八九，乾隆八年四月己亥。

121 《清高宗实录》卷三一九，乾隆十三年七月辛丑。

122 《清高宗实录》卷三三〇，乾隆十三年十二月壬辰。

123 《清高宗实录》卷四一八，乾隆十七年七月丙寅。

第五章　寰宇一统

　　随着乾隆皇帝专制统治的巩固和加强，乾隆十年以后，乾隆皇帝将目光转向了统治较为薄弱的边疆少数民族地区。为了加强对这些地区的控制，凭借雍正以来长期安定局面下积攒起来的雄厚的物质财富，乾隆皇帝先后进行了多次大规模的平叛战争。通过这些战争，不但清朝政府的直接统治区域大大扩展，而且在很大程度上进一步巩固了国家的统一，对于清朝统治全盛局面的形成，对于中国疆域的最后固定，都有着极为重要的意义。

第一节　用兵西南

一、征剿上下瞻对

　　上、下瞻对之役是乾隆皇帝在位期间进行的第一次较大规模的平叛战争。上、下瞻对地处四川西部雅砻江上游的群山之中，各有二十余寨。多年以来，一直是藏族人民聚居地区之一。该地南邻里塘，北界甘孜，东接道孚、炉霍，西连白玉，控内地入藏之要道，战略地位相当重要。清朝政府入关以后，为了争取当地土司势力的支持，对于该地原有的土司、土舍制度，概予承认。由于当地社会发展阶段颇为原始，至雍、乾时期，尚且部族林立，土司内部和各个土司之间经常为承袭和争夺土地而互相械斗，一般部民间的劫夺之风也极为盛行。与此同时，一些势力强大的土司如下瞻对土司策冷工布、班滚等还长期拒向政府交纳贡赋。这些现象的存在，不但严重地影响了清朝政府对当地和西藏地区的管理和统治，而且也使当地人民和往来西藏与内地之间的商旅、官员和兵丁都深受其害。为此，雍正八年，雍正皇帝曾派军队前往进剿，情况一度有所好转。但至乾隆初年，由于当地土司势力的发展，拒交贡赋，施放"夹坝"（——劫掠者）的现象又渐趋严重。乾隆九年，驻藏官兵在换防返川途中，所携行李又被下瞻对土司班滚所放"夹坝"抢劫一空，甚至驻藏大臣傅清赴藏上任，"尚须拨兵护送，甚不成体统"。[1]为此，四川巡抚纪山、川陕总督庆复等当地官员多次要求加兵惩创。为了确保西藏来往内地交通道路的安全，乾隆十年初，乾隆皇帝决定再度派兵进剿。这样，从乾隆十年七月至乾隆十一年四月，清朝政府进行了征剿上、下瞻对的战争行动。

为了组织军事征剿，乾隆十年四月，乾隆皇帝指令调遣当地汉、土官兵和西藏番兵一万四千名，调拨军需银米五十万两。七月下旬，各项准备工作大致就绪，由四川提督李质粹统率，分兵三路向瞻对发起进攻。其中，夔州协副将马良柱由南路从里塘进攻，松潘镇总兵宋宗璋由北路自甘孜进攻，建昌镇总兵袁士弼由中路自沙普隆进攻，李质粹自率部分军队驻扎东俄洛以调度策应。在清朝政府的军事压力下，军事进剿最初尚为顺利。当地土司势力发生分化，上瞻对应袭土司肯朱及其所属头目骚邦达等亲赴中路袁士弼营献寨投诚，上瞻对另一土舍四郎的母亲则赴北路宋宗璋营投诚。

然而，由于指挥作战的庆复、李质粹等布置失宜，使得这一良机转瞬即逝。不但下瞻对土司班滚凭借险要地势对进剿清军进行了极其顽强的抵抗，而且，原先表示愿意投诚的上瞻对土舍四郎也和班滚联合起来共同对抗官军。兼之以当地地势险要，碉卡林立，"或在山顶，或居山腰，地势险恶，墙垣坚固，藉此抗拒官兵，我兵难施技勇"，[2]致使清兵每破一碉、每取一寨都要付出很大的代价，战争无形中被长期拖了下来。与此同时，清军内部的一些问题也开始暴露。一是指挥作战的四川提督李质粹为了掩饰自己军事指挥的无能而谎报军情，夸大战绩。上给乾隆皇帝的奏折不是昨日杀敌若干，就是今日克碉几座，而实际上却无尺寸之功。二是各路将领之间互不协作，影响大局。三是进剿军队数量虽多，但是由于来源不一，未加整顿，军纪不严，赏罚不明，号令不一。其中西藏千名进剿番兵，开战不久便因带兵台吉冷宗蒲生病先归，无人统率而各自散去。至乾隆十一年二月，"出师已逾七月"，"军饷用至百万"，[3]而战场形势却是"将弁气沮，士卒离心"，"贼势益张，夹坝四出"。[4]

乾隆皇帝在了解到这些情况后，极为震怒，从乾隆十一年二月以后，先后采取一系列措施以扭转战局。增兵、增饷之外，还派遣内大臣班第、努三等至军，以加强对战争的领导。在乾隆皇帝的严令督催下，三月以后，清军加强了进攻。当月，官军攻克兆乌石、甲纳沟等寨，战场逼近下瞻对土司班滚巢穴如郎。眼见大势已去，四月，下瞻对土司班滚、恶木劳丁、姜错太等自焚所踞泥日官寨后潜逃他地。四月二十三日，官兵克复下瞻对泥日官寨，这场历时十个月之久的征讨瞻对的战争才告结束。

征剿瞻对战争结束后，为了加强对该地的控制，乾隆十一年十二月，乾隆皇帝采纳川陕总督庆复的建议，将原属瞻对的一些险要村寨划归临近各土司。剩余地盘，由清朝政府委任忠顺于清朝政府的土司肯朱、俄木丁等进行管理。与此同时，还规定其应纳贡赋，以确定其对清朝政府的臣属关系；每年派员巡查，以加强对当地土司的监督；拆毁现有碉卡，以防止当地土司进行反抗；禁止抢劫，以维护当地治安和商旅的和平往来。此后半个多世纪中，瞻对地区一直维持着和平、安定的局面，对于当地的社会发展和进步，对于清朝政府对当地和西藏地区控制的加强，都起了一定的作用。

二、平定大金川叛乱

上、下瞻对之役结束不久，从乾隆十二年开始，乾隆皇帝又进行了平定大金川叛乱的战争。

大、小金川地处四川西北大渡河上游，和上、下瞻对一样，该地也是藏族聚居地区之一，盛行土司制度。除大、小金川两土司外，其他相邻之土司尚有杂谷、绰斯甲布、革布什咱、梭磨、沃日、巴底等。其中大金川土司势力最强，经常对附近土司进行攻掠，侵占土地，抢夺财物。如乾隆四年七月，大金川土司莎罗奔发兵攻打革布什咱。[5]乾隆九年，除继续攻打革布什咱外，又挑起了与巴底土司之间的战争。[6]因为当时乾隆皇帝的注意力正集中在上、下瞻对地方，大金川土司莎罗奔愈益猖獗。乾隆十一年底，他使用阴谋手段诱夺小金川土司泽旺之印信，企图吞并其土地、人民。[7]乾隆十二年三月，又"勾结党与，攻围霍耳、章谷"。[8]清朝地方官员派兵镇压，莎罗奔竟悍然向官兵开火，并攻打附近另一土司沃日。为了维持清朝政府对当地的统治，乾隆皇帝决定加兵惩创。他一方面命令四川当地官员速派军队以救沃日之围；一方面以攻打瞻对的汉、土官兵为基础，增调川、黔、陕各省军队，调拨粮饷一百二十万两，计划向大金川大举进攻。为了加强指挥，他还选派素以干练著称的名将张广泗为川陕总督，直接部署攻打大金川事宜，"务令逆酋授首，划绝根株，以期永靖边陲"。[9]

　　大金川虽曾多次向邻近各土司发动进攻，但由于未曾预料到清朝中央政府会直接出兵大金川，故而其内部防御相对不足。乾隆十二年四月，松茂协副将马良柱率兵一千五百名解沃日之围后，一度乘势直下小金川、丹噶，逼近大金川。此时，大金川人心浮动，"贼众四散"。清军本可乘此有利时机一鼓作气，直捣大金川巢穴刮耳崖，但可惜的是，当时正值指挥作战的庆复、张广泗交卸之际，对此无暇顾及，而率兵解沃日之围的马良柱又见不及此，致使这一时机失之交臂。

大金川土司莎罗奔、郎卡等借此机会，从容布置，尽据险要，增碉备御，兼之以指挥作战的乾隆皇帝和张广泗等在战略调度、战役指挥上也都犯了许多错误，使得本来极易解决的大金川问题反而变得十分复杂起来。

首先是直接指挥作战的张广泗在军事指挥上犯了许多错误。乾隆十二年六月，张广泗至军。此时，经过陆续征调，前线清军已经集结三万余人，和大金川兵力仅有七八千人相比，已占压倒性优势。凭借明显的军事优势，张广泗制定了分兵七路从西、南两个方向同时进攻的作战计划。当年六月底，清军发动军事进攻。至是年八月，一个多月的时间里，清军西路军已进至距离金川中心刮耳崖只有二十余里的地方。但是，由于自五月以后，大金川争取了一个修建战碉的机会，兼之以大金川地势极其险要，"尺寸皆山，险要处皆设碉楼，防范周密，枪炮俱不能破"，[10]因而此后两个多月的时间里，清军几乎毫无进展。"去巢愈近，贼守弥固，是以各路虽据报有攻击斩获，而未能直捣贼巢。"[11]在这样的情况下，张广泗不是根据当地地理特点，改弦易辙、另想办法，而是头疼医头、脚疼医脚，在继续坚持分路进兵的同时，又极为笨拙地将主要兵力用以攻打敌人碉卡。在他的指挥下，各路军队"多砍薪木，堆积贼碉附近，临攻时，各兵齐力运至碉墙之下，举火焚烧，再发大炮"，或是挖掘地道至敌碉下埋药炸碉。[12]因为大金川各地碉卡甚多，进攻军队不敷分配，这样，张广泗又多次向乾隆皇帝伸手要兵。至乾隆十二年底，在营兵力已五万有余，日需米面五百石。[13]当时，由成都一带运米至军，每石运价高达二十五两。单是军食一项，每天即

耗银二万五千余两，因而增派军队不但未对战役进展起什么

耗银二万五千余两，因而增派军队不但未对战役进展起什么好作用，反而极大地加重了清朝政府的财政负担。除此之外，张广泗还信任小金川汉奸良尔吉、王秋等，"专为莎罗奔耳目，军中动息辄报贼预为备，所向扞格"。[14]另外，张广泗治军，御下过严，赏少罚多以及徇庇所属黔省将弁，也在广大出征将士中引起了强烈的不满，并明显地影响了他们的作战情绪，"将弁怯懦，兵心涣散，土番因此观望"。[15]所有这些，都大大延缓了战争的进度，使得张广泗"九、十两月进取贼巢"的诺言变成了空话。由于川北天气早寒，九月间，丹坝一带大雪飞舞，乾隆皇帝不得不下令暂且休战，以使士卒过冬，待春初再行进攻。

在清军屯兵不进的同时在清军屯兵不进的同时，由于有了与清军主力部队直接交手的作战经验，大金川土司莎罗奔的气焰嚣张起来，不断向各路驻守清军发动偷袭。"各营驻扎逼近贼卡之处，屡被侵犯。……彼据险扼吭，转得乘我之隙，以逸待劳，以寡扰众，而我军应接不暇，不能制敌，而反为敌所制。"[16]乾隆十二年十二月至次年正月，副将张兴、游击孟臣等相继阵亡，张广泗原先计划二、三月间攻克敌巢的设想又落空了。张广泗羞愤交加，为了挽回战局，又增调部队，积极布置，拟于乾隆十三年五月间分十路进攻大金川。前线师期一拖再拖，使得乾隆皇帝对张广泗的指挥能力产生了怀疑。还使他感到焦躁不安的是，前线部队大都是由客兵及蛮司土卒所组成，"本非世受深恩，为我心膂"，"劳役不已，奏凯无期，版筑方殷，锋锐莫展。肘腋之患，良可寒心"。[17]为了防止"大兵聚久，变患易生"，乾隆皇帝渴望早日结束战争。为此，乾隆十三年

正月以后，他先后派遣兵部尚书班第等赴金川帮助料理粮饷，起用废将岳钟琪、傅尔丹两人至军助战。当年五月，他又以首席军机大臣讷亲为经略大臣，前往金川军营总理一切军务储糈事务。乾隆皇帝添派班第、岳钟琪、傅尔丹等至军助战，固属必要，派遣讷亲前往视师一举却甚无知人之明。讷亲出身贵族世家，以其能力而言，远在鄂尔泰之下。他之所以在雍正、乾隆间屡蒙升擢，并于乾隆十年鄂尔泰死后被擢为首席军机大臣，完全是因为他适应了这一时期封建专制空前加强的需要，办事勤慎，一以乾隆皇帝的意旨为准，不敢稍有逾矩。实际上，他却毫无行政才干，在军事上更属外行。这样，由于乾隆皇帝的用人不当，不但使清军在前线作战中毫无起色，反而又遭受了一系列新的挫折。

乾隆十三年六月，讷亲至金川军营。当时，清军正在按照张广泗的布置发动进攻。讷亲至军后，一不对张广泗错误的分路进兵计划进行必要的更动，二不对当时敌我各方面的情况进行周密调查，而是专横武断地撇开张广泗，限令全军三日内夺取刮耳崖。在他的错误指挥下，清军虽然倾尽全力进攻，但却毫无进展，反而遭到了重大损失。总兵任举、参将买国良等相继阵亡。在遭到挫折之后，讷亲又由原来的专断一变而为推诿，"仍倚张广泗办贼"，"张广泗轻讷亲不知兵而气凌已上，故以军事推让而实困之。将相不和，士皆解体"。[18]与此同时，讷亲还不辨攻守之势，竟然仿效金川而大筑其碉，大建其卡，且名之曰以碉逼碉，以卡逼卡。尤为可笑的是，他还异想天开地邀请终南道士、西藏达赖喇嘛来施用巫术破敌，念咒退兵。因为尽搞歪门邪道，士卒作战情绪进一步下降。当年闰七月底，清军出动三千人进攻大金川喇底一带山梁，行进途中，"忽闻贼番数十人从山梁呐喊，压下应援。三千余众拥挤奔回，多有伤损"。[19]至此，讷亲黔驴技穷，一筹莫展，对于攻打金川能否取胜也失去了信心，因而在上给乾隆皇帝的奏折中，在提出"加调精锐三万"明岁接办的同时，又自相矛盾地提出了撤兵，"俟二三年后，再调兵乘困进捣"的建议。[20]清军进退维谷，处于极为被动的形势之下。

面对四万清军"既不能分路进攻，又不能长驱深入"[21]的被动局面，乾隆皇帝气急败坏。是年九月，他先是降旨令讷亲、张广泗二人回京述职，在其离开军营后，随即将他们革职拿问，先后处死。与此同时，改派军机大臣、自己的妻舅傅恒为经略大臣，前往金川主持征讨事务。为了保证战争的胜利，乾隆皇帝先后调拨京城、东北各省驻防满洲八旗兵九千和陕甘、云贵、两湖绿营兵二万五千名陆续开赴金川前线，添拨军饷二百万两以济军需。与此同时，还严谕在金川军营之岳钟琪、傅尔丹于傅恒未至之前相机进兵，"奋勉建功"。[22]傅恒至军后，首先下令将良尔吉、王秋等内奸分别处死，又将讷亲、张广泗以碉逼碉、分路进攻等不切实际的战略安排概加废弃，决定分南北两路，选锐深入，重点进攻大金川巢穴勒乌围、刮耳崖。北路由岳钟琪统率自丹坝进攻，南路由傅尔丹统率自卡撒进攻。

这时，经过了将近两年的战争消耗，清朝政府和大金川战争双方都处于非常困难的地步。就大金川而言，由于物资匮乏，作战人员大大减少，已经无力抵抗清军的大规模进攻。

因而从乾隆十三年底开始，陆续派遣头目至清军营中乞降。就清朝政府而言，由于战期一拖再拖，广大官吏兵丁和人民群众的不满情绪都明显增长。尤其是四川一省，连年困于征发，民力实已劳惫不支，阶级矛盾开始激化。[23]此外，两年战争的军费开支近两千万两，国库存银急剧减少，至乾隆十三年底，部库所存仅二千七百余万。[24]所有这些，都使乾隆皇帝极为忧虑。"设有奸徒，从而煽诱，以易动之民，当困惫之际，内地少有疏虞，诸事深为可虑"，[25]"各省协拨钱粮，已动及留备"，"设令内地偶有急需，计将安出"。[26]金川战争成了乾隆皇帝身上一个沉重的包袱。因而，乾隆皇帝不但对上年兴兵攻打大金川一事后悔不已，对当时正在进行的这场战争的前景也极为悲观。他说："上年办理，实属错误"，"万无可望成功之理，朕思之甚熟。"[27]在他看来，"目今若能直捣勒乌围，擒其渠首，固为快惬。或鼓勇摧锋，屡有克捷，贼酋穷迫乞命，因而开三面之网，俯准纳降，亦可绥靖边徼"。[28]换言之，只要象征性地取得一些胜利，为他挽回一些面子即可收兵回京了。为此，在傅恒离京赴军后不久，乾隆皇帝即连颁谕旨，劝令傅恒还朝。乾隆十四年正月，乾隆皇帝还搬出向不与政的崇庆皇太后，由她降谕令傅恒罢兵。这样，傅恒在金川军营不过待了一个多月。在此期间，他利用莎罗奔乞降的有利时机，使原为莎罗奔上司的岳钟琪带领随从四五十人轻装进入勒乌围，与莎罗奔商定纳降事宜。二月初，岳钟琪亲自导引大金川土司莎罗奔、郎卡等至傅恒营中求降。傅恒代表清朝政府纳降后，仍使莎罗奔等为大金川土司，然后匆匆奏凯还朝。至此，这场历时两年、调兵八万、耗帑银近两千万两的战争才草草结束。

金川战役是乾隆皇帝即位后进行的一次大规模的战争。由于乾隆皇帝和主要负责官员讷亲、张广泗的错误指挥，使得广大劳动人民和出征兵丁遭受了深重的苦难，国家也为此多耗了许多银钱，实际战果也远不像乾隆皇帝本人所吹嘘的那样辉煌。但是，这毕竟是一场为了巩固统一而进行的战争，虽然未能达到彻底消灭当地土司割据势力的目的，但是使当地土司的叛乱活动在一个时期内有所收敛。因而，这场战争对于四川少数民族地区的安定，对于乾隆皇帝统治的加强都起到了一定的作用。

三、平定西藏叛乱

大金川战争刚刚结束，西藏形势又紧张起来。这样，乾隆皇帝又把注意力转向了西南边疆。

乾隆初年，主持西藏行政事务的是西藏贵族颇罗鼐。康、雍时期，在反对准噶尔入侵和平定西藏地方势力反清叛乱的历次战争中，颇罗鼐累建功勋，因而受到清朝中央政府的赏识和器重，先后由一般的扎萨克台吉提拔为主持西藏行政事务的贝子、贝勒、多罗贝勒。乾隆四年，乾隆皇帝又以他"遵奉谕旨，敬信黄教，振兴经典，练兵防卡，甚属黾勉"而将之晋封为郡王。[29]颇罗鼐当政期间，依靠清朝驻藏大臣，团结以达赖喇嘛为首的广大僧俗人士，共同抵御准噶尔分裂势力的侵扰，使西藏地区出现了比较安定的局面。为了酬答颇罗鼐为维护国家统一所做的贡献，乾隆十一年，乾隆皇帝特准封颇罗鼐一子为长子，"日后袭王爵，总理彼处事务"。[30]
乾隆十二年二月，颇罗鼐病故。乾隆皇帝又赐银一千两料理
后事，并派大臣索拜前往祭奠。作为一个对维护祖国统一做
出过重要贡献的藏族民族英雄，颇罗鼐将永远值得人们怀念。

颇罗鼐死后，颇罗鼐次子珠尔墨特那木扎勒袭封郡王，
主持全藏行政事务。因为他是以次子袭封王位，便把自己
的兄长、主持阿里克地区事务的珠尔墨特策布登视为眼中
钉、肉中刺，必欲除之而后快。为此，他先后多次向驻藏大
臣诬告其兄欲图杀害他所补放的官员，抢夺商贾财物，"用
兵把守通藏要路，声言欲来西藏"。[31]为了维持西藏地区的安

定局面，乾隆皇帝颁布谕旨各加训斥，并令其兄弟和好。对
此，珠尔墨特那木扎勒非但不痛改前非，反而恩将仇报，迁
怒于驻藏大臣和驻藏军队，将之视为自己独霸西藏的主要障
碍。乾隆十四年初，驻藏大臣纪山赴拉萨上任，珠尔墨特那
木扎勒倨傲不恭，"直至一月后始出见，颇有轻忽之意"。[32]
此后，又对驻藏大臣的活动严加监视，[33]甚至还提出了撤出
驻藏部队的无理要求。与此同时，他还采取阴谋手段遣人刺
杀其兄，诡称病死，欺骗朝廷。对于反对他的这些倒行逆施
行为的宗教界领袖达赖喇嘛和班第达等行政官员，不是怀恨
在心，就是伺机报复，以致"颇罗鼐所用旧人，杀害、抄没、
黜革者甚多"。[34]"藏中有异己者，将尽逐之，势且延及达赖
喇嘛，为雄长一方之计。"[35]从他袭封郡王以后，西藏地方政
权和清朝中央政府之间的关系日趋紧张，一场武装叛乱正在
酝酿之中。

应该指出，珠尔墨特那木扎勒的分裂活动与驻藏大臣纪

山的姑息纵容有着直接的关系。在担任驻藏大臣期间，面对珠尔墨特那木扎勒的分裂活动，纪山非但不对之加以限制，反而与其大拉私人关系。为了取悦于珠尔墨特那木扎勒，入藏之初，他即非常卑下地与之设誓盟好，"其至具折请安、奏事，皆与一同列名"。[36]除此之外，他还馈送珠尔墨特那木扎勒八轿，并派自己的轿夫前往"教演番奴抬轿，以肆其志"，时常和其一起"宴会观剧，日在醉乡"。[37]尤其严重的是，他还出卖原则，泄露机密，欺骗朝廷，多次将乾隆皇帝关于西藏问题的许多重要指示泄露给珠尔墨特那木扎勒，并在上给乾隆皇帝的奏折中为其开脱，从而使乾隆皇帝无法得知西藏事态发展的真实情况。为了加强对西藏的控制，乾隆十四年底，乾隆皇帝调回纪山，改派傅清、拉布敦二人为驻藏大臣。傅清、拉布敦至藏后，开始对珠尔墨特那木扎勒的不法行为进行限制。对此，珠尔墨特那木扎勒愈加愤恨。为了达到分裂祖国、自立名号的罪恶目的，他一方面"潜遣其心腹坚参扎锡等通款准噶尔，称策旺多尔济那木扎勒为汗，且求其发兵至拉达克地方以为声援"，[38]一方面设法将四百余名汉兵逐回内地，并声称"其余若不知机早回，必尽行诛戮"。[39]与此同时，他行令西藏各地，"沿途汉、土兵民及文书，俱不许往来出入"。[40]一场大规模的武装暴乱迫在眉睫。

眼见"塘汛文书，禁绝不通，悖逆情形，渐益昭著"[41]，形势异常险恶，傅清、拉布敦两位驻藏大臣除将上述情形于乾隆十五年九月飞报乾隆皇帝之外，还当机立断，决定在没有得到乾隆皇帝有关指示的情况下便宜行事，"俟珠尔墨特那木扎勒由打克萨回来接见之时，即为擒拿，翦除此孽"。[42]乾隆十五年十月十三日，傅清、拉布敦以议事为名，将珠尔墨特那木扎勒传至驻藏大臣所在地楼上，当即拔刃将其杀死。跟随珠尔墨特那木扎勒前来的亲信党羽卓呢罗卜藏扎什见状大惊，跳楼逃跑，传唤同党，聚兵围楼，枪炮齐发。在叛乱暴徒的武装进攻下，两位驻藏大臣当场壮烈殉国。与此同时，叛乱分子在卓呢罗卜藏扎什的带领下抢劫仓库，大肆屠杀居住在西藏的满汉兵民，以致叛乱发生当天，库银八万五千余两被洗劫一空，在藏满汉官员、兵丁、商民一百二十八人也一起遇害。叛乱分子的暴行激起了西藏广大僧俗爱国人士强烈的愤慨，他们迅速地团结在达赖喇嘛的周围，向叛乱分子发动了武装反击。十月十四日，达赖喇嘛组成临时政府，收集余兵，安抚人众，着手进行平叛事宜。卓呢罗卜藏扎什等叛乱分子眼见叛乱不得人心，只好四散逃命。十月十八日，达赖喇嘛传令沿途台站，"照旧应付官兵"，严禁杀害汉人。[43]尔后不久，叛乱头子卓呢罗卜藏扎什等十三人先后被捉拿归案。当月二十三日，叛乱贼众已擒获过半，所劫国库银两也追回二万余两，整个西藏形势开始好转，在驻藏官兵和西藏广大僧俗人众的联合反击下，这场叛乱极为迅速地被平定下去了。

乾隆皇帝收到傅清、拉布敦二人要求便宜行事、乘机除掉叛乱头子珠尔墨特那木扎勒的秘密奏折时，已是当年十月初八。出于加强中央对西藏地区控制的目的，他对二人关于除掉珠尔墨特那木扎勒的建议表示同意，但认为他们选择的方式"甚属冒险"，令其不可轻动。[44]因为拉萨至京路途遥远，已经来不及制止他们的行动，为此，他飞谕四川总督策楞、提督岳钟琪预调川兵，一旦闻知西藏有事，即刻率军出发。十一月初，西藏叛乱和傅清、拉布敦殉职的消息传至成都，策楞、岳钟琪当即挥师入藏。为了安定地方，乾隆皇帝指示他们"惟务搜除逆党，以安地方。凡非亲信逆党，一无株及。被难民番，优加恤赏"。[45]根据乾隆皇帝的这一指示精神，策楞至藏后，团结广大僧俗人众，彻底清查叛乱分子余党，西藏形势进一步安定下来。这时，为了进一步加强对西藏地方的控制，乾隆皇帝还乘平叛胜利的有利时机，先后指示入藏官员策楞、兆惠等废除弊端甚多的藏王制度，"众建而分其势"，[46]并采取措施进一步提高驻藏大臣的权力。

根据这些指示，乾隆十六年三月，策楞制定了《西藏善后章程》十三款。其主要内容是：（一）废除行之十几年之久的藏王制度，将其权力转移至集体负责的噶隆之手。（二）噶隆办事，应在公所。所办重要事务，皆须请示达赖喇嘛和驻藏大臣，钤用达赖喇嘛印信、钦差大臣关防遵行。（三）补放或撤换第巴等重要官员皆须按规定办理，并经达赖喇嘛和驻藏大臣批准。（四）添设管理军队之高级官员——代奔名额以防专擅，并对噶隆、代奔等官各给敕书，以加强中央政府对西藏地方官员的控制。（五）禁止各级西藏贵族随意占有或役使一般平民等。[47]这些规定，进一步提高了驻藏大臣在处理西藏事务中的地位，也赋予达赖喇嘛以一定的职权，使得中央政府对西藏地区的控制有了进一步的加强，对于乾隆时期西南边疆的安定和统一的多民族国家的巩固起了积极作用。

应该指出，在这次平定西藏叛乱的过程中，两位驻藏大臣傅清、拉布敦起了非常突出的作用。正是由于他们不怕牺牲，当机立断，先发制敌，才使这次叛乱的规模大大缩小，叛乱时间也大大缩短，从而使其成为乾隆时期多起平叛战争中付出代价最小、收效最快的一场战争。为了表彰他们二人为维护祖国统一所做出的贡献，乾隆皇帝分别将他们追赠为一等伯，着入贤良祠、昭忠祠，春秋致祭。乾隆十六年四月，又于拉萨、北京两地建立双忠祠，以使全国各族人民表达对他们的崇敬和怀念。

第二节　扫定西北

　　在乾隆皇帝自我标榜的"十全武功"中，最有意义的还是乾隆二十年到乾隆二十四年进行的平定准噶尔叛乱和平定回疆叛乱这两次战争。通过这两次战争，清朝政府直接控制的版图大大扩展，进一步加强了西北边防，巩固了国家的统一。

一、乘乱兴师，消灭准噶尔地方政权

　　清朝政府在全国统治地位确立之后的半个多世纪里，准噶尔地方政权一直是清朝政府实现全国进一步统一的主要障碍。为此，康、雍两帝先后兴师，大张挞伐。这些战争，虽然严重地打击了准噶尔贵族集团破坏国家统一的罪恶行径，但是清朝政府本身也损失甚大。为了休养生息，乾隆皇帝即位之初，曾与准噶尔地方政权停战议和，划界通商，但是，这不过是双方势力不相上下时的一个临时措施。乾隆十年以后，准噶尔政权贵族集团的内讧打破了双方势力的平衡局面，在这样的情况下，为了完成康、雍两朝的"未竟之绪"，乾隆皇帝进军西北，进行了一场消灭准噶尔地方政权的战争。

乾隆十年九月，称雄西北达十八年之久的准噶尔台吉噶尔丹策零病死。从此之后的十来年间，围绕着争夺汗位这一中心问题，准噶尔贵族集团内部展开了一场大厮杀。噶尔丹策零生有三子一女。长子喇嘛达尔札，次子策旺多尔济那木扎勒，三子策妄达什，女乌兰巴雅尔。其中，策旺多尔济那木扎勒以系正妻所生，得袭汗位。但其继位后，昏愦无行，残暴嗜杀，其姊乌兰巴雅尔时常对其加以规劝，策旺多尔济那木扎勒不但不听，反而将她连同其夫赛音伯勒克一并拘禁。与此同时，他还视庶兄喇嘛达尔札如同寇仇，欲行杀害。他的这些暴行引起了各级贵族普遍的不满和反对。乾隆十五年春，在准部贵族和众宰桑的支持下，喇嘛达尔札乘其外出行围之际发动政变，将其废弃而自立为台吉。喇嘛达尔札上台后，也大行诛除异己，在杀死策旺多尔济那木扎勒的主要支持者达什达瓦的同时，又向本部贵族达瓦齐和辉特部台吉阿睦尔撒纳发动进攻。为了进行反

达瓦齐像 （清）佚名绘

击，乾隆十七年底，达瓦齐与阿睦尔撒纳联合起来，率军偷袭伊犁，杀死喇嘛达尔札，达瓦齐乘机登上汗位。达瓦齐篡位后，为了报复，同样大开杀戒，先后杀死喇嘛达尔札亲信多人。与此同时，为了争权夺利，又从乾隆十八年十月起与阿睦尔撒纳反目成仇。他先是派遣沙克都尔曼集台吉率兵攻打辉特部居地塔尔巴哈台，在阿睦尔撒纳失败逃跑时，又命宰桑巴雅尔、玛木特等进行追剿。

长期内乱给广大准噶尔人民带来了深重的灾难，不少准噶尔部民为求生存，纷纷在其台吉、宰桑带领下投降清政府，入边避难。其主要者有乾隆十五年九月达什达瓦被杀后，属下宰桑萨喇勒率其部民一千余户投降清朝；乾隆十八年十月，杜尔伯特部台吉车凌、车凌乌巴什、车凌孟克率众三千户入边求抚；乾隆十九年七月，在与达瓦齐争斗失败后，辉特部台吉阿睦尔撒纳携带兵丁四千、老弱二万余口投奔清王朝。准噶尔内乱和大批人员先后降清，大大削弱了准噶尔政权的军事实力。与此相反，经过乾隆前期十几年的和平发展和乾隆皇帝的积极整顿，清朝国力进一步强盛。这样，出兵消灭准噶尔地方政权以实现国家进一步统一的时机逐渐成熟了。

对于是否出兵平定准噶尔叛乱，乾隆皇帝的认识经过了一个发展过程。准噶尔内乱发生之初，乾隆皇帝虽然对事态发展密切注视，但其态度却偏于自保。如乾隆十年十一月，在得知噶尔丹策零死讯后，乾隆皇帝认为，不应"乘伊有丧之际发兵征讨"，"惟当示以大义，固守边疆，严谨卡伦"。[48] 策旺多尔济那木扎勒被弑之后，为了防止准部统治者进攻内地以转移属下人民视线，乾隆皇帝又指示边防部队加强侦察、巡防活动。[49]乾隆十八年以后，准噶尔内部愈益混乱，降者愈众。至乾隆十九年七月，总数已不下四万余人。乾隆皇帝开始认识到，此次准噶尔内乱是一个千载难逢的好机会。"伊部落数年以来内乱相寻，又与哈萨克为难，此正可乘之机。"[50]如果错过这一机会，待到准噶尔内部安定之后再发兵征讨，"其劳费必且更倍于今"。[51]兼之以降人众多，安插困难，"若令附入喀尔喀游牧，非惟喀尔喀等生计窘迫，数年后必有起衅逃避之事，则喀尔喀等转受其累矣"。[52]他认为，"机不可失，明岁拟欲两路进兵，直抵伊犁，即将车凌等分驻游牧，众建以分其势"。[53]为此，他不顾大多数廷臣的反对，毅然决定乘乱兴师，对准噶尔政权进行讨伐。根据他的指示，乾隆十九年夏天以后，清朝政府停止了双边贸易，清朝戍边部队将边卡向外移设，京城和内地各省军队也开始向西北边境调动。与此同时，其他各种准备工作也在紧张地进行之中。

乾隆十九年七月辉特部台吉阿睦尔撒纳的率部投降加速了乾隆皇帝平叛计划的实施。阿睦尔撒纳是准噶尔四汗之一，势力强大；在与达瓦齐作战失败之后，他率部东迁，投降清朝政府，企图借清朝政府之力达到其"专制西域"为四部总汗的目的。对于阿睦尔撒纳的这一企图，乾隆皇帝心中非常清楚。但他是当时准噶尔各支势力中唯一可以和达瓦齐相抗衡的势力，在准噶尔部众中有较强的号召力，故而乾隆皇帝对其来归予以极大的重视。在得知阿睦尔撒纳前来投降的消息之后，他即刻指示驻边大臣策楞等，"阿睦尔撒纳乃最要之人，伊若来降，明年进兵大有裨益"。[54]在阿睦尔撒纳率部进入清朝统治地区之后，又指示有关官员即刻接济牲畜、口粮、茶叶、布匹，妥善安置全部部属并安排其入觐事宜。乾隆十九年十一月，乾隆皇帝刚刚结束东巡盛京，不顾鞍马劳顿，又再次赶赴热河避暑山庄，接受阿睦尔撒纳觐见，将其加封为亲王，并倾听其关于进兵准噶尔的意见。阿睦尔撒纳提出，应于明年春初进兵，那时，准噶尔地区青草未萌，马畜疲乏，易于成功。根据阿睦尔撒纳的建议，乾隆皇帝对出师日期作了重要更动，由次年四月提前至次年二月。与此同时，阿睦尔撒纳等投降人员还被委以重任，各赴前线，筹备进兵事宜。

乾隆二十年二月，清军五万余人，分北、西两路，向准噶尔地区进兵。其中北路以定北将军班第为统帅，定边左副将军阿睦尔撒纳为先锋，由乌里雅苏台进兵；西路以定西将军永常为统帅，定边右副将军萨喇勒为先锋，由巴里坤出师，约期会于伊犁北部三百余里的博罗塔拉。由于经过长期的准备，出征清军士气饱满，进展神速。与此相反，准噶尔台吉达瓦齐却因预料"大兵前来，须待明年草青"[55]而日在醉

《万树园赐宴图》轴 （清）郎世宁等绘

乡，未做任何防御。直至清军出师一个月后，达瓦齐才得知清军出师消息而手忙脚乱地征调军队，布置防御事务。然而，由于多年内乱，准噶尔内部早已人心涣散。从清军起程之日始，大批准噶尔部众在其台吉、宰桑的带领下，纷纷向路过清军投诚。"各部落大者数千户，小者数百户，无不携酒牵羊以降，兵行数千里，无一人敢抗者。"[56]对于投诚人员，乾隆皇帝则"视其所辖人数，酌量加恩"，[57]从而使进军更为顺利。五月初，清军渡过伊犁河，克复准噶尔首府伊犁。在清军的强大攻势下，达瓦齐带领余众万人退往伊犁附近的格登山，妄图凭借险要地势负隅顽抗。阿睦尔撒纳穷追不舍。五月十四日，阿睦尔撒纳派遣厄鲁特降人阿玉锡、济尔噶尔等二十二人夜探敌营。此时，达瓦齐军队已是惊弓之鸟，深夜中听到炮声四起，以为是清军主力前来进攻，所属部众四下溃散，各自逃命，达瓦齐本人则率残部两千人越过天山，遁往回疆。次日，阿睦尔撒纳乘机急进，招抚达瓦齐溃散部众，并缴获其遗弃兵仗器械不计其数，雍正年间由青海叛投准噶尔的罗卜藏丹津也一起被清军擒获。六月间，达瓦齐也被南疆乌什城主霍集斯所擒献，征讨准噶尔之役取得了完全的胜利。

出师不到三个月，准噶尔全境荡平，消息传来，乾隆皇帝极为振奋。在得知克复伊犁的当天，乾隆皇帝便亲诣畅春园，将此特大喜讯告诉他的母亲崇庆皇太后。尔后，又对与事诸臣加官晋爵，普加封赏。其中阿睦尔撒纳原已封为亲王，无可再加，但是为了酬劳其功勋，又赏食亲王双俸，封一子为世子。班第、萨喇勒各晋一等公，大学士忠勇公傅恒因为力赞用兵而再授一等公爵，"以为力矫积习，为国任事者劝"。[58]为了庆贺胜利，乾隆皇帝还指示臣下议定告祭天、地、太庙、社、稷、陵寝礼仪，办理凯旋、筵宴、赏赉，恭上皇太后徽号，颁诏天下，御制碑文勒石太学，在大兵所过之处及伊犁等地勒石纪功，以及开馆纂修《平定准噶尔方略》事宜。与此同时，对于准噶尔平定之后的善后工作，乾隆皇帝也作了一些必要的安置和部署。其主要内容是：（一）本着众建头人而少其力的精神，将准噶尔旧地及其所属人众按原来绰罗斯、和硕特、杜尔伯特、辉特四部分任命四汗。（二）于伊犁留驻大臣班第、鄂容安及察哈尔、喀尔喀兵丁五百名，其余征讨部队全部撤回内地。（三）伊犁至哈密，巴里坤至乌里雅苏台俱设台站。（四）划定喀尔喀与厄鲁特游牧界限，以免引起新的争端。（五）四卫拉特所纳赋税，各汗自行掌管；各卫拉特原向噶尔丹策零交纳之赋税，改行交官。[59]根据这些部署，从乾隆二十年六月起，各路出征军队陆续撤回内地，留守大臣班第、鄂容安等着手安排各部归顺之台吉、宰桑至热河入觐事宜。然而，就在乾隆皇帝和朝廷内外都喜气洋洋地欢庆胜利的时候，由于平叛大军的撤离，一场由阿睦尔撒纳掀起的遍及准噶尔全境的更大规模的叛乱发生了。

如上所述，阿睦尔撒纳投降清朝政府乃是想借清朝政府的军事力量以实现其取代达瓦齐、专制西域的目的，因而其在投降之初极力怂恿清朝政府迅速出兵、大张挞伐的同时，还使其党羽散布"事成后封阿睦尔撒纳为汗"的舆论。[60]对于阿睦尔撒纳的这一企图，乾隆皇帝认为，"若果如此，是仍如达瓦齐矣"，坚决拒绝。[61]为了利用阿睦尔撒纳的军事力量并限制其分裂割据的野心，乾隆皇帝虽然将之委任为定边左副将军，但派遣额驸、科尔沁亲王色布腾巴勒珠尔与之同行，对其行踪密加防范，又让班第等随时将其"言动举止，密加查察，据实陈奏"。[62] 与此同时，还对其企图扩大个人势力的非分行为和要求施加限制。如西征开始前，阿睦尔撒纳出于多取属人、占据地方以为其日后独霸准噶尔张本的目的，要求乾隆皇帝"赏给印文"，前往招降从前离散部众。[63] 对此，乾隆皇帝虽然同意其招降原属部下，但却拒绝发给印文敕书，以防其利用乾隆皇帝名义扩充个人势力。

然而，阿睦尔撒纳的野心并未因此而有所收敛，出师之初，刚行至塔本集赛一带地方时，便屯兵不进，专以招降属人扩大势力为事。随着平叛战争的不断胜利和达瓦齐政权的崩溃，阿睦尔撒纳企图篡夺胜利果实的阴谋活动也进入了高潮。进入伊犁之初，他便"纵属下肆心劫夺，不行禁止"，并将达瓦齐所有财产据为己有。对于官军派人清查达瓦齐财物，则百计阻挠。[64] 为了另立中心，他不穿清朝官服，"将所赏黄带、孔雀翎置而不用，并不将已经内附受恩之处告知厄鲁特人众"，[65] 隐以总汗自居，用兵行令不用定边左副将军印信，而是"私用噶尔丹策零小红钤记"。[66] 对于清朝政府的撤兵命令，则借口拖延；对于安排归顺台吉、宰桑人等入觐事宜，则加以篡改，将不附于己者悉令入觐，而将其亲信党羽留下不遣。与此同时，他还越权行事，"私调精兵九千人，防守哈萨克"，并在致哈萨克、俄罗斯等国文书中皆不言降顺清朝，"但谓率满洲、蒙古兵来定准噶尔"。[67] 除此之外，他还将服从清朝政府指挥的归顺将领萨喇勒等视若寇仇，"潜行猜忌"，想方设法诛除异己，"众心怨恨"。[68]尤为恶劣的是，为了达到割据西域的罪恶目的，他还背着清朝政府官员，"与各宰桑头目私行往来，行踪诡秘"，[69]并通过其亲信死党大造反清舆论，"如不令阿睦尔撒纳统领驻扎，伊等宁剖腹而死，不能贪生，别事他人"。[70]阿睦尔撒纳的种种倒行逆施表明，在达瓦齐叛乱平定之后，他已成为准噶尔地区分裂割据势力的总代表。

为了铲除这股割据势力，乾隆二十年六月底，乾隆皇帝温旨谕其入觐以使其离开准噶尔，与此同时，却密令班第、鄂容安乘机将之翦除。因为大军已撤，班第、鄂容安兵微将寡，无力翦除，只好听其就道入觐。阿睦尔撒纳就道后，一路迁延，迨至八月十九日行至乌陇古地方，诡言回游牧治装，从额尔齐斯地方逃出，公开树起叛旗，直扑准噶尔首府伊犁。三四天后，在他的死党的煽惑下，伊犁也发生了喇嘛叛乱。班第、鄂容安等突围不胜，自杀殉国，萨喇勒被俘。此时，西路军统帅永常尚率五千军队驻扎乌鲁木齐，竟被这场叛乱吓破了胆，不但不率军赴援，反而逃至巴里坤。这样，大兵撤离准噶尔不过两个月，准噶尔又陷入一片混乱之中。为了恢复对准噶尔地区的统治，乾隆皇帝开始了更为艰苦的平定阿睦尔撒纳叛乱的战争。

乾隆二十年九月，乾隆皇帝任命策楞为定西将军，达勒党阿为定边左副将军，扎拉丰阿为定边右副将军，哈达哈、玉保为参赞大臣，以西路为重点，向伊犁地区发动进攻。与此同时，为了孤立阿睦尔撒纳等一小撮叛乱分子，乾隆皇帝分别将噶勒藏多尔济、车凌、沙克都尔曼集、巴雅尔封为绰罗斯汗、杜尔伯特汗、和硕特汗和辉特汗，征调所属厄鲁特部队，对阿睦尔撒纳进行讨伐。在清军和厄鲁特军队的联合打击下，各路叛军或被剿灭，或者由其台吉率领投诚，要求擒贼自效。此时，由于有和卓木叛乱回族军队相应援，阿睦尔撒纳势力亦颇强大，屯军博罗塔拉，并企图进军伊犁。当年十二月，叛军与从贼营反正的萨喇勒军队在伊犁附近的诺罗斯哈济拜牲地方相遇，经过两日激战，阿睦尔撒纳进入伊犁。得知这一消息，乾隆皇帝指示各路进剿部队向伊犁靠拢，以对阿睦尔撒纳形成包围之势。阿睦尔撒纳见势不妙，于乾隆二十一年正月弃城而出，向西北哈萨克方向逃跑。此时，负责追击的清军将领玉保与其相距仅一日程。为了摆脱清军，阿睦尔撒纳玩弄诡计，使人至清军营中告知，阿睦尔撒纳已经就擒，不日即将擒献。受其欺骗，玉保等以为大功已经告成，驻兵不进，并以红旗驰报全军主帅策楞。策楞得报后，亦不审虚实，率尔露布告捷。二月中，这一"捷音"传至京师，乾隆皇帝大喜过望，将在事诸臣分别加官晋爵，并以军务告竣颁诏中外。这天，乾隆皇帝原来计划动身前赴曲阜，也因此事而临时改变主意，改赴易州泰陵，向雍正皇帝的亡灵报告这一"特大喜讯"。就在西征部队和朝廷上下都欢庆胜利的时候，阿睦尔撒纳已安全地逃入哈萨克境内。不久之后，事实澄清，乾隆皇帝羞愤交加，将策楞、玉保拿解入京治罪，以达勒党阿署定西将军，兆惠署定边右副将军，继续进行平叛战争。

乾隆二十一年四月，达勒党阿率兵二千，哈达哈率兵四千，分别从西、北两路进兵哈萨克。当年七月，西路达勒党阿大败哈萨克、阿睦尔撒纳联军。不久，又以寡击众，再度重创哈萨克、阿睦尔撒纳联军，并几乎擒获阿睦尔撒纳本人。仅因阿睦尔撒纳再施诡计，战场之上"恐被大兵认识，改换蓝纛"，[71]战败之后，又诡使人来言哈萨克即将执献阿睦尔撒纳。达勒党阿被其所愚，"遽下令驻兵"，"阿逆复徐扬去"。[72]由于征讨阿睦尔撒纳屡受挫折，兼之以此时又先后发生了喀尔喀贵族青滚杂卜和原先受封的准噶尔地区绰罗斯汗、辉特汗的叛乱活动，乾隆二十一年秋，乾隆皇帝不得不下令暂时停止进剿阿睦尔撒纳，而将主要兵力用于内地叛乱的平定。

青滚杂卜是成吉思汗后裔，喀尔喀和托辉特部郡王。在清朝政府出兵讨伐达瓦齐时，他被派令带军随同阿睦尔撒纳自北路进攻。由于在出兵攻打准噶尔之初，清朝政府曾多次向喀尔喀征调马驼、兵丁、跟役人等，给当地人民带来很大的骚扰，青滚杂卜等部分喀尔喀贵族的利益也受到了损害，"以连年用兵为累"[73]，因而在进军途中，很自然地便与对清朝政府怀有贰心的阿睦尔撒纳亲近起来。征途之中，他多次向阿睦尔撒纳泄露班第、鄂容安等重要清朝官员对阿睦尔撒纳的看法。阿睦尔撒纳叛乱发生之后，乾隆皇帝追究责任，将科尔沁亲王额驸色布腾巴勒珠尔削爵，将另一亲王额琳沁多尔济处死，并数次密令有关官员将青滚杂卜擒拿治罪。仅因青滚杂卜手握重兵，出于平定准噶尔叛乱和安定喀尔喀内部形势的需要，乾隆皇帝才收回成命。对此，青滚杂卜甚为疑惧不安。乾隆二十一年七月，他铤而走险，公开扯起叛旗，带领部属返回原游牧地区。在他的影响下，一些随军出征的喀尔喀王公如车登扎布、车布登等亦纷纷撤回所属守卡兵丁，抢劫台站财物，劫夺过往客商布匹、茶叶。一时之间，北路台站自十六站至二十九站悉行断绝，邮驿不通，准噶尔地区的平叛部队给养断绝，形势极为严重。为了平定叛乱，乾隆皇帝一方面利用宗教影响，使章嘉呼图克图与哲布尊丹巴呼图克图率同喀尔喀各王公会盟，让各部王公"晓谕擅弃卡座、台站人等仍回各处当差"，[74] 以制止叛乱的进一步扩大并孤立青滚杂卜；一方面任命超勇亲王额驸策凌之子成衮扎布为定边左副将军，调集军队，对叛乱分子进行军事讨伐。这样，叛乱发生不久，青滚杂卜即极感孤立，转求哲布尊丹巴呼图克图代奏，请求宽宥。对此，乾隆皇帝断然拒绝，他说："此而可宥，国法安在"，[75] 严令成衮扎布"速遵节次所降谕旨，擒拿青滚杂卜治罪，以昭国法"。[76] 在清军的沉重打击下，不少叛乱分子先后投降，青滚杂卜被迫只身遁逃中俄边界杭哈奖噶斯地方，并于当年十一月底被追击清军擒拿归案。这场由蒙古王公掀起的叛乱相当迅速地被平定下去。

在青滚杂卜发动叛乱的同时，准噶尔地区的叛乱活动也彼伏此起，一时之间，平叛官军的处境极为困难。都统和起阵亡，原统帅策楞、玉保等革职逮问，途中也被杀害。兆惠率军自伊犁撤退，中途被叛军包围达两月之久。发动叛乱的各部准噶尔台吉、宰桑还自相攻杀，形势异常混乱。为了平定叛乱，乾隆二十二年三月，乾隆皇帝任命成衮扎布为定边将军，其弟车布登扎布署定边左副将军，率军七千人，两路出师进行讨伐。由于准噶尔各部台吉旋抚旋叛，乾隆皇帝对之极为痛恨，因而在平叛活动中，也暴露了他残忍的一面。

早在乾隆二十一年十一月，他在谕旨中即要求兆惠等"遇背叛贼人，悉行剿灭"。[77]根据乾隆皇帝的这一指示，清军对准噶尔反叛部民众进行了剿杀。参与叛乱的台吉、宰桑及其部属皆被剿杀无遗，这一活动从乾隆二十二年初即已开始，至乾隆二十三年进军回部后仍在继续。恰在此时，准噶尔地区"痘疫盛行，死亡相望"，[78]因而准部平定之后，当地人口锐减，经济破坏也极为严重。

在准噶尔地区各部叛乱达到高潮的时候，阿睦尔撒纳又像幽灵一样乘机返回准噶尔，并于乾隆二十二年二月到达博罗塔拉。为了进一步扩大战乱，他一方面派人前往喀尔喀，企图与青滚杂卜取得联系，一方面向哈萨克借兵以壮大自己的军事实力。对于阿睦尔撒纳的这些活动，乾隆皇帝极为注意。他说，"叛贼一日不获，则伊犁一日不安，边陲之事一日不靖"。[79]在达勒党阿、哈达哈撒兵之初，乾隆皇帝便遣使传谕哈萨克阿布赉汗巴巴，令其擒献阿睦尔撒纳；又命兆惠酌量派兵往袭哈萨克，使贼不得宁处，[80]但因为准噶尔各地变乱蜂起，兆惠被迫自伊犁撤军，这一计划未能实现。

准噶尔各地大致平定之后，清军开始对阿睦尔撒纳发动攻势。乾隆二十二年三月，参赞大臣富德率兵与阿睦尔撒纳军队接火，"剿灭贼党甚众"，阿睦尔撒纳不敢迎战，"望风而遁"。[81]兆惠闻讯后率军来追。乾隆皇帝得知这一消息后，指令兆惠、富德两路合为一路，追击阿睦尔撒纳。为了防止其外窜俄罗斯，乾隆皇帝还令兆惠、富德预堵其退往俄罗斯的道路。在清军的追击下，是年五月，阿睦尔撒纳退往老巢塔尔巴哈台，不久，复投哈萨克。此时，由于哈萨克汗和阿睦尔撒纳之间已经发生矛盾，兼之以受到清朝政府对外政策的感召，阿睦尔撒纳一入哈萨克境内，哈萨克汗即派人散其马匹，欲将其擒献清朝政府。阿睦尔撒纳发觉后，非常狼狈地抛弃衣物，率领少数亲信徒步逃入俄罗斯境内。几个月后，出痘死在那里。为了拿获叛乱元凶，当年九月，乾隆皇帝令理藩院行文俄罗斯萨纳特衙门，要求引渡阿睦尔撒纳。乾隆二十三年正月，俄罗斯遣使告知阿睦尔撒纳已死，并将其尸身送至恰克图，要求清朝政府派人验看。随经乾隆皇帝遣使验看无误，回京复命。至此，持续三年之久的准噶尔叛乱以叛乱头子阿睦尔撒纳身死异域而宣告结束。

为了加强对准噶尔地区的管理，乾隆二十七年，乾隆皇帝于惠远城设伊犁将军，总统天山南北两路事务。伊犁将军之下，于乌鲁木齐设都统，统率乌鲁木齐、古城、巴里坤及吐鲁番等地驻军；于塔尔巴哈台设参赞大臣，统率塔城地区驻军。这对于防止沙俄政府对这一地区的侵略、巩固国家的统一起了重要的作用。为了恢复当地的经济，根据乾隆皇帝的指示，清朝政府先后从内地迁来大批移民，兴办军屯、旗屯、回屯、民屯、商屯等各种形式的屯田。不到二十年的时间，各种屯田数字已达五十六万多亩。不少地区"村落连属，烟火相望，巷陌间羊马成群，皮角毡褐之所出，商贾辐凑"，[82]一片兴旺景象。

二、进军回疆，统一天山南路

厄鲁荡平回部连，止戈毕竟是何年。

因缘弦上矢必发，终愧阶前羽舞旋。

勃律正闻踵来接，坚昆伫待首诛骈。

山庄行庆暇奚念，念到库车阿那边。[83]

　　在阿睦尔撒纳叛乱大致平定之后，为了统一天山南路，从乾隆二十三年到乾隆二十四年，乾隆皇帝又挥师南下，进行了平定大、小和卓木叛乱的战争。

　　长期以来，天山南路一直是回族人民的世居地。该地人民大都以务农为生，信仰伊斯兰教，与准噶尔地区人民在民族、宗教信仰和谋生手段上各不相同。明末清初，准噶尔地方政权兴起，并将天山南路回部各城也置于自己的控制之下。天山南路回部宗教首领阿布都什特、玛罕木特、布拉呢敦、霍集占等先后被拘禁于伊犁，广大回族人民还要向准噶尔政权按年交纳数额巨大的贡赋。清朝政府出兵平定准噶尔叛乱，使得回部各城摆脱了准噶尔政权的控制。达瓦齐叛乱平定之后，根据乾隆皇帝的指示，清军即将长期被拘禁的回族宗教领袖大和卓木布拉呢敦释归南疆，使其安抚回部各城。布拉呢敦之弟、另一宗教领袖小和卓木霍集占则仍留于伊犁，统辖当地回人。不久，乾隆皇帝又先后派遣侍卫托伦泰、副都统阿敏道等前往回部，晓谕诸城归顺清朝统治。与此同时，还决定减轻回部各地人民交纳的贡赋。[84]在清朝政府政策的感召下，受广大回族人民要求统一愿望的推动，布拉呢敦释归之初，一度表示服从清朝政府的统治。另一宗教首领霍集占虽然被胁参加了阿睦尔撒纳叛乱，但在清朝政府出兵平叛时，也乘机反戈，率领所属回族军队攻打阿睦尔撒纳，并于此后不久返回南疆。[85]不仅如此，他们还先后三次遣使至清军营中，"探听大兵抵伊犁信息，欲来投诚"。[86]这些情况表明，广大回族人民渴望在摆脱准噶尔控制之后回到祖国怀抱，渴望在清朝中央政府的统一领导下加强团结，共同进步。

然而，由于以霍集占为首的一小撮回族上层分子的阻挠，广大回族人民的这一意愿未能立即实现。霍集占在回到南疆后，由于被分裂、割据的思想冲昏了头脑，对形势做出了完全错误的估计。他一方面错误地将归顺中央政府与接受准噶尔政权的控制混为一谈，胡说："若听大皇帝谕旨，你我二人中必有一人唤至北京以为质，当与禁锢何异？"[87]另一方面又过高地估计了清军讨伐叛乱的困难和自己搞分裂、割据的有利条件，"莫若与中国抗拒，地方险远，中国兵不能一时即来，来亦率皆疲惫，粮运难继，应亦无奈我何。且准噶尔已灭，近地并无强邻，收罗城池，可以自立"。[88]为了达到分裂、割据的罪恶目的，他一方面传示属下，"整顿鞍马器械"，[89]自称巴图尔汗，拥兵自立；一方面杀害旧台吉素尔统后嗣和主张降清的许多官员、贵族及其家属。与此同时，他还将清朝政府遣往南疆收抚回部的副都统阿敏道加以拘禁并行杀害。对于霍集占、布拉呢敦的这些叛乱活动，清军将领兆惠、成衮扎布等先后上书乾隆皇帝，要求出兵讨伐。为了不影响平定阿睦尔撒纳叛乱的大局，乾隆皇帝决定："俟平定厄鲁特后，再行办理。"[90]乾隆二十二年七月以后，由于准噶尔各地叛乱的陆续平定和阿睦尔撒纳的外逃，平定准噶尔叛乱已经进入扫尾阶段。根据乾隆皇帝的指示，驻守准噶尔地区的清军加紧了平定回疆叛乱的准备工作。次年初，正式开始了平定回疆叛乱的军事行动。

乾隆二十三年正月，在确知阿睦尔撒纳已死之后，乾隆皇帝正式下达了进军回疆、讨伐霍集占叛乱的命令。根据事先安排，靖逆将军雅尔哈善率领八旗、绿营军队一万余人攻打回疆北部的重要城镇库车。当年五月，雅尔哈善进抵库车城下开始攻城。当时，被大、小和卓木派驻库车的是其亲信阿奇木伯克阿布都克勒木。闻知清军来攻，当即负隅顽抗，固守待援。六月间，大、小和卓木率领各城兵马三千余人，越过阿克苏戈壁驰援。雅尔哈善组织军队，围城打援，虽然重创救援叛军，但是由于指挥无能，仍使霍集占等进入城中。六月下旬，霍集占率军乘夜突围。由于雅尔哈善的调度无方和具体负责将领顺德讷等人的疏于防备，又使敌人远扬而去。眼见指挥接连失误，乾隆皇帝极为气恼，对雅尔哈善严加斥责，令其一面攻围库车，一面追擒霍集占自赎。与此同时，又从京师加调健锐营官兵一千人开赴库车助战。在乾隆皇帝的严旨督催下，雅尔哈善采纳绿营将领马得胜的建议，穴地攻城，但旋即被守城回兵所破。雅尔哈善束手无策，只好长期围困，待其粮尽自溃。当年八月，城内粮尽，阿布都克勒木弃城遁往南疆，所余老弱三千余人出降。围城三月，所得仅一空城，乾隆皇帝气恼之余，将雅尔哈善拿京治罪，顺德讷就地正法，谕令兆惠由准噶尔速赴回疆，负责全部平叛事宜。

乾隆二十三年八月，兆惠率军进抵南疆。此时，在各路清军的进攻下，回疆各城纷纷摆脱大、小和卓木的控制而向清军投降。霍集占自库车逃往阿克苏，阿克苏城人民"闭城拒敌"，霍集占又逃往乌什，乌什城主霍集斯也"闭城不纳"。

大、小和卓木穷蹙无依，分别率领残部遁往回疆南部的喀什噶尔和叶尔羌，妄图各据一城，互为犄角，负隅顽抗。为了平定叛乱，兆惠一方面布置军队分取其他各城，一方面亲自率军四千，自乌什起程，越过一千五百余里的大沙漠。当年十月初，进抵距叶尔羌仅四十里的辉齐阿里克。由于清军进入回疆地区后，除库车之役外，始终未和叛军发生

兆惠像　（清）沈贞绘

过较大的战役，叛乱分子虽然失地不少，但是军队主力却未曾受到损失，兼之以兆惠孤军深入，在抵达叶尔羌之后不久，便发生了著名的黑水营之战。

兆惠到达叶尔羌后，亟图进取。他先派副都统爱隆阿等率兵将叶尔羌通往邻近各城的路卡一概堵截，以防叶尔羌守敌外逸及外敌前来救援，尔后率军渡过叶尔羌城东之喀喇乌苏河（黑水河），攻打该城南部的英峨奇盘山，以掠其牲畜。但当清军前锋刚刚开始渡河之际，小和卓木霍集占率军自城中突出，将清军截为数段，向清军发动了猛烈的进攻。在异常不利的形势下，清军奋勇应战，先后杀死敌兵多人。但因众寡悬殊，清军损失重大，主要将领兆惠、明瑞等皆负伤多

处，总兵高天喜，前锋统领、侍卫鄂实，副都统三格，侍卫特通额等一百余人相继阵亡。眼见形势非常险恶，兆惠一方面派人突围至阿克苏要求后继部队速来救援，一方面继续率军激战。经过五昼夜激烈战斗，兆惠率军突围而出，还据叶尔羌城东大营。这时，霍集占军队又尾随而至，将大营团团围住。不久，大和卓木布拉呢敦也率军万人自喀什噶尔赶来，一起向被围清军发动了极其猛烈的进攻。在外援断绝的情况下，清军主将兆惠临危不乱，团结全军将士，严密防守，沉着应战，伺机杀敌。叛军先是环绕清军营地构筑长围，以待清军食尽自毙。清军则杀食军中驼马，并发掘当地回人窖藏之粟，以济军食。见此不能取胜，叛军又掘水灌营，清军则挖沟排水，将之泄于下游。后来叛军又突破长围，以苇扫蔽体来犯，清军见弓箭、鸟枪不能奏效，便改用火攻之法。这样，尽管被围清军粮食奇缺，弹药不足，处境极为恶劣，但是在兆惠

《平定伊犁回部战图册·黑水解围》 （清）郎世宁等绘

的率领下，全军士气高昂，先后给予进犯之敌以沉重的打击，以致敌军包围三个多月，竟无法跨进清军营垒一步。在维护祖国统一的战争中，清军广大将士表现出了可贵的牺牲精神，做出了突出的贡献。

十月二十日以后，兆惠派出的告急使者阿勒丹察等人到达阿克苏。阿克苏办事头等侍卫舒赫德见情况异常紧急，立即飞章入奏乾隆皇帝，并移文尚在乌鲁木齐的参赞大臣富德、阿里衮等马步兼行，速往阿克苏。他还亲自率领阿克苏附近各城清军三千五百名向叶尔羌进发。十一月中旬，乾隆皇帝得知黑水营被围消息，飞令富德为定边右副将军，择其军中"马力有余者，作速前往"，"惟应援兆惠为要"。[91]他还急调索伦兵，健锐营，察哈尔、西安、达什达瓦清军及绿旗军队一万五六千名千里赴援，挺进回疆。乾隆二十三年十二月，舒赫德与富德所率军队两路会合，一起前赴叶尔羌以北的巴尔楚克。此时，闻知救援清兵将至，大、小和卓木一方面集中主要兵力急攻被围的兆惠营寨，一方面分兵五千邀击救援清军于呼尔璊。两军接战三日后，清军后队阿里衮又率军赶至，大破叛军。闻知救援军队前来，兆惠等被围清军也乘机向包围营地的叛军发动进攻。乾隆二十四年正月十四日，大、小和卓木兵败遁走，兆惠和舒赫德、富德等合兵一处，返回阿克苏休整。长达三个多月的黑水营保卫战遂以清军的最后胜利而告结束。

黑水营战后，兆惠、富德等稍事休整，二月以后，即调动军队向在黑水营被围时失陷于敌的和田进攻，逐次将之收复，以防敌军由此逃入西藏。这一计划实现后，从五月开始，因为内地增援兵丁、粮饷陆续到达，兆惠等人又积极部署攻取叶尔羌、喀什噶尔事宜。根据安排，六月初，兆惠率军由乌什进攻喀什噶尔，富德率军自和田直向叶尔羌。经过黑水营之战，大、小和卓木早已心惊胆寒，兼之以连年战争给广大人民带来了深重的灾难并引起了人民的不满和反对，使得他们无法再在两城驻扎。故而在当年四月，大、小和卓木便准备弃城西遁。六月二十七日，在大兵压城之际，布拉呢敦首先弃城西走。几天之后，霍集占也放弃叶尔羌，逃往英吉沙尔。闰六月十四日和十八日，在两城回族人众的欢迎下，兆惠、富德分别率军进入喀什噶尔和叶尔羌，平定回疆战役取得了决定性的胜利。

两城克复之后，为了追歼穷寇，不遗后患，闰六月十五日，参赞大臣明瑞等率兵二千昼夜追击。尔后，其他部队也相继出发。当月底，首败叛军于霍斯库鲁克岭；七月十日至十二日，又大败叛军于巴达克山国相邻的叶什尔库尔诺尔。眼见大、小和卓木大势已去，被胁外逃的回族人民纷纷携眷下山投奔清军，"声如奔雷，霍集占禁之不能止"。[92]大、小和卓木只好带领少数亲信逃往巴达克山国，旋因清朝政府派员交涉而被当地酋长素尔坦沙所擒斩，平定回疆叛乱获得了最后的胜利。

回疆叛乱平定之后，为了加强中央政府对这些地区的控制，乾隆皇帝于喀什噶尔设参赞大臣，节制天山南路各城。参赞大臣之下，于叶尔羌、英吉沙尔、和田、乌什、阿克苏、库车、辟展、哈密、吐鲁番等城分设办事大臣或领队大臣，皆由清朝政府直接派员管理。这些大臣之下，另于回部贵族中任命阿奇木伯克管理所属各地回民事务，"自三品至六品，各随年班入觐，不得专生杀"。[93]对于宗教势力，则加以裁抑，禁止教职人员阿訇干涉政务。[94]为了发展当地经济，乾隆皇帝先后决定减轻当地回众赋役负担，二十取一；组织军队屯田；开炉鼓铸"乾隆通宝"，发展商业等。在各族人民的辛勤劳动下，回疆经济得到了比较迅速的发展，喀什噶尔、阿克苏、和田等许多地区皆"土田平旷，沃野千里，户口繁多"，物产丰富，对乾隆时期全国经济的发展和清朝统治全盛局面的形成起到了一定的积极作用。

三、接受土尔扈特异域来归

准噶尔叛乱的平定解除了准噶尔地方政权对相邻各部的压迫，直接导致了乾隆三十六年发生的土尔扈特蒙古的重返祖国。

土尔扈特部蒙古原是厄鲁特蒙古四部之一。十七世纪二十年代以前，该部一直和准噶尔、和硕特、杜尔伯特三部一起居于准噶尔地区。明朝崇祯初年，该部因无法忍受绰罗斯部贵族的控制和压迫，在其首领和鄂尔勒克的率领下离开世代居住的塔尔巴哈台一带地方，几经辗转之后，定居于伏尔加河下游一带。在旅居国外的一个多世纪，面对异国殊俗，土尔扈特部人民无时无刻不在思念自己的祖国，并且不顾山险路长，一直和中央政府以及留居原地的厄鲁特各部保持着密切的联系。与此同时，清朝中央政府也对远在异域的土尔扈特部人民表示深切的关怀。康熙五十一年，康熙皇帝专派

《西域图册·土尔扈特风情》 （清）明福绘

侍读学士殷扎纳、内阁侍读图里琛等前往伏尔加河下游，探望土尔扈特人民。

对于土尔扈特人民和清朝中央政府间的密切关系，沙俄当局极为不快。为了加强对土尔扈特部人民的控制，沙俄政府一方面通过改组土尔扈特部落会议，限制土尔扈特汗的权力；一方面又实行宗教渗透，逼迫广大土尔扈特部人民改宗东正教。不仅如此，他们还把广大土尔扈特丁壮作为炮灰，大量征调他们参军，去和瑞典、奥斯曼土耳其等国作战，"拣土尔扈特人众当其前锋"，"归来者十之一二"。[95]沙俄当局对土尔扈特人民控制的加强，并未能动摇广大土尔扈特人民心向祖国的坚定意愿，乾隆二十一年，土尔扈特使者吹扎布冲破重重阻挠再度来京。在乾隆皇帝接见时，他一方面向乾隆皇帝陈述了广大土尔扈特人民在沙俄当局压榨下的痛苦；一方面又极其明确地表示，土尔扈特对沙俄只是"附之，非降之也。非大皇帝有命，安肯为人臣仆"，[96]以实际行动给予沙俄当局以沉重的回击。

沙俄当局对其控制的加强既使他们不能忍受，准噶尔叛乱的平定又使他们返回原居地成为可能。乾隆三十五年十一月，在土尔扈特汗渥巴锡的率领下，居住于伏尔加河南岸的十七万土尔扈特人民同时发动了反抗沙俄大起义，彻底摆脱沙俄政府的控制，浩浩荡荡地踏上了重返祖国的征程。在回国途中，他们击退了沙俄军队的追击，战胜了哈萨克、布鲁特等部的骚扰，克服了给养缺乏、疾疫流行等许多难以想象的困难，终于在乾隆三十六年六月进入中国境内，实现了他们长期以来要求返回祖国的愿望。

乾隆三十六年三月，清朝政府即得知土尔扈特正在向中国边境转移的消息。由于在来归土尔扈特部众中，有在平定准噶尔叛乱时叛逃国外的舍楞、劳章扎布等人，而这些人在来归之初是以袭击伊犁一带地方为目的，只是在遭到俄罗斯、哈萨克等国军队追击的情况下，进退无路，才改变态度要求归顺清朝，因而土尔扈特部之来归使得清朝政府中的不少官员疑虑重重。他们一则害怕此次投顺不过是一个诡计，二又害怕收受"俄罗斯叛臣"会引起俄国方面的干涉。一时之间，对于是否接纳土尔扈特来归的问题，朝廷上下"议论沸起"。[97]乾隆皇帝在对土尔扈特来归前后的整个形势进行通盘考虑之后认为，"舍楞一人，岂能耸动渥巴锡等全部？且俄罗斯亦大国也，彼既背弃而来，又扰我大国边界，进退无据，彼将焉往？是以归顺之事十之九，诡计之伏十之一耳"。[98]针对一些臣下恐怕引起俄罗斯干涉的顾虑，他说，从前"舍楞即我之叛臣，归俄罗斯者，何尝不一再索取，而俄罗斯迄未与我也。今既来归，即以此语折俄罗斯，彼亦将无辞以对"。[99]对于原先的叛逃人员又复来投，他说，"伊等逃奔俄罗斯，理应索取治罪。今伊等不得安居于俄罗斯，自愿请求归顺，故往咎概不介意，前罪一律宽宥"。[100]与此同时，他还指出，如果拒其投顺，倒有可能招致祸乱。"数万乏食之人，既至近界，驱之使去。彼不劫掠畜牧，将何以生。……夫明知人以向化而来，而我以畏事而止，且反致寇，甚无谓也。"[101]因此，乾隆皇帝决定，对于万里来归的土尔扈特部众予以热情的欢迎。

乾隆皇帝首先选调得力大臣舒赫德前赴伊犁，全面处理接受土尔扈特归顺事宜。为了使土尔扈特人众了解清朝政府对其来投的态度，当年六月初，在大队土尔扈特部众刚刚进入中国境内之后，便让舒赫德宣谕渥巴锡，"尔等俱系久居准噶尔之人，与俄罗斯之俗不同，不能安居，闻厄鲁特等受朕重恩，带领妻子前来投顺，甚属可悯，理宜急加抚绥安插"。[102]为了解除舍楞等人的疑惧心情，乾隆皇帝特派使者到其驻地面传谕旨："朕断不究其前罪，务与渥巴锡等一体加恩。"[103]针对土尔扈特人众远道跋涉，各种生活用品奇缺的情况，根据乾隆皇帝"口给以食，人授之衣"的指示，[104]大批清朝官员投入了赈济来归人众的具体工作之中。为了救急，乾隆皇帝除指令土尔扈特人众所至之地官员动用库存衣物、茶叶、布匹、粮食和官中牛羊之外，还专拨库帑二十万两，派遣陕西巡抚文绶带人前赴巴里坤、哈密等处购办牛羊、衣物，"作速解往伊犁，均匀分给"。[105]派遣张家口都统常青解送当地牧群，"驱往供馈"，[106]陕甘总督吴达善负责"发帑运茶，市羊及裘"。[107]对于其耕牧地区，乾隆皇帝也作了妥善的安置，将渥巴锡属下土尔扈特人众安置在珠勒都司一带地方，将舍楞所属部众安置在科布多一带。在一切安置就绪之后，当年九月，乾隆皇帝在热河避暑山庄隆重地接见了前来入觐的土尔扈特首领渥巴锡一行，封渥巴锡为卓哩克图汗，封其弟策伯克多尔济为布延图亲王，封舍楞为弼里克图郡王。其他来归头目也都分别封为郡王、贝勒、贝子、辅国公、台吉等，俾其"管理所属，咸务生理，延及子孙，永荷安全之福"。[108]由于乾隆皇帝对土尔扈特部之来归态度积极，安置妥善，从而使这些"新投之人，一至如归"，[109]很快地安下心来，和全国各族人民一起，投入到建设和保卫边疆的斗争之中。不长时间，土尔扈特居地便"游牧安帖，田禾茂盛"，一片繁荣景象，[110]乾隆皇帝接受土尔扈特部人民来归取得了完全的成功。

土尔扈特人民回国定居后不久，沙俄政府便行文清朝政府，一方面胡说"渥巴锡人等俱系悖教匪人，不当收留"；另一方面还节外生枝地声称土尔扈特部回国时曾将一百五十多名俄罗斯人带入中国境内，要求查出放回。此外，沙俄政府还蛮横无理地威胁清朝政府，如不交出，"恐兵戈不息，人无宁居"。[111]对于这些无理要求，乾隆皇帝下令于理藩院回文中予以严词驳斥："土尔扈特渥巴锡人等，与尔别一部落，原非属人"，只是因为"尔国征调烦苦，不堪其苦"才返国定居的。[112]对于沙俄政府的武力恫吓，也明确表示，"或以兵戈，或守和好，我天朝惟视尔之自取而已"。[113]乾隆皇帝的这种严正立场，打击了沙俄当局的嚣张气焰，挫败了沙俄政府重新奴役土尔扈特部人民的企图。

1 《清高宗实录》卷二三九，乾隆十年四月戊午。

2 《清高宗实录》卷二六一年三月丙戌。

3 《清高宗实录》卷二五九，乾隆十一年二月丙寅。

4 《清高宗实录》卷二六〇，乾隆十一年三月戊寅。

5 《清高宗实录》卷一〇一，乾隆四年九月。

6 《清高宗实录》卷二一九，乾隆九年六月。

7 《清高宗实录》卷二七九，乾隆十二年二月癸酉。

8 《清高宗实录》卷二八七，乾隆十二年三月己酉。

9 《清高宗实录》卷二八七，乾隆十二年三月己酉。

10 《清高宗实录》卷二九八，乾隆十二年九月庚子。

11 《清高宗实录》卷三〇〇，乾隆十二年十月辛酉。

12 《清高宗实录》卷二九八，乾隆十二年九月庚子。

13 《清高宗实录》卷三〇六，乾隆十三年正月乙未。

14 魏源：《圣武记》卷七《乾隆初定金川土司记》。

15 《清高宗实录》卷三〇九，乾隆十三年二月。

16 《清高宗实录》卷三一三，乾隆十三年四月乙亥。

17 《清高宗实录》卷三一八，乾隆十三年七月甲午。

18 魏源：《圣武记》卷七《乾隆初定金川土司记》。

19 《清高宗实录》卷三二三，乾隆十三年八月庚子。

20 《清高宗实录》卷三二一，乾隆十三年七月辛未。

21 《清高宗实录》卷三二四，乾隆十三年九月己未。

22 《清高宗实录》卷三二七，乾隆十三年十月己亥。

23 《清高宗实录》卷三三二，乾隆十四年正月丙辰。

24 《清高宗实录》卷三三一，乾隆十三年十二月乙巳。

25 《清高宗实录》卷三三一，乾隆十三年十二月丁酉。

26 《清高宗实录》卷三三一，乾隆十三年十二月乙巳。

27 《清高宗实录》卷三三三，乾隆十四年正月乙丑。

28 《清高宗实录》卷三三一，乾隆十三年十二月丁酉。

29 《清高宗实录》卷一〇六，乾隆四年

十二月乙酉。

30 《清高宗实录》卷二五六,乾隆十一年正月甲戌。

31 《清高宗实录》卷三五四,乾隆十四年十二月乙酉。

32 《清高宗实录》卷三五四,乾隆十四年十二月丙戌。

33 福康安:《双忠祠碑记》。

34 《清高宗实录》卷三七二,乾隆十五年九月丙午。

35 福康安:《双忠祠碑记》。

36 《清高宗实录》卷三五五,乾隆十四年十二月庚子。

37 《清高宗实录》卷三八五,乾隆十六年三月乙丑。

38 《清高宗实录》卷三八六,乾隆十六年四月辛巳。

39 《清高宗实录》卷三七六,乾隆十五年十一月癸丑。

40 《清高宗实录》卷三七六,乾隆十五年十一月癸丑。

41 《清高宗实录》卷三七七,乾隆十五年十一月乙卯。

42 《清高宗实录》卷三七四,乾隆十五年十月丁丑。

43 《清高宗实录》卷三七六,乾隆十五年十一月癸丑。

44 《清代藏事辑要》卷二,乾隆十五年十月丁丑。

45 《清高宗实录》卷三七六,乾隆十五年十一月甲寅。

46 《清高宗实录》卷三七七,乾隆十五年十一月乙卯。

47 《清代藏事辑要》卷二,乾隆十六年三月乙丑。

48 《清高宗实录》卷二五二,乾隆十年十一月壬午。

49 《清高宗实录》卷四〇七,乾隆十七

年正月己丑。

50 《清高宗实录》卷四六四,乾隆十九年五月壬午。

51 《清高宗实录》卷四六四,乾隆十九年五月壬午。

52 《清高宗实录》卷四七四,乾隆十九年十月戊午。

53 《清高宗实录》卷四六四,乾隆十九年五月壬午。

54 《清高宗实录》卷四六八,乾隆十九年七月己丑。

55 《清高宗实录》卷四八〇,乾隆二十年正月癸未。

56 昭梿:《啸亭杂录》卷三《西域用兵始末》。

57 《清高宗实录》卷四八六,乾隆二十年四月戊申。

58 《清高宗实录》卷四八九,乾隆二十年五月壬辰。

59 《清高宗实录》卷四九二,乾隆二十年七月庚辰。

60 《清高宗实录》卷四八一,乾隆二十年正月辛卯。

61 《清高宗实录》卷四八一,乾隆二十年正月辛卯。

62 《清高宗实录》卷四八二,乾隆二十年二月丁巳。

63 《清高宗实录》卷四八一,乾隆二十年正月戊戌。

64 《清高宗实录》卷四九一,乾隆二十年六月甲子。

65 《清高宗实录》卷四九二,乾隆二十年七月乙酉。

66 《清高宗实录》卷四九一,乾隆二十年六月庚午。

67 昭梿:《啸亭杂录》卷三《西域用兵始末》。

68 《清高宗实录》卷四九一,乾隆二十

年六月甲子。

69 《清高宗实录》卷四九一，乾隆二十年六月甲子。

70 《清高宗实录》卷四九三，乾隆二十年七月辛丑。

71 《清高宗实录》卷五二〇，乾隆二十一年九月己巳。

72 魏源：《圣武记》卷四《乾隆荡平准部记》。

73 《清高宗实录》卷五一七，乾隆二十一年七月己丑。

74 《清高宗实录》卷五一九，乾隆二十一年八月戊午。

75 《清高宗实录》卷五二二，乾隆二十一年闰九月戊戌。

76 《清高宗实录》卷五二二，乾隆二十一年闰九月戊戌。

77 《清高宗实录》卷五二七，乾隆二十一年十一月丙辰。

78 魏源：《圣武记》卷四《乾隆荡平准部记》。

79 《清高宗实录》卷五二七，乾隆二十一年十一月庚戌。

80 《清高宗实录》卷五二四，乾隆二十一年十月丙寅。

81 《清高宗实录》卷五三七，乾隆二十二年四月庚寅。

82 赵翼：《皇朝武功纪盛》卷二。

83 《清高宗御制诗二集》卷八一《即事》。

84 《清高宗实录》卷四九二，乾隆二十年七月庚辰。

85 《清高宗实录》卷五〇七，乾隆二十一年二月甲子。

86 《清高宗实录》卷五一一，乾隆二十一年四月丙寅。

87 《异域琐谈》，转引自庄吉发《清高宗十全武功研究》，台北故宫博物院，1982年。

88 《异域琐谈》，转引自庄吉发《清高宗十全武功研究》。

89 《异域琐谈》，转引自庄吉发《清高宗十全武功研究》。

90 《清高宗实录》卷五三九，乾隆二十二年五月丁未。

91 《清高宗实录》卷五七四，乾隆二十三年十一月丁酉。

92 魏源：《圣武记》卷四《乾隆勘定回疆记》。

93 魏源：《圣武记》卷四《乾隆勘定回疆记》。

94 《清高宗实录》卷六一五，乾隆二十五年六月辛丑。

95 《西域总志》卷二《土尔扈特投诚纪略》。

96 祁韵士：《皇朝藩部要略》卷一三《厄鲁特要略》。

97 《清高宗实录》卷八九二，乾隆三十六年九月乙巳。

98 《清高宗实录》卷八九二，乾隆三十六年九月乙巳。

99 《清高宗实录》卷八九二，乾隆三十六年九月乙巳。

100 中国第一历史档案馆藏满文土尔扈特档，乾隆三十六年三月，转引自马大正《清政府对蒙古土尔扈特部的安置》，《清史研究集》第二辑，中国人民大学出版社，1982年。

101 《清高宗实录》卷八九二，乾隆三十六年九月乙巳。

102 《清高宗实录》卷八八七，乾隆三十六年六月丁亥。

103 《清高宗实录》卷八八七，乾隆三十六年六月丁亥。

104 《清高宗实录》卷八九二，乾隆三十六年九月乙巳。

105 《清高宗实录》卷八八九，乾隆三十六年七月庚申。

106 《清高宗实录》卷八九二，乾隆三十六年九月乙巳。

107 《清高宗实录》卷八九二，乾隆三十六年九月乙巳。

108 《清高宗实录》卷八九二，乾隆三十六年九月辛亥。

109 《清高宗实录》卷八九二，乾隆三十六年九月乙巳。

110 《清高宗实录》卷九三一，乾隆三十八年闰三月辛巳。

111 《清高宗实录》卷九一四，乾隆三十七年八月丙寅。

112 《清高宗实录》卷九一四，乾隆三十七年八月丙寅。

113 《清高宗实录》卷九一四，乾隆三十七年八月丙寅。

第六章　文治功罪

乾隆时期，清朝统治进入了全盛时期。在政治上和军事上不断取得重要成就的同时，继乃祖康熙皇帝之后，乾隆皇帝在文化事业上也做出了重要的建树。他在位期间，利用政府力量，先后组织学者进行了大规模的编修书籍和搜集、整理古典文献的活动，从而使乾隆时期的文化事业在康、雍两朝的基础上又得到了进一步的发展，进入了清朝建立以来最发达的时期。

第一节　编定群书

一、稽古右文

和中国历史上其他少数民族皇帝不同的是，乾隆皇帝有着较高的文化素养。早在备位藩封的青少年时代，在其父雍正皇帝的关心下，乾隆皇帝即"熟读《诗》、《书》、四子，背诵不遗一字"。"精研《易》、《春秋》、《戴氏礼》、宋儒性理诸书，旁及《通鉴纲目》、《史》《汉》八家之文。"[1]满、汉、蒙古文字，无一不通；论赋诗词，无所不能；七八年间，积稿盈尺，并先后将之汇为《日知荟说》和《乐善堂全集》二书刊刻行世。此外，他还认真钻研书法和学习绘画，并各有一定的造诣。青少年时代所受的系统的文化教育，使得乾隆皇帝对汉族文化产生了浓厚的兴趣。即位之后，他仍以"书生"自许，经常与臣下讲诗论文，数十年中，吟诵不绝，新篇迭出。据其自称："若三日不吟，辄恍恍如有所失。"[2]据统计，在他一生中，以他的名义刊行的诗、文集有十二种之多，其中诗作四万多首，文章将近两千篇。如此数量的诗作和文章，不但在历代少数民族皇帝中绝无仅有，而且在包括汉族皇帝在内的全部帝王群中也是首屈一指的。

乾隆皇帝在位期间，一直致力于文化事业的发展。即位之初，针对长期以来儒生社会地位较低的问题，乾隆皇帝先后采取各种措施，提高儒生的社会地位。乾隆元年二月，他决定"嗣后举贡生员等概行免派杂差"。[3]同年九月规定，职官及举贡生监犯罪发遣，"一概免其为奴"，[4]十一月间，又下令严禁地方官擅行斥革生员。[5]不仅如此，他还适当提高了国子监和各省教职官员品级，改变了过去教职人员两官同食一俸的旧例，给予全俸。其中地位较高者，还给予颇为优厚的养廉银。对于士子仕途，他也大开绿灯。正常乡试、会试之外，他还累开博学鸿词科和各种恩科乡、会试达十四五次之多，将一批又一批的封建儒生吸收到各级封建政权中来。此外，他还利用外出巡幸之时对沿途进献诗赋者进行考试，中式者特授举人、进士并量授官职，以表示自己对儒生的重视。

对于全国的教育事业，乾隆皇帝也极为关心。即位之初，即多次颁发经、史诸书于国子监和各直省官学，并先后多次扩大各地府、州、县学的入学名额。尔后不久，又弛坊间刻书之禁，[6]准予各种学术著作自由刊印和流传。随着统一战争的胜利和中央政府直接控制的版图不断扩大，在乾隆皇帝的关心下，边疆地区的教育事业也有了很大的发展。东北三省、海南岛黎族地区和新疆乌鲁木齐地区先后兴办了多所学校，教育事业进一步普及。学校之外，对于各地书院，乾隆皇帝也相当重视。雍正中，雍正皇帝决定各省省城普建书院一所，但是对其在当地教育事业中的地位及其和府、州、县学之间的关系，未作出明确规定。乾隆皇帝即位后，明确规定，各省书院，实即古代侯国之学，地位当在府、州、县学之上。为了切实发挥书院在教育和学术研究活动中的骨干带头作用，他还多次加拨帑银，以供购买书籍及师生膏火之需，并要求各省督抚仿效朱熹白鹿洞书院先例，设立规条，慎选院长、生徒，"居讲席者，固宜老成宿望，而从游之士，亦必立品勤学"。[7]

这样，在乾隆皇帝的关心下，儒生社会地位有了一定的提高，教育事业也有了较大的发展，学术研究气氛渐趋活跃，整个社会文化事业出现了蓬勃发展的局面。

二、征求遗书

乾隆皇帝重视文化事业的另一个主要表现，是他继汉、

隋、唐、宋、明历朝之后，为了扩大政府藏书，在全国范围
内进行了大规模的征求遗书的活动。

乾隆皇帝即位之初，出于巩固统治的需要和个人的爱好，
曾多次下诏求书。如乾隆元年，为了续修雍正朝国史，他曾
敕下八旗、直省，将雍正中"诸王文武群臣谱牒、行状、家
乘、碑志、奏疏、文集"等"查明申送史馆，以备采录传
述"。[8] 乾隆六年正月和乾隆十五年二月，又两次命令各省督
抚、学政采访元明以来各家儒学著作，"以广石渠、天禄之
储"。[9] 除此之外，出于纂修书籍的需要，乾隆皇帝有时还专
命有关官员采访一些当代学者的学术著作。然而由于政务繁
殷、军事活动较多和缺乏求书经验，这些求书活动时起时落，
采访的书籍也相当狭隘、零碎，总的看来，效果并不理想。

乾隆三十七年正月初四，乾隆皇帝再次颁布求书谕旨。
谕旨中称：

> 今内府藏书，插架不为不富，然古来著作之手，无虑
> 数百千家，或逸在名山，未登柱史，正宜及时采集，汇送
> 京师，以彰千古同文之盛。其令直省督抚会同学政等通饬
> 所属，加意购访。[10]

与此前各次求书谕旨相比较，乾隆皇帝此次求书，有两
点值得注意。一是将求书范围扩大到全部现存古典文献，可
见乾隆皇帝的目的，是要通过此次求书对全部现存文献进行
一番总清理；二是加强领导，不达目的，决不罢休。半年多
以后，乾隆皇帝发现各地督抚竟无一人"将书名录奏"，当年
十月，再颁谕旨，对近畿之北五省及书肆最多之江浙地方官
员严厉指责。在乾隆皇帝的督促下，安徽学政朱筠率先行动，

于安庆、徽州、宁国、太平、凤阳、颍州、庐州等地访得唐朝以来遗书多种，而后各省相继行动。这样，一个由乾隆皇帝亲自发动，由各省主要官员直接负责的声势浩大的征求遗书的活动全面铺开了。

各级官员直接负责征求遗书，只是求书能够取得进展的一个方面，更重要地还是在于藏书之家肯不肯献出家藏图书。为此，乾隆皇帝吸取了汉、隋以来历代求书的经验，在三十七年正月的求书谕旨中规定："在坊肆者，或量为给价；家藏者，或官为装印。其有未经镌刊只系钞本者，不妨缮录副本，仍将原书给还。并严饬所属，一切善为经理，毋使吏胥藉端滋扰。"[11]有了这些规定，书商和国家的关系是平买平卖的关系，藏书人和官府是书主和借阅人的关系，藏书家的基本利益得到了保障，求书活动才逐渐开展起来。

求书活动开展起来之后，主要问题在于能否求得善书。所谓善书，主要是指唐宋以来的名家著作、学术价值较高的史学著作和一些海内孤本、名家手稿等。这一工作的主要阻力是，藏书之家和经办官吏深鉴于顺、康以来文字狱株连之广和诛戮之惨，不敢献出或搜求明清之际有价值的史学著作和名人文集。此外，藏书之家还怕政府言而无信，背弃借抄归还的诺言，舍不得献出自己累世收藏的善本书籍。故而一个时期之中，求书活动虽在表面上热闹非常，但是核其所得，不但为数无多，而且就其内容而言，也多半是一些价值不高的"近人解经论学诗文私集"。[12]

针对广大臣民惧怕因文字获咎而畏疑不前的心情，乾隆皇帝除从求书的大局出发，在求书高潮的乾隆三十八、三十九两年基本上未搞文字狱之外，还连颁谕旨反复解释："朕办事光明正大，可以共信于天下，岂有下诏访求遗籍，顾于书中寻摘瑕疵，罪及藏书之人乎？"[13]"书中即有忌讳字面……与藏书之人并无关涉，又何所用其畏疑乎？"[14]针对藏书之家担心书出不还的问题，乾隆皇帝一方面对那些希旨逢迎而逼迫藏书之家声称愿"以家藏旧书上充秘府"的官吏进行批评，指责他们这样做是"未能深喻朕意"；[15]另一方面，又向各地藏书之家再次保证，"所有各家进到遗书，俟校办完竣日，仍行给还原献之家"。[16]为了使这项规定能够贯彻执行，乾隆皇帝下令，各藏书家书籍献到之日，便于所进书籍面页加盖清朝政府和翰林院图章，注明进书年月，进书官员，书属何家，并另造一册逐一登记上述条款。待发还之日，按照图书登记册上之内容和所进图书面页上所载各项一一核对，"如有交发不明，惟该督抚是问"。经过这么一套复杂而完整的手续，使藏书家"仍得全其故物"。[17]对于归还借抄图书，乾隆皇帝不但事先有规定，而且事后还有检查。如在乾隆四十二年四月的一道谕旨中便催促经办官吏将应还之书"给还藏书之家，俾得将原献书籍永远珍藏，并严饬承办各员善为经理，勿使吏胥等扣留需索"。[18]乾隆皇帝的这些规定，解决了求书过程中经办官员和藏书之家最关心的问题。自乾隆三十八年五月以后，在各地官员和藏书家的共同努力下，大批珍贵图书先后集中到了北京，这场由乾隆皇帝亲自发起的求书活动至此才真正见到了效果。

乾隆三十八年和乾隆三十九年是各地献书的高潮时期，为了促使藏书之家献出更多更好的书籍，在上述规定的基础上，乾隆皇帝还绞尽脑汁，想出了许多促人献书的"好"方法。

其一是皇帝题词。乾隆皇帝规定，"其进书百种以上者，并命择其中精醇之本进呈乙览，朕几余亲为评咏，题识简端。……俾收藏之家，益增荣幸"。[19]在封建社会中，君主即是人间的上帝。能够因进献图书而得到乾隆皇帝的亲笔题词，对藏书家来说，简直是做梦都不敢想到的恩荣。乾隆皇帝就是利用人们对封建帝王的崇拜和迷信，以题词为诱饵，从民间征集了不少好书。

其二是以书易书。乾隆皇帝在求书过程中，摸透了藏书家们的脾气和嗜好，深知这些人大都嗜书如命。要想求得好书，只能投其所好，以书易书。当时，几部官修大型书籍刚刚印出不久，社会上一时颇难得到。乾隆皇帝便采取了以其所有、易其所无的方法，在乾隆三十九年五月十四日的谕旨中规定，进献书籍五百种以上的浙江鲍士恭、范懋柱、汪启淑和两淮之马裕四家，各赏《古今图书集成》一部，其他进书百种以上的士民官吏，各赏初印的《佩文韵府》一部。这样，藏书家仅将家藏图书借给政府一段时间，便平白得到皇帝赏赐的大部头书籍，不但经济上划算，而且还有荣誉，可谓名利双收。因此，也就更乐于主动地将自己的家藏秘籍献给政府了。

其三是《总目》留名。封建社会里的官僚和藏书家，大多都是熟读四书五经的儒学人士，显亲扬名、荣宗耀祖、封妻荫子、光前裕后的思想浸透了他们的每一个细胞。利用他们的这种心理，乾隆皇帝在乾隆三十九年七月二十五日的上谕中宣称："着通查各省进到之书，其一人而收藏百种以上者，可称为藏书之家，即应将其姓名附载于各书提要末。其在百种以下者，亦应将由某省督抚某人采访所得附载于后。"[20]根据这一规定，献书多的藏书家和求书得力的官员，都可在《四库全书总目》中留下自己的姓名。在他们看来，这是万古不朽的盛事。因此，这一规定也极大地调动了各地官员求书和藏书家献书的积极性。

由于采取了上述措施，截至乾隆三十九年八月，各省进到图书数量已在万种以上，而且还在不断增加。经过层层审查，除其中部分书籍被禁毁之外，其他都复制了副本，有的还当即发刊行世，从而大大充实了国家的藏书数量，乾隆皇帝发起的这次征求遗书活动取得了成功。

三、编订群籍

在大力征求遗书的同时，乾隆皇帝又先后组织学者进行了大规模的编修书籍的活动。

乾隆皇帝编书，有几个特点。首先是修书种数多，卷帙浩繁。据统计，乾隆皇帝一生主持纂修之书籍约在一百一十种、七千卷以上。如果再加上对各种古典文献汇辑、整理而成的《四库全书》和《四库全书荟要》等，则其总卷数将近十万卷。这一数字，使得包括康熙皇帝在内的所有以修书而著称的各代帝王无不相形见绌。

其次是门类齐全，内容丰富，经史子集无所不有。其中经部书籍有《周易述义》《诗经折中》《周官义疏》《仪礼义疏》《礼记义疏》《春秋直解》等，小学书籍有《同文韵统》《叶韵汇辑》《音韵述微》《清文鉴》等；子部书籍中有关天文者有《仪象考成》《历象考成》，有关医学者有《医宗金鉴》，有关农学者有《授时通考》等；集部书籍中有关书画者有《秘殿珠林》《石渠宝笈》，有关古器、古钱币者有《西清古鉴》《西清研谱》《钱录》等，有关诗词文章者有《唐宋文醇》《唐宋诗醇》《皇清文颖》等；至于史部书籍更是琳琅满目，应有尽有。

再次是讲究实用。乾隆皇帝修书，都有相当明确的目的和针对性，除所修经史各书皆为加强思想统治之外，其他所修各书无不对人民衣食住行和提高社会文化知识有所裨益。而且，为了满足满族人民的文化需求，有些重要书籍修成后还特地译成满文。

再其次，乾隆皇帝修书，也比较重视质量。各书纂修，大多都宽以时日，一般不搞急就章。一书修成，往往历时多年。如《八旗满洲氏族通谱》《三礼传说》《音韵述微》《平定准噶尔方略》《热河志》等书从决定纂修到全书告成，大都历时十九年以上。为了保证质量，有些书籍在修成、刊印之后，还要订正错讹，补充史实，进行重修。所有这些，使得乾隆时期官修各书内容一般都信实可据，并都在学术界产生了一定的影响。据《清实录》记载，乾隆皇帝在位六十多年的时间里，各种书籍的纂修活动从未停止。一般情况下，每年都有几部书在同时纂修并皆有新书行世。《四库全书》纂修期间，为了将一些敕撰本纳入《四库全书》，甚至还出现了十六种书籍同时编修的情况。所有这些，都反映出在乾隆皇帝主持下的官修图书事业是十分兴盛的。

在乾隆皇帝主持编修各种书籍的活动中，特别值得一提的是历史书籍的编修。乾隆皇帝即位前熟读史书，深知历史书籍和历史知识对于治理国家、巩固统治有着极为重要的意义，因而他在位期间，极为注意历史书籍的编修。据统计，乾隆一朝官修史书几乎占了所修书籍的半数左右。其中通史一类著作虽然为数不多，但却各具特色。如《通鉴辑览》《历代职官表》《古今储贰金鉴》等即为通贯古今之作；《续三通》则是对杜佑、郑樵、马端临等人著作的续修之作；《辽金元三史国语解》又是订正旧史讹误之作。这些书籍，虽然在史书体裁上无所创新，也基本上没有发掘出什么新史料，但毕竟对原来成书的各种史书进行了一番再处理，从而在一定程度上丰富了历史著作的内容。

对于明朝史书的编修，因为它和清朝政治关系极大，乾隆皇帝更为重视。明亡以后，学术界撰著明史之风一度极盛。因其作者多是故明遗民，这些著作大多渗透着强烈的民族感情，并对清朝先世臣属于明和清兵入关后的暴行有所揭露。为了维护清朝的统治，康熙以后，历代清朝皇帝迭兴大狱，残酷镇压意图撰著明史的汉族知识分子，禁毁有关明史的各种著作。与此同时，还特开明史馆，纂修《明史》，企图垄断明代历史的编修权利。乾隆皇帝在位期间，除继续制造多起文字狱，禁止私人搜集明史史料和编修明史著作外，还继《明史》刊行之后，又先后主持编修了《明纪纲目》《通鉴纲目续编》《明臣奏议》《胜朝殉节诸臣录》等书，从而使各种明史著作体裁愈益完备，不给私人以插足编修明史著作之余地。与此同时，为了使各种官修明史著作能够在学术上站得住脚，乾隆皇帝还比较注意订正所修各书讹误，补充一些新史料。如明季福王朱常洵之国赐田，《明纪纲目》所载为四万顷。乾隆四十年五月，乾隆皇帝披阅《叶向高集·论福藩田土疏》一文，始知原拟分封四万顷，后以诸臣谏诤和福王上疏具辞，实予二万顷。为此，乾隆皇帝指令方略馆重新改纂该书，"以昭传信"。[21]又如《明史·英宗本纪》正统十四年载英宗一日而杀两御史却不著其获罪之由，又于土木堡之役条下不书王振事，对于这些明显疏略，乾隆皇帝也下令大学士等"将原本逐一考核添修"，"重刊颁行，用昭传信"。[22]再如明末福王建号和唐、桂二王事迹以及李定国、白文选等人的抗清活动，世所周知。然而各种官修明代史书以其事涉清朝开创之初，恐触忌讳，皆将明朝灭亡断于崇祯十七年甲申，三王所纪年号，"例从芟削"。对于那些抗清死难人士，又概不立传，不得已而涉及时，"多以伪官目之"。对此，乾隆皇帝认为，福王南渡，"偏安之规模未失，不可遽以国亡书法绝之"；唐、桂二王"究为明室宗支，与异姓僭窃者不同"，"且其始末虽不足道，而奔窜事迹，亦多有可考"；那些抗清死难人士，"各为其主，始终不屈"，"较之宋末之文天祥、陆秀夫实相仿佛"。[23]因而，他决定《通鉴辑览》一书应将明亡年限定于福王芜湖被执，并当于该书中附记唐、桂二王事迹。所有抗清死难人士皆当书为"某王之官某，不必斥之为伪"，并决定搜集他们的生平活动和抗清事迹宣付刊行。乾隆皇帝这样做的寓意，无非是藉此表示自己的"大公之心"，并制止和取代其他私修明代史著，但以政府之力，毕竟较易搜得较为准确、完备的明末史料，客观上为后人深入研究明朝史实提供了方便。

对于本朝历史的编修，乾隆皇帝尤其重视。他看到，前代诸史，皆在该朝灭亡之后由后世史官编修。因为历年久远，许多可信史料湮没失传，为了成书起见，不得不凭借史料价值极不可靠的稗官野乘。有鉴于此，乾隆皇帝认为，与其让后人没有根据地胡说，"何如及早裒集，免致闻见失真，传疑袭误"。因此，早在即位之初，在循照先例开馆纂修《世宗实录》的同时，乾隆皇帝又决定征集有关资料，纂修雍正朝国史。在乾隆皇帝的关心下，乾隆六年十二月，《世宗实录》首先告成。为此，乾隆皇帝还召集百官，举行了隆重的庆贺仪式。乾隆十四年十二月，包括雍正朝史事在内的五朝国史亦告完成。因为该书质量不高，"一经披览，开卷即有大谬之处"，[24]所撰列传，"止有褒善，恶者惟贬而不录"，不足以传信，[25]乾隆皇帝颇不满意。尔后，由于战争频繁，乾隆皇帝的注意力转向了方略的纂修，国史纂修活动一度中断。乾隆三十年七月，根据形势的需要，乾隆皇帝重开国史馆，决定将开国以来王公大臣及在朝满汉文武"内而卿贰以上，外而将军、督抚、提督以上并宜综其生平实迹，各为列传"。[26]根据这一指示，国史馆开始了纂修《满汉臣工表传》《宗室王公功绩表传》《蒙古王公功绩表传》《明季贰臣传》等书的工作。由于当时文狱迭兴，而且绝大多数皆因明清之际历史著作而引起，兼之以清朝建立以后，统治集团内部斗争十分频繁，事涉不少满汉大臣，因此馆臣疑虑重重，含毫相向，迄无进展。开馆十七年间，"纂成进御之书，甚属寥寥"。[27]乾隆皇帝对此极为不满，为了加快国史纂修速度，一方面规定成书限期，要求国史馆将所修各书二十日进呈一次，限令乾隆五十一年完成；一方面开放乾隆四十年以前军机处档案，以为国史纂修提供方便。乾隆五十三年，又进一步将国史编修下限延长到乾隆五十年，因之，乾隆五十年以前的各种军机处档案亦相应地向馆臣开放。

为了使纂修国史合乎要求，乾隆皇帝还亲自出马，对国史纂修中的一些难题拍板定音。如明清之际降清的一些故明将领和士大夫为数甚多，且对明末清初政治形势的发展发挥过十分重要的作用，如果因其身事两朝，概为削而不书则不足以传信，如各为立传并叙其功绩、封爵，则又与开国功臣无所区别。为了保存有关史料而又贯彻"彰善瘅恶"的修史原则，乾隆皇帝特命专立《贰臣传》。后来，又因这些人物结局不一，有如李永芳、洪承畴等降清之后著有劳绩者，有如吴三桂、李建泰等降而复叛者，概入一编仍然未昭公允，乾隆皇帝又决定于《贰臣传》外另立《逆臣传》，以记载降而复叛的吴三桂、耿精忠、李建泰等人事迹。[28]乾隆皇帝这样做显然是为了宣扬纲常名教，但是较之馆臣原来决定不立专传仅入各表来说，毕竟保存了较多的史料。另外，对于馆臣因怕触犯忌讳而不敢使用的一些史料，乾隆皇帝发现后也要求补入所修各书。如康熙年间左都御史郭琇弹劾明珠、高士奇、王鸿绪原疏，本来极有史料价值，然而馆臣却以郭琇后来被康熙皇帝治罪而不敢使用。为此，乾隆皇帝指令国史馆于所进王鸿绪传内补入该疏，"既可令海内传为美谈，且足令朝臣共知鉴戒"。[29]又如南明史可法复睿王多尔衮书，是南明和清朝政权之间关系的重要文件，前此各史皆不曾载。乾隆四十二年，乾隆皇帝于内阁册库中发现了这一文件，因命附于《宗室王公功绩表传》睿王传后。在乾隆皇帝的关心下，乾隆四十七年以后，国史修纂工作进展相当迅速，先后完成之书籍有《满汉名臣传》《宗室王公功绩表传》《蒙古王公功绩表传》《贰臣传》《回部王公表传》《台湾安南将弁官员列传》等，不但在当时为国史纂修奠定了一个很好的基础，而且也为后人研究清史提供了相当丰富的资料。

　　纂修国史之外，乾隆皇帝还从巩固统一、加强统治和施政的需要出发，以方略、政书为重点，先后编修了大量的有关本朝历史的书籍。其中，《平定金川方略》《平定准噶尔方略》《平定两金川方略》《平定廓尔喀纪略》记载了乾隆皇帝平定各地叛乱、维护国家统一的各次战争的经过；《临清纪略》《兰州纪略》《石峰堡纪略》《台湾纪略》等则记载了乾隆皇帝镇压各次农民起义的经过。《清三通》《大清会典》《大清会典则例》《大清通礼》《皇朝礼器图式》《满洲祭神祭天典礼》《国子监志》等书则将清初以来历代皇帝有关各种政务处理的谕旨集中起来，加以制度化，以便臣下遵行。除此之外，为了反映大一统的政治局面和夸耀自己的文治武功，乾隆皇帝还主持纂修了《大清一统志》《皇舆西域图志》《皇清职贡图》《日下旧闻考》《盛京通志》《河源纪略》《南巡盛典》《庆典成案》等书，内容涉及清朝政治、经济、军事、文化、地理、民族、宫廷、外交等许多方面。所有这些，不但直接促进了当时文化事业繁荣局面的形成，而且也大大地丰富了我国古代文化的宝库。乾隆皇帝"稽古右文"、编订群籍，对于中国古代文化事业的发展做出了重要的贡献。

我们在肯定乾隆皇帝编修群书对中国古代文化和当时学术事业的繁荣做出重要贡献的同时，也应看到，乾隆皇帝编修群书的文化活动也存在着相当严重的问题和缺陷。首先，乾隆时期是中国封建社会君主专制制度极度发展的时期，各种书籍的编修也成了乾隆皇帝加强封建专制统治的一种手段。在所修各种书籍中，不是大肆宣扬纲常名教和忠孝节义等封建伦理道德，就是极力铺陈乾隆皇帝的文治武功，至于歪曲史实、故为曲笔之处更是比比皆是，不胜枚举。所有这些，不但使所修各书内容相当陈腐，立场极为保守，也使其学术质量大受影响。其次，由于各种书籍之纂修大多是为了加强封建专制统治，因而所修各书，经、史两类数量最多，有关自然科学知识的书籍则为数甚少，至于介绍西方先进自然科学知识的书籍则更是微乎其微，从而使明末以来一度缩小了的中西方科技知识差距重新扩大。在这方面，乾隆皇帝和其推行的文化政策是应负有一定的责任的。

第二节　纂修《四库》

在乾隆皇帝主持编修的各种书籍中，影响最大的是《四库全书》。乾隆三十八年以后，为了进一步表示自己"稽古右文"，凭借长期以来积攒起来的雄厚的物质财富，在历次求书、修书的基础上，乾隆皇帝又动用全国力量，主持编修了这部囊括古往今来一切主要著述的卷帙浩繁的《四库全书》，从而把清朝建立以来的政府修书活动推向了最高峰。

《四库全书》之纂修，肇始于乾隆三十七年正月乾隆皇帝之征求天下遗书。最初，乾隆皇帝只是企图扩大政府藏书，"以彰千古同文之盛"。但是，随着征求遗书活动的开展，怎样征集遗书和如何处理所征遗书的问题便提上了议事日程。这时，安徽学政朱筠首先向乾隆皇帝提出了开馆校书的建议。朱筠的建议包括四项内容：第一，征求遗书当以汉、唐以来尤其是辽、宋、金、元四朝的文献价值较高而又传世甚稀的旧本、抄本为重点。第二，由清朝政府组织人力先对内府藏书进行一次普查并将其目录"宣示外廷"，以便各地献内府所未备者。在这条建议中，朱筠还特别提出，清朝政府收藏的《永乐大典》是明初以前各种著述之渊薮，其中多存"世不恒觌"之书。他要求由政府组织人员，"择其中古书完者若干部，分别缮写，各自为书"。第三，朱筠建议政府充分吸收汉、隋、唐、宋以来历次整理文献的经验，不仅征求遗书，而且对之进行校勘，同时还应组织人员对所收书籍"或依《七略》，或准四部"，分门别类地"校其得失，撮举大旨，叙于本书卷首"。为此，他要求政府建立专门机构完成这项工作。第四，在征求民间遗书时，应将采访范围进一步扩大，凡是具有文献价值的钟铭碑刻、金石图谱，都当在搜求范围之内。[30]由上可见，朱筠这些建议的总精神是要求政府对全部现存文献进行一次继汉、隋、唐、宋之后的总清理。因为这一建议和乾隆皇帝好大喜功的心理正相符合，乾隆皇帝对之异常重视。他立刻派员校核《永乐大典》中所存佚书的情况，在经过调查了解到这一建议确实可行之后，便立即组成了以军机大臣为总裁官、由许多翰林参加的专门机构，以进行辑佚活动。受朱筠建议启发，乾隆皇帝改变了单纯求书的初衷，决计编纂一部囊括古往今来一切主要著述的巨型丛书——《四库全书》。根据他的指示，乾隆三十八年二月，"四库全书馆"于翰林院正式成立，一个由政府组织的、规模空前的编纂《四库全书》的活动便由此开始了。

根据乾隆皇帝的指示成立起来的"四库全书馆"机构庞大，大小负责官员达三百六十人。其中之总裁官、副总裁官为总揽全馆事务之主要官员，因统筹全局，责任重大，故特设正总裁官十六员，副总裁官十员，皆分别从大学士、六部尚书、侍郎中拣选。为了加强自己对"四库全书馆"的控制，乾隆皇帝还特派皇六子永瑢、皇八子永璇、皇十一子永瑆充任总裁官。总裁、副总裁之下，设总阅官十五人，总管阅定各书之事；总纂官三人，总理编书之事；总校官一人，总理校订之事；缮书处总校官四人，专掌抄书及总理校对脱误之事。上述每一机构之下，又设有具体办事官员多人，分管校勘、编纂、刊刻、装订、整理之事。此外，在全书纂修过程中，还以各种方式招收抄写誊录的书手、绘画的手工工人和刻字印刷的工匠四千余人。这一专门机构的成立，对于《四库全书》纂修的成功，起了重要的保证作用。

在上述所设各职中，总纂官、总校官及其下属各机构是《全书》编纂过程中的关键环节，对于《全书》能否修成和质量好坏起着决定性的作用。为此，乾隆皇帝特别注意选拔知名的学者和在各方面有专深造诣的人充任上述各职。除由乾隆皇帝亲自任命当时的著名学者纪昀、陆锡熊为总纂官，陆费墀为总校官之外，还分别以大臣荐举、政府征辟等方式将

纪昀画像　（清）佚名绘

一大批学识渊博而又年富力强的著名学者安排到纂修官、分校官等各个重要岗位上。如著名经学家戴震、著名校勘学家周永年、著名史学家邵晋涵即分别被任命为校勘《永乐大典》纂修官兼分校官；著名经学家姚鼐、翁方纲、朱筠则分别被任命为校办各省送到遗书纂修官，并分别在自己的工作领域内为《全书》的纂修做出了重要的贡献。与此同时，其他一些著名学者如程晋芳、任大椿、金榜、王念孙等也都各据所长，在四库全书馆担任了相应的职务，成为《全书》纂修中的骨干力量。由于他们的辛勤劳动，《四库全书》在各方面都达到了较高的学术水平。

由于自清初以来，清朝政府即注意图书的搜集、庋藏和纂修，而《四库全书》的纂修又是结合当时正在进行的对《永乐大典》的辑佚以及大规模的征求民间遗书两项活动同时进行的，故而《四库全书》纂修中的书籍来源极为广泛。大致说来，可分政府固有藏书和各省所进遗书两大项。其中的政府固有藏书，包括自清初以至乾隆时臣下遵照皇帝敕旨编修的敕撰本、内廷各藏书机构原藏的内府本和当时正在进行的《永乐大典》中所辑的各种佚书即所谓《永乐大典》本；

各省所进遗书则包括各省督抚在此次求书中或从市场购买、或向藏书家借抄而送馆备用的各省采进本，各地藏书家因乾隆皇帝求书上谕曾经提及而不得不将家藏秘书献出的私人进献本，以及当时社会上最流行的通行本。自《四库全书》开馆至乾隆三十九年八月一年半的时间里，仅各省所进遗书一项，已逾万种，而且此后还在继续增加，如果再加上政府固有藏书、从《永乐大典》中新辑之书以及为编入《四库全书》而临时敕撰之书，其数量也真够可观的了。

面对这些来源不同、版本不同而又为数浩繁的书籍，《四库全书》显然不能不予区别地悉加收录。为此，乾隆皇帝在乾隆三十八年五月十七日的上谕中规定："所有进到各书，并交总裁等同《永乐大典》内现有各种详加核勘，分别刊、抄，择其中罕见之书，有益于世道人心者，寿之梨枣，以广流传；余则选派誊录，汇缮成编，陈之册府；其中有俚浅讹谬者，止存书名，汇入《总目》，以彰右文之盛。"[31]根据乾隆皇帝的这些指示精神，在遗书到馆之日，各纂修官便根据原先分工对每一种书籍之不同版本进行校勘，并就其作者、成书时代、内容异同、版本优劣进行考证，将其考证成果以另纸粘于该书每卷之末。同时，还仿汉朝刘向、刘歆校书之旧例，为每书撰写提要一篇，于其中叙作者之时代爵里、本人事迹以及内容得失，并根据该书之价值预拟出应刻、应抄、应存目三种意见，一并交总纂官审定修改。此后再由总裁官奏闻，候旨决定。经乾隆皇帝同意后，除其中判为应存目之书，因价值寻常或虽有一定价值，但其内容中却有和儒家经典相悖谬之处而仅入《四库全书总目》，不再录入《四库全书》外，其他应刊、应抄之两种书籍皆交缮书处组织人员按既定规格进行抄录，录入《四库全书》。其中应刊之书籍因价值较高、世间罕传，除缮写外，还由武英殿修书处以《武英殿聚珍版丛书》为名刊印行世，以广流传。

"四库全书馆"开馆之初，根据乾隆皇帝的指示，所编书籍不过是《四库全书》和《四库全书总目》二种，然而，随着《四库全书》纂修活动的全面铺开，乾隆皇帝的修书计划也愈益庞大。

一是增纂书籍越来越多。首先是决定增纂《四库全书荟要》。乾隆三十八年五月，乾隆皇帝以为《四库全书》卷帙浩繁，一时难期速成，而且即使修成亦因部头太大而不易检阅。因命馆臣于《全书》中"撷其精华，缮为《荟要》"，以使两书互相补充，并行于世。[32]这样，馆臣选录收入《四库全书》之书籍四百七十三种，一万九千九百三十卷，编为《四库全书荟要》一书。该书于乾隆四十三年首先告成。共抄两部，一部存于内府御花园内的摛藻堂，一部置于京西圆明园之味腴书屋。乾隆三十九年，乾隆皇帝又决定编修《四库全书简明目录》一书。当年七月，乾隆皇帝发现，各书提要编写就绪者已在万种以上，将来抄刻成书，必定卷帙浩繁，不易翻阅，于是又命馆臣于《总目》之外另编《简明目录》一书，"篇目不繁而检查较易，俾学者由书目而寻提要，由提要而得全书，嘉与海内之士，考镜源流，用昭我朝文治之盛"。[33]这样，馆臣略去《总目》各类总序、小序和存目类各书提要，并将其他各书提要也大加压缩，"只载某书若干卷，注某朝某人撰"，[34]于乾隆四十七年，汇为《简明目录》二十卷，从而为学者了解十八世纪以前各种主要著述的大致情况提供了方便。除此之外，在《四库全书》纂修过程中，纂修官员曾对收入《四库全书》各书的不同版本进行校勘，并对各书作者、成书时代、内容异同等做了一些考证工作。这一部分文字经乾隆皇帝批准后，都以附录的形式抄入《四库全书》所收各书的每卷之末。因为全书仅抄数部，流传不广，海内承学之士无从窥见其研究成果。为了嘉惠士林，乾隆四十一年九月，乾隆皇帝又特命将"所有诸书校订各签，并着该总裁等另为编次，与《总目提要》一体付聚珍版，排列流传"。[35]该书遂以《四库全书考证》为名行世。全书一百卷，对于学者校订各种古籍，有着一定的参考价值。

二是《全书》抄写份数成倍增长。始修《四库全书》时，乾隆皇帝的思想尚未脱离扩大政府藏书之窠臼，因而只是谕令将《全书》抄录四份，分别庋藏于紫禁城、圆明园、热河避暑山庄和盛京故宫四处。随着《四库全书》纂修活动的全面开展，其社会影响也越来越大。为了满足社会需要，乾隆四十二年八月，乾隆皇帝决定于四份《全书》外另缮一份副本贮于翰林院，"既可备耽书之人入署就阅，而传布词林，亦为玉堂增一佳话"。[36]乾隆四十七年七月，在北四阁四份《全书》陆续告竣之时，乾隆皇帝以为江浙为"人文渊薮"之地，为了方便当地士子"就近观摩誊录"，又命再行缮写三份《全书》，分贮于扬州、镇江和杭州三地。如果连同两份《四库全书荟要》也需人力抄写，则抄写字数较之以前增加了一倍还多。

与此同时，随着《四库全书》纂修活动之进展，乾隆皇帝还筹及建阁贮书事宜。乾隆三十九年到乾隆四十一年，在乾隆皇帝的指令下，先后修建了紫禁城文渊阁、圆明园文源阁和热河避暑山庄文津阁。乾隆四十七年，又在盛京故宫内建造了文溯阁。为了达到防火、防潮、防蠹、长期保存图书的目的，在动工之前，他专派杭州织造寅著到宁波了解已有二百多年藏书历史的范氏天一阁的建筑情况，并令其"烫成式样，开明丈尺"，以便取法。³⁷北四阁的建筑程式就是仿照天一阁而建立起来的。阁成之后，乾隆皇帝还一一为之作记。从乾隆四十四年到四十九年，乾隆皇帝又先后兴建了扬州大观堂之文汇阁、镇江金山寺之文宗阁，并谕令将杭州西湖圣因寺之玉兰堂改建成文澜阁，用以庋藏续抄三份《全书》。所有这些，不但使所修各书珠联璧合，配龙成套，而且因其服务面超出宫廷而扩大到一般士子文人，也使《四库全书》纂修活动的影响显著扩大，使其成为西汉以来政府组织的历次文化活动中最有意义的一次。

由于《全书》卷帙浩繁，而根据乾隆皇帝的指示，该书需缮录八份，如果再加上两份《四库全书荟要》也需人力抄写，则其总字数约在八十亿以上，因而《全书》的缮录和校勘便成了该书编修后期最艰巨的工作。为了保证《全书》的缮写质量和进度，"四库全书馆"于缮书处专设总校官四人，分校官一百八十二人。也就是说，全馆半数以上的官员都直接参加了该书缮录过程中的校勘工作。与此同时，在北四阁《全书》抄写时，以保举和考试的方式先后招收书手二千八百二十六人；续缮南三阁三份《全书》时，还专拨内帑百万两添雇书手一千人。此外，还规定了三个月一考核的《功过处分条例》以进行督促、检查。经过全馆人员的努力工作，乾隆四十六年十二月，第一份《全书》告成，随即入贮文渊阁；至乾隆四十九年十一月，北四阁其他三份《全书》也陆续抄写完毕。乾隆五十二年，翰林院之副本和南三阁四份《全书》也最后抄成。从乾隆三十八年二月"四库全书馆"开馆，至乾隆五十二年八份《全书》、两份《荟要》最后完成，其间经历了十五个年头。据统计，收入《四库全书》之书籍3461种，79309卷，分装为36300册，6752函；收入《四库全书荟要》之书籍为473种，19930卷，分装为11251册，2001函。也就是说，十五年的时间里，国家藏书增加了近七十万卷，这实在是中国古代图书事业史上的空前壮举。

在乾隆皇帝的关心下，由人力抄成的《四库全书》不但卷帙浩繁，内容宏博，而且在纸张的遴选、书写和装帧的方式上也极其讲究、尽善尽美。以所用纸张而言，八份《全书》皆分别使用了上等的开化榜纸和太史连纸；以书写格式而言，又全都是在预先打好直行红格的朱丝栏内端笔正楷书写，每半页八行，行二十一字；有注文的地方，则于竖格内写双行小字，有些书内还绘有精美的插图；以装帧而言，八份《全书》近三十万册全都是绢面包背装，而且经、史、子、集各部中绢面的颜色还各不相同，如经部是绿色（独文澜阁经部为葵绿色）、史部是红色、子部是蓝色（文宗、文汇两阁子部为玉色，文澜阁子部为月白色）、集部是灰色（文宗、文汇两阁集部为藕合色，文澜阁集部为灰黑色），以象征一年四季之色。每若干册贮在一个楸木匣内，名为一函。函面上刻有函内所装之书名。函内之书用香楠木片上下夹住，再用绸带系紧。函面之字，函内系书之绸带和书的绢面，颜色完全相同。用这种方法保存书籍，不但防霉、防虫，而且形式上也极其整齐美观，有着极高的艺术价值。同时，对于每种书籍在阁内架上的陈列位置，也都作有具体规定，并且专门画出图样，名为《四库全书排架图》，对于学者入阁查书，也提供了很大的方便。

在整个《四库全书》纂修活动中，乾隆皇帝本人为之花费了极大的心血。从征求天下遗书、搜辑《永乐大典》中的佚书到拣选负责官员，从《全书》收录书目、版本以至编排体例、抄写格式和建阁贮书，十几年的时间里，无论是盛夏还是严冬，无论是在战争环境还是在和平环境，无论是留京还是在巡幸途中，乾隆皇帝先后就此颁布了上百道谕旨。正是由于乾隆皇帝的亲自领导，使得此次《四库全书》纂修活动成果辉煌，意义重大，影响深远。

首先是其保存和传播文化之功不可泯灭。由于该书的纂修是与从《永乐大典》中辑佚书和大规模的征求民间遗书两项活动同时进行的，这就使《全书》在收书范围和质量上都远在前此同种书籍之上。各地藏书家累世珍藏的宋刻、元抄善本书和失传几百年而文献价值极高的珍本秘籍都因此而化私为公、变零为整。而且，在《四库全书》纂修中，还对之进行了分门别类的系统整理和反复的校勘、考证，并于修成之后分八处存放于东北、华北和江浙三地，不但在当时为保存和传播古典文献做出了重要的贡献，而且也为后世学者研究古代政治、经济、文化、军事、民族、外交等提供了可贵的资料。

其次，《四库全书》的纂修活动也有力地推动了乾隆中期以后出现的整理古典文献的热潮。其中，从《永乐大典》中辑佚书的活动、《四库全书总目》和《四库全书考证》的编修和刊刻，都对此后学术界中目录、版本、校勘、辨伪、辑佚、考据等学科以极大的影响，至于以整理文献为目的而编刊丛书者更不胜枚举。总之，《四库全书》的纂修是我国古代文化发展史上的空前壮举，作为这一巨大工程的最高主持人的乾隆皇帝，也对中国古代文化事业的发展做出了突出的贡献。

我们也应看到，由于乾隆皇帝主持编修《四库全书》的主要目的并非是为了保存和传播古典文献，繁荣、发展民族文化，而是将之作为夸耀自己的文治武功，宣传封建道德、加强封建专制统治和民族压迫以及笼络汉族知识分子的一种手段，因而该书纂修中也存在着一些严重的问题。最为严重的是，乾隆皇帝借修书为名，查禁和销毁了大量的具有民族、民主思想，价值极高的图书。据前人估计，在《四库全书》纂修期间，所销毁的各种图书总量约在三千种左右，六七万卷以上，几和《四库全书》收书量大体相等，从而使中国古代文化遭到了自秦始皇焚书以来的又一次浩劫。一些图书即使侥幸未被销毁，也因为不符合乾隆皇帝规定的"为天地立心，为生民立道，为往圣继绝学，为万世开太平"的封建道德标准而被判入存目类，摒弃于《四库全书》之外，[38]有的甚至连存目类也不予登录。此外，对于所收之书也因忌讳多端而对之进行多方抽毁和窜改，使得许多珍贵古籍尤其是明清之际的各种古籍或遭肢解，或者严重失真。

其次，由于该书是官修之书，最高统治者的目的是借此粉饰太平，相当一部分纂修、校订官员又将此作为仕宦之捷径，对分工所修之书采取了敷衍塞责、极不负责的态度，从始至终以认真、负责态度进行工作的只有少数学者，使得该书的学术质量也受到了严重的影响。其主要者，如《永乐大典》一书，本为明初以前各种古籍的渊薮，只要认真辑书，本可以辑出更多之书，而决不止此次所辑之五百一十六种。但是由于馆臣贪近就便，仅是信手抄录其较为完全之书，对于其他稍需花费气力者，则一概弃之不顾，更不用说将辑佚活动扩大到其他各种古籍了。又如该书之抄写工作是《全书》成书中的重要环节，无论抄写人员或者校对人员都应认真对待，以保证《全书》之质量。但是由于馆中人员上下欺瞒、不负责任，竟使该书在缮录过程中有整篇、整卷甚至整部都漏抄者，如乾隆五十四年到五十五年，陆锡熊到文溯阁校书，就查出漏写书二部、错写书三部，因错漏太多需要重新抄写者三部，匣面错刻或漏刻书名者五十七部。乾隆五十七年，纪昀重校文津阁书，仅经部书籍就查出空白和错误一千多处。乾隆五十九年，又查出文源阁《全书》漏写《盐铁论》卷末《杂论》一篇。其他南三阁《全书》中类似问题也所在多有，无法悉举。

所有这些，都使《全书》的学术质量大受影响，作为《全书》纂修活动最高主持者，乾隆皇帝也难辞其咎。尽管如此，这场修书活动毕竟对中国古典文献做了一次比较全面的清理和总结，因而，我们对乾隆皇帝在位期间纂修《四库全书》的活动还是应予充分的肯定。

第三节　学风丕变

　　乾隆皇帝在文化事业上的另一重要举措，是对以整理、考据古典文献为主要研究内容的学者给予积极的鼓励和支持。正是在他的扶持下，乾隆时期整理、考据古典文献的学术活动进入了高潮，并形成了著名的乾嘉学派。一时之间，学术界人才辈出，硕果累累，一片繁荣景象，对于中国古代文化事业的发展做出了重要的贡献。

　　乾隆皇帝之所以对整理、考据古典文献的学者表示重视，源于他对程朱理学和理学名臣的厌弃。清朝初年，在建立和巩固政权的过程中，程朱理学尤其是理学名臣立下了汗马功劳。儒家经典的政治含义是经他们的解释才被最高统治者理解和接受，清朝政府的各种政治和社会政策经过他们的宣传才和汉族人民心目中的圣人孔孟挂上了钩，因而入关之初，清朝政府即将程朱理学确定为官方哲学思想，对于理学名臣也不次擢用，优宠备至。当时，虽有一些学者从事古典文献的考据和整理，但是就其构成人员而言，大多是民族意识较为浓厚的汉族知识分子，整理文献之目的，又大多是以此作为思想上的一种寄托和拒绝与清朝政权进行合作的一种斗争方式。后来，由于清朝统治的进一步巩固，在清朝统治下成长起来的知识分子陆续加入学术队伍，这一学术派别中的反清的政治色彩日益淡漠。但是，因为他们的学术活动与最高统治者加强政治统治的关系不大，除了最高统治者为了表示自己"稽古右文"而偶尔对其中的个别人表示礼遇之外，其他绝大多数人都是布衣终生。在这样的环境下出生的乾隆皇帝，从其幼年开始，即接受了比较系统的理学教育，相当长的时间里，对理学笃信甚诚，习诵不辍。他说："朕自幼读书，研究义理，至今《朱子全书》，未尝释手。"[39]"有宋周、程、张、朱子，于天人性命、大本大原之所在，与夫用功节目之详，得孔孟之心传，而于理欲、公私、义利之界，辨之至明。循之则为君子，悖之则为小人。为国家者，由之则治，失之则乱，实有裨于化民成俗、修己治人之要，所谓入圣之阶梯，求道之途辙也。"[40]对于先朝理学名臣如鄂尔泰、张廷玉等，也放手使用，信任有加，尊崇备至。然而，随着乾隆皇帝专制统治的不断加强，理学名臣和程朱理学中的一些内容先后成了皇权进一步加强过程中的绊脚石，从而遭到了乾隆皇帝的冷遇。

首先是理学名臣成了乾隆皇帝加强皇权的绊脚石。乾隆初年，最高统治集团主要是由标榜理学的雍正旧臣所组成，其中又以鄂尔泰、张廷玉两人地位最高，职权最重。然而，使乾隆皇帝感到失望的是，虽然他对他们极为信任和尊崇，他们却仍然贪不知足，利用雍、乾之交最高权力过渡之际，皇权暂时削弱之机，极力扩张自己的政治、经济实力，甚至彼此之间为了争夺权力而各结私党，明争暗斗，互相攻讦，严重地影响了朝廷政局的安定和乾隆皇帝专制统治的加强。对于朋党之争，乾隆皇帝极为反感；对于他们互相攻讦而揭发出来的一些内幕，乾隆皇帝尤为厌恶。他们的所作所为，使得乾隆皇帝感到，自己昔日所十分敬重的这些师傅之辈原来都是一批口是心非的假道学、伪君子。因而，在累次训诫臣下"研精理学"的同时，还着重指出，"讲学之人，有诚有伪，诚者不可多得，而伪者托于道德性命之说，欺世盗名，渐启标榜门户之害"。[41]这样，包括鄂、张在内的不少廷臣因为涉嫌党争和标榜理学，先后遭到了乾隆皇帝的斥逐和疏远。

其次是程朱理学的一些内容因为和乾隆皇帝加强统治的要求不相适应而被其弃置。乾隆皇帝整治朋党之初，尚将程朱理学与理学名臣分而视之。在他看来，虽然理学名臣"有诚有伪"，但是程朱理学却完全正确。"经术之精微，必得宋儒参考而阐发之，然后圣人之微言大义，如揭日月而行也。"[42]然而，随着对宋儒诸书了解的日益全面，他发现，程朱理学对儒家经典的一些解释和一些程朱理学著作中所阐发的思想，并不利于清朝统治的巩固和自己专制统治的加强。即如《春秋》一书，本是一部重要的儒家经典。因其文简义奥，南宋时期，胡安国为之作传。明朝以后，科举考试奉为程式，迨至清朝，相沿未改。但胡氏生逢宋、金对峙之际，传释《春秋》，多以"复仇"立说，不但曲解经文原义，而且也不利于清朝政府的统治。幸而一帮封建儒生只是为科举考试而诵习此书，如果真照《胡传》原意去做，岂不是坏了大事！又如朱熹之《名臣言行录》一书，在乾隆皇帝看来，也有易启门户争执、侵犯君权之嫌。为此，继惩治鄂、张朋党之后，乾隆皇帝对程朱理学的态度也发生了变化。如乾隆十九年四月，他在殿试试题中即提出了道学流行后"大道愈晦"的看法。[43]乾隆二十三年，在为《春秋直解》一书所作的序言中，他又对胡安国《春秋传》一书进行了公开的批评，并且发出了"曲说之离经，甚于曲学之泥经"的感慨。[44]后来，又在科举考试中干脆废弃胡《传》，"嗣后《春秋》题，俱以《左传》本事为文，参用《公羊》《穀梁》"。[45]对于朱熹《名臣言行录》一书，虽然以其为朱子所作，乾隆皇帝不能显加指斥，但当发现致仕大理寺卿尹嘉铨步其后尘著《本朝名臣言行录》一书时，乾隆皇帝即刻大发雷霆，掀起大狱，以发泄他对朱熹的不满情绪。与此同时，和前期相比，乾隆皇帝对各起批评理学著作的文字狱案件的处理却明显放宽。乾隆二十年以后，文字狱进入了高潮时期，但是对于批评程朱的著作，乾隆皇帝却网开一面，很少予以处理，有时还对借此兴狱的官员严厉呵斥。所有这些，表明了乾隆皇帝对于程朱理学的热情显著下降。由于失去了最高统治者的支持，程朱理学的黄金时期一去不返，不可避免地进入了它的衰落阶段。

在程朱理学遭到乾隆皇帝冷遇的同时，对于当时以整理和考据古典文献为业的一些学者，乾隆皇帝却表现了异乎寻常的热情。首先引起乾隆皇帝关注的是乾嘉学派的著名学者无锡人顾栋高。顾栋高是康熙进士，雍正初以建言放归，从此绝意仕进，研治经史。他以和理学家完全不同的方法研究《春秋》，将二百四十二年的春秋时事分门别类、排列成表，著为《春秋大事表》一书，不但大大推动了《春秋》一书研究的深入，而且对于宋儒所胡乱发挥的《春秋》义例也是一个有力的批判。为了表彰他在经学研究中的突出贡献，乾隆皇帝特授其为国子监司业职衔，"以为绩学之劝"。[46]尔后，钱大昕、江永、戴震、杨昌霖等许多著名学者也先后引起了乾隆皇帝的注意，乾隆皇帝或者指定官员搜求其生平著作，或者由布衣特授官职。他之所以对这些学者如此重视，既有政治上的原因，又有学术上的原因。就政治原因而言，一是经过一个多世纪的发展，整个学术界皆已对清朝统治表示拥护，使用这些人不但不会影响自己的统治，反而可以扩大自己的统治基础。二则这些学者大多出身社会下层，和高级官吏瓜葛不多，使用他们既可削弱朋党势力，又能逐步改组官吏队伍，增强各级官吏对自己

戴震画像　（清）佚名绘

的向心力。此外，这些人一心向学，功名利禄思想比较淡漠，对于整顿官方、澄清吏治似乎也不无好处。就学术原因而言，中国封建社会经过两千多年的发展，至清朝时，古典文献的积累达到了空前的地步。由于长期流传，其中讹误、亡佚残损现象极其严重，文化事业的发展亟需对之进行一番系统的清理和总结。乾隆时期，国家富庶，社会安定，这一时机逐渐成熟，但是无论总体规划，或是具体整理，人才问题都是关键。乾隆皇帝环顾知识界，只有那些以整理、考据古典文献为业的学者方能膺此重任。正是基于上述诸多原因，乾隆皇帝才对这些学者表示了特别的关注。也正是在乾隆皇帝的特别关注下，这些学者才在政治上由地主阶级的在野派转化

成为当权派，在学术上由原来各自为战的散兵游勇发展成为一个极有影响的学术派别——乾嘉学派。

为了促成这些学者政治地位的转化和学术研究活动的开展，乾隆皇帝主要使用了科举考试这个杠杆。在此之前，各种层次的科举考试理学气味极浓，对于以整理和考据古典文献为业的学者来说，登仕极为不易。为了扭转这种情况，乾隆十年以后，乾隆皇帝首先在殿试时务策时加上了经、史方面的内容，随着时间的推移，这一部分试题的比重愈来愈大。如乾隆十年殿试试题云："五、六、七、九、十一、十三之经，其名何昉？其分何代？其藏何人？其出何地？其献何时？传之者有几家？用以取士者有几代？得缕晰而历数欤。"[47]又

如乾隆三十一年殿试试题云："《易》传三义，《书》分六体，《诗》有三作，《春秋》著五始，《戴记》多后儒之所增，《周礼》以《冬官》为散见，其说可胪举欤？"[48]乾隆五十四年殿试试题亦云："《诗》三百十一篇名见《礼》及《左传》者凡几，十五国风或谓斟酌序次，或谓以两相比，语出何氏？"[49]都是就经部文献所出之题。至于以史籍出题者更是不胜枚举，略举数例，以见其大致情况。如乾隆二十八年殿试试题云："史有二体，纪传法《尚书》，编年法《春秋》……有志三长之学者，夙习发明书法，考异集览诸家之言，能研核折衷而切指其利病否？"[50]乾隆三十一年试题云："史以垂彰瘅而体例不必尽同，《循吏》《儒林》始于《史记》，《文苑》《独行》始于《后汉书》，《忠义》始于《晋书》，《道学》始于《宋史》，其分门各当否？《梁书》有《止足传》，《隋书》有《诚节传》，《唐书》有《卓行传》，同异果何如也？"[51]乾隆五十二年殿试

试题云："史非徒纪事，所以监先式后，等百世以为因革损益者也，则表、志尚矣。顾曰书、曰志、曰考，或有或无，或取他家以益之，或越数代以补之，或统及古今，或并详五朝，征其体例，能较然欤？"[52]乾隆五十五年试题又问及《通鉴》一书，"同撰者何人，分代者何属，采取者正史外何书，略而为目录，析而为甲子纪年，订而为《考异》，别而为《稽古录》，体例可陈欤"？[53]

《四库全书》纂修期间，殿试题中又增加了讨论《四库》收书范围或历代官私目录收录图书的问题。如乾隆四十三年殿试试题即云："前言往行，悉载于书，自周有柱下史，汉、魏有石渠、东观，以至甲乙丙丁之部，《七略》《七录》之遗，代有藏书，孰轶孰传，孰优孰劣，可约略指数欤？"[54]这些题目，对于研经治史的学者来说，并不为难；然而对于不读经史而又高谈理、气、性、命的理学家和只会使用"且夫""尝谓"之类的词眼写作八股的文人来说，则很难入彀。还值得注意的是，在历次殿试中，乾隆皇帝很少就理学出题。偶尔出上一道半道，也不限定答案，而是鼓励士子自由思考，特别是启发人们从反面思考。如乾隆十九年殿试试题即云："自宋诸儒出，于是有道学之称。然其时尊德性、道问学，已讥其分途，而标榜名目，随声附和者，遂藉以为立名之地，而大道愈晦。今欲使先圣先贤之微言大义，昭如日星，学者宜何所致力欤？"[55]看，提倡乾嘉学派治学方法的答案简直呼之欲出了。

就是通过这样的方法，乾隆皇帝大大限制了理学信徒的入仕途径，而将一大批经史研究有成的学者吸收到各级政权中来。其主要者有庄存与（乾隆十年），卢文弨（乾隆十七年），王鸣盛、钱大昕、纪昀、朱筠、王昶（乾隆十九年），毕沅（乾隆二十五年），赵翼（乾隆二十六年），陆费墀（乾隆三十一年），任大椿（乾隆三十四年），邵晋涵、孔广森、程晋芳、孔继涵（乾隆三十六年），王念孙、戴震（乾隆四十年），章学诚（乾隆四十三年），武亿（乾隆四十五年），孙星衍（乾隆五十二年），洪亮吉、阮元、凌廷堪（乾隆五十五年），潘世恩（乾隆五十八年）等数十人，几乎包括了乾嘉学派的全部骨干。据统计，从乾隆十年始至乾隆六十年止，二十三次会试中，所取进士四千余人，至于中举者则更当十数倍于此，都由乾隆皇帝一一安排了职务，其中一些人如纪昀、王昶、毕沅、阮元等还仕官显达，内列卿贰，外任督抚，成为乾嘉学派的领袖，不但对官吏队伍进行了一番更新，而且还造就了一代学风。在科举考试的带动下，不少学者竞相将自己研习经史所得汇为文集刊刻行世，由书肆大量发行，以供士子准备科举考试时观摩之用。与此相反，宋儒"濂洛关闽之书"因与科举考试无关，士子纷纷将之"束之高阁，无读之者"，以至书贾为怕蚀本起见，所有理学著作竟不敢刻印发卖了。[56]

科举考试之外，乾隆皇帝组织的频繁的修书活动也对乾嘉学派学术研究活动的开展起了很大的促进作用。乾隆皇帝在位期间，官修图书数量众多，涉及范围也极其宽广。每次修书，都要动员中央政府中相当一批科举出身的官员参与其役。尤其是在《四库全书》纂修期间，中央政府中的文职官员更是几乎全体出动，兼之以该书内容浩瀚，经、史、子、集四部俱全，研究程序完备，遍及目录、版本、校勘、辨伪、辑佚、考据等整理古典文献技能的所有方面，因而这一活动的进行，不但对入选馆臣来说是一次极好的训练，而且在整个学术界也产生了极其广泛的影响。不少学者即在与修《四库全书》的基础上，退而著述，以成名家；也有相当一批学者虽未参与修《四库全书》，但是受其影响，也在古典文献的研究和整理方面取得了突出的成就。这样，清初以来整理、考据古典文献的涓涓细流终于发展成为一个影响极大的学术流派。

在乾隆皇帝的扶持下，经过乾隆初年以后三四十年的发展，至乾隆后期，学术界整理、考据古典文献的活动进入了高潮。上自名公巨儒，下逮博士学究，无不涉考据之藩篱，整个学术界人才辈出，硕果累累，一片繁荣景象。就经学研究而言，许多学者先后冲破程朱理学的束缚，将平生研究所得撰成各经新注、新疏，从而在很大程度上打破了几百年来程朱理学对经学研究的垄断；与此同时，不少学者为了探求儒家经典原义，或上探汉晋经师旧说，或精研文字、音韵、训诂。这些活动，不但使亡佚已久的汉代以来的解经文献得到了一番普遍的发掘和整理，而且在很大程度上推动了小学研究的深入发展。就史学研究而言，成绩也甚为辉煌。除少数学者对一些旧史进行改修之外，绝大多数学者都集中精力，缩短战线，致力于历代正史表志阙略部分的补修和对古代史实的考据。其中，在补志活动中，有的学者以一人之力而兼补数种表志，有的是数位学者在不同地点共补一表一志而在质量上各有千秋。经由这些学者的努力，使得各代正史所缺表志大抵都有了一种或数种补修之作。至于考史，更是乾嘉学派学者学术活动的热门，几乎所有的学者都程度不同地参与进来。其中有的学者专攻一史，有的学者兼及数史甚至通考全史，由于战线缩短，精力集中，大多具有较高的学术质量。其中最负盛名的是王鸣盛的《十七史商榷》、钱大昕的《廿二史考异》和赵翼的《廿二史札记》。三书之外，专考一代史实之书更是不胜枚举，散见于笔记、文集中的碎金式的考史之作也俯拾即是。由于整理古典文献活动的空前普及和发展，许多学者还专门致力于目录、版本、校勘、辨伪、辑佚等方面的研究，并各有质量甚高的专书问世，使得各种整理古典文献的技能也都有很大提高，并各自发展成为专学而独立于学术之林。所有这些，都是乾嘉学派对中国古代文化发展做出的重要贡献。乾隆皇帝扶持乾嘉学派以繁荣发展文化事业的活动获得了巨大的成功。

但是，也需指出，由于乾隆皇帝扶持乾嘉学派的目的是加强自己的专制统治，对其研究方向乃至研究内容又规定了许多条条框框，因而乾嘉学派的学术研究活动只是一种畸形的、变态的学术研究活动。

首先是研究领域局限于古典文献的考据和整理，范围极其狭隘。在乾隆皇帝的束缚下，不但包括自然科学在内的许多学科研究人员极少，即在乾隆皇帝所热心的经史研究这一狭小的天地之中，也有许多禁忌。就经学研究而言，学者批判宋儒则可，但却不能显斥程朱，尤其不可触及孔孟；在史学研究中，研究古代史则可，研究明史尤其是研究明清之际的历史和当代史则严行禁止。即使是在古代史范围内，凡和清朝统治有关系的一些课题如华夷之辨、正闰之争乃至建储、党争、井田、封建等也均干忌讳，稍不注意，即罹杀身之祸。这样，乾嘉学派的学术研究活动无异是戴着脚镣跳舞，从而大大影响了乾嘉学派的学术成就。即以其成就较为突出的经史方面而言，除其中的少数著作确有识见而为学术发展所必不可少外，相当一批著作都是步前人之后尘，有功力而无识见，可有可无。

其次是研究内容严重脱离社会实际。乾隆皇帝扶持乾嘉学派之目的，只是将此作为粉饰自己专制统治的点缀品，因而乾嘉学派研究的问题，大多严重脱离当时社会实际。其中陈述之思想相当陈腐，研究方法也极为烦琐。不但和民生利病毫无关系，而且和广大人民的文化生活也几乎完全绝缘。这样，这些研究成就只能成为基层社会所无法欣赏的"阳春白雪"，对于社会进步基本上没有发挥什么积极作用。

尽管如此，这种活动仍然是一种学术活动，而且，历史地来看，扶持乾嘉学派也比扶持程朱理学要好。由于乾隆皇帝的支持，乾嘉学派的不少学者也确实在整理、考据古典文献方面下了一番功夫，取得了相当的成就。就此而言，在乾隆皇帝一生的各种活动中，扶持乾嘉学派以发展学术文化事业基本上还是一项应予肯定的活动。

第四节　迭兴文狱

在通过求书、修书而对文化事业的发展做出一定贡献的同时，为了加强自己的专制统治，乾隆皇帝还迭兴文字狱并厉行查缴、销毁禁书。据统计，终乾隆一朝，各种类型的文字狱约在一百一十起以上，焚毁书籍也达三千部之多。乾隆皇帝的这些活动，对于文化事业的发展犯下了不可饶恕的罪行，不但使中国古代文化遭受了一场空前的浩劫，同时对当时和此后中国社会的发展产生了极为恶劣的影响。

一、乾隆前朝的文字狱

乾隆皇帝即位之初，有鉴于前朝文字狱在统治集团中造成的恐怖气氛及给整个社会带来的动荡和不安，一度采取了比较缓和的政策。不但对前朝文字狱造成的遗留问题有所匡正，对于当时社会上出现的一些不符合统治者胃口和需要的著作，也没有采取十分过激的做法。如乾隆元年正月，御史谢济世进上自著《学庸注疏》一书。该书认为，明初帝王所以把朱熹的《四书集注》捧上了天，是因为朱熹与明朝皇帝同姓的缘故，表面上看起来是在表彰古圣先贤，实则是在吹捧自己。对于这种包含反对程朱理学内容的著作，乾隆皇帝虽然认为其"谬妄无稽，甚为学术人心之害"，但在具体处理上，也仅是"发还其书"。[57]后来，随着乾隆皇帝统治地位的逐渐巩固，对于一些有碍封建统治的著作的处理也开始升级。乾隆六年八月，湖北通山县全崇相刊刻了其父全渊所著的《四书宗注录》一书，中有"推崇逆犯吕留良之处"。乾隆皇帝得知后，即令"追出书版销毁"。[58]同年九月，又因湖南督粮道谢济世所刊自注经书"肆诋程朱，甚属狂妄"，"殊非一道同风之义"，下令湖广总督孙嘉淦将其有关著作"即行销毁，毋得存留"。[59]但是对于这些书籍的作者，乾隆皇帝并没有做进一步的处理。而且，在谢济世因受上司诬陷而遭到迫害时，乾隆皇帝还委派官吏，查明情况，严肃处理。因而，一直到乾隆十六年夏天以前，文字狱案件次数极少，康、雍两朝对文字狱涉及人员残酷打击、迫害的现象基本上没有再次发生。

乾隆十六年夏，发生了一起轰动全国的伪孙嘉淦奏稿案。这一奏稿言词之激烈、内容之尖锐、传播范围之广泛和政治影响之大都远远地超出了乾隆皇帝的想象。因而，这一事件的发生使得乾隆皇帝极感被动与孤立，进而对形势做出了完全错误的估计。他感到，不但在各级官吏队伍中存在一股和自己相对立的势力，而且，因为固有的满汉民族矛盾，这一势力还有着极为深刻的历史的和社会的基础。为了进一步巩固清朝政权和加强自己的专制统治，乾隆皇帝除动用全国力量追查伪奏稿作者，并寻找时机对各级官员中的反对势力严厉打击之外，还大幅度地扭转文化政策。几十年的时间里，先后制造了上百起文字狱，对广大知识分子进行了残酷的迫害和镇压。这样，文化界在经过乾隆初年短暂的平静时期之后，又进入了一个新的动荡而又混乱的时期。

乾隆皇帝对形势估计已经错误，实践中自然就会出偏差。文字狱案发动之初，虽然来势甚为凶猛，数量也相当众多，但就涉及人员而言，不是满口胡言的疯人，就是不安本分、热衷躁进的下层士人，真正意图反清和反对乾隆皇帝专制统治的几乎没有。如王肇基、丁文彬、刘裕后、杨淮震等案便都是疯人惹祸，而刘震宇、李冠春等案又全是士人不安本分而自投罗网。为此兴师动众，很难说对加强乾隆皇帝专制统治和巩固清朝政权有什么意义。尽管如此，为了造成声势，乾隆皇帝还是都给予了极其严厉的制裁。不仅如此，乾隆二十年和乾隆二十二年，乾隆皇帝还亲自出马，先后制造了胡中藻《坚磨生诗抄》案和彭家屏私藏禁书案两起文字狱大案，以对全国各地官员进行指导。在乾隆皇帝的带动下，各地官员望风希旨，如法炮制，将乾隆皇帝制造胡、彭两案时所使用的强拉硬扯、穿凿附会、深文周纳等各种方法照抄不误。一时之间，各种不同类型的文字狱案件大量出现，全国各地的文字狱进入了高潮。据统计，从乾隆二十年春胡中藻案开始至乾隆三十八年纂修《四库全书》之前，文字狱案件不下五十余起，文字狱所强加的罪名也甚为繁多，有妄议朝政，谤讪君上；隐寓讥讽，私怀怨望；妄为著述，不避圣讳；收藏禁书，隐匿不首；纂拟禁史，怀恋胜国等，总数不下十几种。因文字而罹祸的人员，除中下层封建儒生之外，尚有宗室贵族、政府官员和不少平民百姓。对其涉及人员的处理，不是凌迟处死、籍没家产，就是革职拿问、遭戍边远。兼之以在文字狱的高潮期间，又有经办官吏的断章取义以扩大案情和民间的告密诬陷以泄私愤，都大大加重了对人民和社会的危害程度，以致求学的士子、坊肆的书贾、种田的百姓甚至供职的官吏无不人人自危，整个社会处于一片恐怖气氛之中。于此对胡、彭两案发生后主要的文字狱案件略作概述，以见此时文字狱之大致情况。

胡中藻案发生之后，江苏地方官首先闻风而动。当年秋冬之际，连续制造了程鹫《秋水诗抄》案和朱思藻吊时案两起文字狱案件。其中比较典型的是朱思藻吊时案。朱思藻，常熟民人，"读书未成，粗知文义"。乾隆二十年，江苏遭灾，地方官办赈不力，灾区人民生活极为困苦。朱思藻遂摘取四书中斥责暴君污吏之语连缀成文，"以泄其怨望之私愤"。对此，乾隆皇帝极为愠怒，以其"怨望谤讪，狂悖不法"，"侮圣非法，实乃莠民"，将其发配黑龙江。[60]继此两案之后，乾隆二十一年四月，山东又发生了疯人刘德照书写悖逆字帖一案。因为其中有"兴明兴汉及削发拧绳之语"，乾隆皇帝十分痛恨，甚至对其是否疯人也表示怀疑。他说："当此光天化日之下，如此肆行狂吠，岂疯颠人语耶！"[61]因此，刘德照被处死，并不知情而又屏居异县的亲属也被发往黑龙江给披甲人为奴。[62]乾隆二十二年，受彭家屏私藏禁书案的影响，以收藏禁书而入罪的文字狱案件也开始出现。此时，起而响应的除江苏之外，还有浙江、湖南两省的地方官。其中，湖南巡抚富勒浑因为不谙汉语文义，竟将当地生员陈安兆所著之《大学疑断》等也当作了禁书，受到了乾隆皇帝的呵斥。[63]倒是江苏、浙江两省官员善于窥测方向，一则以周瑞南藏匿"妄谈运数"之"妖书"而成狱，[64]一则以生员陈邦彦藏匿、披阅载有"明季伪号"的《纲鉴辑略》一书而上报，得到了乾隆皇帝的赞许。周、陈二人被严惩治罪，所有书籍传本及书板均令查出销毁。[65]

乾隆二十四年以后，各种类型的文字狱案件数量更多，办理更为严厉。单是乾隆二十六年一年，即达九起。其中，江西李雍和潜递呈词案、甘肃王寂元投词案和浙江林志功捏造诸葛碑文案虽皆是疯人所为，但因李雍和呈词中有"怨天、怨孔子，指斥乘舆之语"，[66]王寂元投词中有"大逆之语"，[67]因而皆被凌迟处死。两人亲属也受到株连，或处斩立决，或处斩监候。林志功虽无"悖逆之句"，也因"妄称诸葛，自比关王"而发遣边远。[68]三案之外，对于其他各案，乾隆皇帝也都做出了十分严厉的处理。如陈九如一案，仅因其家中对联上有"朱朝吏部尚书""影内封为大夫"等字迹便被捉拿治罪。[69]江苏沛县监生阎大镛所著《俣俣集》中，因有"讥刺官吏，愤激不平，甚至不避庙讳"之语，也被乾隆皇帝谕令照吕留良之例办理。[70]还有浙江临海训导章知邺，为了发泄他对本省学政窦光鼐的不满情绪，戏作《讨奸邪窦光鼐》一文，自作"悖逆"之语加之于窦，而又为文驳诘，也被乾隆皇帝砍掉了脑袋。[71]

乾隆二十七年以后，随着政治形势的变化，文字狱案件数量上虽有起伏，但却一直连绵不绝。一般情况下每年少则二三起，多则五六起。其主要者，在乾隆二十八年有林时元投掷词帖案和刘三元缮写逆词案；在乾隆二十九年有邓文亮捏造梦呓案和赖宏典书写逆词案；在乾隆三十二年有蔡显《闲闲录》案和齐周华文字狱案；在乾隆三十四年有李超海《立品集》案、安敬能试卷诗案；在乾隆三十六年有吴士洪呈控收漕弊端案；在乾隆三十七年有查世桂私纂《全史辑略》案等。在这些文字狱案件中，影响较大的是乾隆三十二年时发生的蔡显《闲闲录》案和齐周华文字狱案。

蔡显《闲闲录》案发生在乾隆三十二年五月。蔡显，字景真，号闲渔，江苏华亭人，雍正举人。雍、乾间，在籍教书为业，先后刊行己著《宵行杂识》《红蕉诗话》《闲闲录》等书。因为他在这些著作中对当地官员、乡绅的不法行为有所揭露，当地官绅遂摘取其所著书籍中的一些诗句指为怨望讪谤，并散发匿名揭帖对其进行陷害。蔡显被迫携其所作各书向当地官员自首。蔡显本意，原是希望官府代为剖白，而当地官员竟以此入罪，拟以凌迟处死。乾隆皇帝在重新审理此案时，又发现了许多以前未曾发现的"悖逆"罪证。如《闲闲录》一书对前朝文字狱情况有所记载，称戴名世以《南山集》弃市，钱名世以年羹尧案而得罪，以及一些"大逆不道"的诗句，如"风雨从所好，南北杳难分"，"莫教行化乌肠国，风雨龙王欲怒嗔"，又如抄写前人所作之《紫牡丹》诗句"夺朱非正色，异种尽称王"。对此，乾隆皇帝穿凿附会地予以解释，指斥蔡显"有心隐跃其词，甘与恶逆之人为伍，实为该犯罪案所系"。⁷²因此，他下令将蔡显立行斩首，所刊书籍通行销书毁板，所有为蔡书作序和帮助校刻的二十四个学者也分别遭戍边远。两江总督高晋因为委任幕僚办理此案未曾发现这些重要罪证，也受到了乾隆皇帝的严厉斥责。

　　齐周华文字狱案发生在乾隆三十二年十月。齐周华原是浙江天台县的一个秀才，敢于对时事和一些学术问题发表个人见解。雍正中，雍正皇帝在处理曾静、吕留良文字狱案时，曾经装模作样地征求天下生监意见。齐周华因赴刑部具呈己见，要求释放吕留良子孙，而被押解回浙，严加锁锢。乾隆皇帝即位，大赦天下，齐周华得被省释，仍以著述为业。在此期间，他著成《名山藏初集》等十余种书籍并将之刊刻行世。乾隆三十二年十月，齐周华以其所著书籍求序于浙江巡抚熊学鹏，案情因以揭露。经过对所著书籍进行检查，发现其中有《狱中祭吕留良》一文，"将逆贼吕留良极力推崇，比之夷、齐、孟子"，"庙讳御名，公然不避"。[73]乾隆皇帝下令将齐周华凌迟处死，所刻书籍通通收缴，与板片一起销毁。与此同时，乾隆皇帝还严令追查为齐周华著作作序的一些学者。受此牵连，李绂、谢济世、沈德潜等或者本人及家属受到提讯，或者著作受到审查。其中如谢济世的一些著作还因此而被禁毁，曾经担任过礼部侍郎的齐召南因与齐周华一族，且又为其《天台山游记》一文作过跋文，也被递解回籍，查抄家产，忧惧而死。

通观乾隆前期的各起文字狱，虽然数量众多，而且罪名也定得吓人，但是核其实际案情，大多都是毛举细故，真正意图反清的几乎没有，至多不过是对清朝政府的一些具体政策和个别地方官员有不满情绪，而乾隆皇帝对此却不分青红皂白，概予严惩。因而，这一活动在全国的蔓延造成了相当严重的后果，广大人民重足而立，侧目而视，整个社会也因此而动荡不安。

为了维护正常的封建统治秩序，一些官员如御史汤先甲等上疏乾隆皇帝，对当时"内外问刑衙门遇有造作妖言、收藏野史之类多丽逆案"的做法提出了批评，要求对于此类案件"宜坐以所犯罪名，不必视为大案，极意搜罗"。[74]然而，这时乾隆皇帝搞文字狱正起劲，哪里听得进去这些逆耳之言。他强词夺理地辩解道："即如收藏野史案内法在必治者，如《东明历》等书，不但邪言左道煽惑愚民，且有肆行诋毁本朝之语。此而不谓之逆，则必如何而后谓之逆者。凡在食毛践土之人，自当见而发指，而犹存迁就宽贷之意，必其人非本朝之臣子而后可。"并表示："干犯法纪之人，莫如悖逆、贪污二者，于法断无可纵。……若煦煦以姑息为仁，将官方国纪、风俗人心何所底止。"[75]这样一来，谁也不敢说话了。倒是有一些臣下迎合乾隆皇帝的意旨，大扯顺风旗。如乾隆二十八年十月，湖南巡抚陈宏谋奏请将各地"疯人"锁锢，免得他们"播弄笔墨，滋生事端"，给政府找麻烦。[76]同年，福建学政纪昀奏请将坊本经书和武英殿所刻各种经书俱效开成石经、宋监本先例，凡遇本朝庙讳、御名均刊去末笔以示避讳，并要求将此载入科场条例及行文各省，让全国统一奉行。[77]这样，乾隆十六年以后，由乾隆皇帝掀起的这股文字狱歪风愈演愈烈，一直延续到他的晚年。

二、查缴禁书

文字狱对于打击反满思想、加强专制统治固然颇有作用，但是，对于禁绝反清著作而言，则效果不佳。一则以中国之大，文字狱涉及人员、著作毕竟有限，劳多功少；二则利用文字狱的方式禁绝反清书籍的流传，终显方法被动。为了禁绝一切反清书籍，乾隆后期，乾隆皇帝在继续制造文字狱的同时，还借纂修《四库全书》征集全国图书的名义，在全国范围内开展了一场大规模的查缴禁书活动。

乾隆三十七年正月至乾隆三十九年年中，是乾隆皇帝访求遗书的发动时期。为了不影响访求遗书活动的进行，不独文字狱暂时停了下来，对于违碍书籍的处理办法，也仅是轻描淡写地说："不过将书毁弃。"[78]至于大规模地查缴禁书，则更是只字不提。直到乾隆三十九年八月全国献书活动进入高潮，大批图书集中到北京之时，乾隆皇帝才暴露出了他的寓禁于征的真实意图。他说："明季末造，野史甚多，其间毁誉任意，传闻异词，必有诋触本朝之语。正当及此一番查办，尽行销毁，杜遏邪言，以正人心而厚风俗。"[79]尔后，他又连下谕旨，严令各省把查缴禁书放在访求遗书的首要地位。与此同时，又责令"四库全书馆"将各省进到之书详细检查，发现有关碍者，即行撤出，准备销毁。至此，访求遗书活动发展成为一场大规模的查缴禁书活动。

在乾隆皇帝关于查缴禁书的严旨督催下，各省纷纷行动。一般都是先行"刊刷誊黄，遍贴晓谕"，造成声势，劝告藏书之家尽量呈交；继又派出专人，或指定地方士绅、各学生监，深入民间详细察访。除此之外，各省督抚还八仙过海，各显神通，根据各地具体情况，分别采取了一些查缴禁书的新方法。其中江西省是"传集地保，逐户宣谕，无论全书废卷，俱令呈缴，按书偿以倍价"。[80]用此方法，两年中收缴禁书逾八千部。浙江则将候补教职人员分发原籍，因亲及友，清查禁书，并规定："将来即以缴书多寡，为补用名次后先。"[81]在各级官吏的威胁利诱下，全国各地先后缴出大量的违碍书籍。这些书籍，先在各省进行初步甄别，由地方官员分门别类，开具缘由，缮写清单，具折奏进。然后把书籍逐一包封，连同板片一起派员解缴军机处。此外，"四库全书馆"也对各省采进本进行反复审查，查出禁书亦交军机处。军机处收到这两条渠道解交的禁书，按韵编号，再交翰林院官员将书中"悖谬"之处逐条写成黄签贴于书眉，或将应毁原因摘要开单呈进，经乾隆皇帝最后批准，即将书籍送到武英殿之字纸炉前，在军机满汉司员的监视下点火销毁。

随着查缴禁书活动的开展，查缴禁书的范围也日渐扩大。最初，所禁书籍不过是有"诋毁本朝之语"的"明季末造野史"和"国初伪妄诗文"，乾隆四十二年《字贯》案发生后，禁书范围扩大到了当代人的著作。乾隆四十三年颁布的《查办违碍书籍条款》又将宋人谈抗金、明人谈反元而"议论偏缪尤甚"的著作也列入销毁之列。[82]乾隆四十四年十一月到四十六年二月，又先后扩大到收录禁书目录及其某些内容的地方志，涉及明末清初和宋金之际事迹的地方戏曲的剧本以及"天文占验妄言祸福之书"。在查禁范围不断扩大的同时，由于在禁书过程中发现了不少新的实际问题，禁书方法也日趋严密。如针对宋人著作中有攻击女真字样，明人著作中偶及清朝先世，一些类书和清人文集征引或转载有关禁书内容，清初官修各书未能为后来各帝避讳等问题，则分别抽毁其违碍部分，改动其违碍字句，一些典籍就是这样遭到了肢解和窜改。此外，对一些"诋毁之处更多，较寻常违禁各书更为狂悖不法"的反清反专制情绪强烈的书籍则斩草除根，不仅禁书，而且毁板，"一并起出"，"尽数解京销毁，毋使片纸只字存留"。[83]据统计，自乾隆三十八年十二月至乾隆四十六年九月，八年之间，政府收缴到的应毁书板达六万七千多块，通通作为木柴而焚毁净尽！

自乾隆三十九年开始查缴禁书，乾隆四十三年十一月，在各省督抚的请求下，展限两年。乾隆四十五年限满之后，又一再延期并将此项活动作为经常性的活动而持续到乾隆末年。二十多年的时间里，约有三千余种，六七万卷以上的书籍遭到了禁毁，[84]民间惧怕得咎而私自销毁者更无法统计。这是继秦始皇焚书之后我国古典文献的又一次浩劫，乾隆皇帝推行的反动的查缴禁书的政策使得我国的古代文化遭受了不可弥补的损失。

三、乾隆后期的文字狱

乾隆后期，随着专制统治强化到了顶点和查缴禁书活动在全国的普遍开展，乾隆帝又把文字狱推向新的高潮。据统计，从乾隆三十八年开馆纂修《四库全书》至其归政前，各种类型的文字狱又有五十余起，因文字之祸而受到株连的各阶层人士，不但在范围上遍及全国，而且在数量上也大大超过乾隆前期，对于乾隆后期以至十九世纪上半叶清朝政局的发展，对于当时的文化事业都产生了极为恶劣的影响。

在乾隆后期制造的多起文字狱中，禁毁明清之际渗透着强烈的民族情绪的历史著作和打击社会上的反清思想仍是一个重点。如乾隆三十九年十一月，刚刚颁布查缴禁书谕旨不到三个月，乾隆皇帝便一手制造了屈大均诗文案。他一方面严令广东官员传谕屈氏子孙呈缴明末清初抗清志士屈大均的《广东新语》和所刊诗文；一方面又令两江总督高晋至南京城外雨花台一带确访屈大均衣冠冢，企图毁坟灭迹。仅因查缴禁书活动刚刚开始，乾隆皇帝才未将屈氏子孙治罪，兼之以年代久远，屈大均衣冠冢旧迹不存，刨坟灭迹一事也不了了之。屈案后，明末清初抗清志士金堡所著之《遍行堂集》，明人陈建所著之《皇明通纪》，署名清笑生所著之《喜逢春传奇》，沈德潜所辑之《国朝诗别裁集》，明人袁继咸所作之《六柳堂集》，康雍时期陶煊、张灿所辑之《国朝诗的》亦先后被禁，所有书籍通行查缴，连同板片一起解京销毁。受此牵连，原书作者、辑者和主持刊刻上述各书人的后裔也分别被追究或者受到刑罚处分。随着查缴禁书活动的深入开展，乾隆四十四年以后，类似案件更是层出不穷。

与此同时，乾隆皇帝对各案涉及人员的处理也更为严厉。乾隆四十四年正月，江苏兴化县查出明末清初李骐所著的《虬峰集》一书，中有诗云："白头孙子旧遗民，报国文章积等身。瞻拜墓前颜不愧，布袍宽袖浩然巾。"被认为"系怀胜国，望明复兴，显属悖逆"。[85]因为李骐无后，乾隆皇帝无法施其淫威，销书毁板之外，只好掘墓、锉尸、枭首以泄其愤。同年三月，福建省又查出兴国州候选训导冯王孙所著之《五经简咏》一书中有"复明削清"之语，对此，乾隆皇帝指令该地官员"照大逆凌迟缘坐例，迅速问拟具奏，以正人心而伸法纪。并将所有刷印各本尽行查缴，毋使片纸存留，并查此外不法诗文，一并解京销毁"。[86]同年十一月，江西德兴查出已故生员祝廷诤所作之《续三字经》一书，"胆敢品评列代帝王，任意褒贬"，而且该书在叙述元朝史实时还有"发披左，衣冠更，难华夏，遍地僧"等影射攻击清朝剃发的文字。祝廷诤虽死，"仍照大逆凌迟律开棺戮尸，以彰国法而快人心"。[87]家产抄没，孙辈现存者通通斩立决。乾隆四十五年

四、五月间，又相继发生了魏塾妄批江统《徙戎论》案和戴移孝《碧落后人诗集》案两起文字狱大案。魏塾本是山东寿光县的一个普通民人，因为不满本县官吏借差科派，欲赴上官衙门控告。该县县官闻知后，先下手为强，派人搜检其家，发现其收有禁书并在江统《徙戎论》一文中写了一些体会，即刻以此入罪。因为戎、狄触犯忌讳，乾隆皇帝处理此案时，魏塾立斩，嫡属一律斩监候。[88]安徽和州戴移孝文字狱案，是因戴移孝与其子戴昆合著之《碧落后人诗》《约亭遗诗》中有"长明宁易得"，"短发直长恨"，"且去从人卜太平"等"悖逆"文字而引起。据此，乾隆皇帝将戴移孝父子戮尸枭首，收藏该书之戴世道立斩。不仅如此，乾隆皇帝还严令各地督抚将上述两书社会上流传之本及所有板片概行查缴，全部销毁。"俾狂吠诗词，搜毁净尽，以正风俗而厚人心。倘有片纸只字存留，将来别经发觉，惟该督抚等是问。"[89]乾隆四十七年二月，浙江仁和又发生了监生卓天柱收藏先人卓长龄《忆鸣诗集》案。卓长龄生当清初，对清军南下时的种种暴行极为愤恨，因而所作诗篇大都渗透着强烈的民族感情。如其一诗云："可知草莽偷垂泪，尽是诗书未死心，楚衽乃知原尚左，剃头轻卸一层毡"，即对清军暴行进行了揭露。对于这些，乾隆皇帝极为痛恨，除将卓长龄等五人开棺戮尸外，收藏该书的卓天柱也受到斩立决的严厉处分。[90]

在这一时期乾隆皇帝处理的多起类似案件中，比较有名的是对徐述夔诗狱案的处理。徐述夔是江苏东台县的一个举人，生前著有诗文多种。徐死之后，由其子徐怀祖将其遗作请人校订之后刊印行世。乾隆四十三年夏，徐述夔之孙徐食田因田土纠纷同本县监生蔡嘉树结仇，蔡嘉树因赴官府首告徐食田私藏禁书。江苏布政使陶易受理此案时，因蔡嘉树举止甚属卑污，不准所控，并拟将蔡坐以反诬之罪。但在乾隆皇帝得知此事后，案情戏剧性地发生了变化。经过对该书的审查，乾隆皇帝从中发现了许多反对清朝统治的罪证。如徐述夔在《咏正德杯》一诗中称："大明天子重相见，且把壶儿搁半边。"其《一柱楼》诗称："明朝期振翮，一举去清都。"在他看来，"大明天子"不用说是指明朝皇帝，"壶儿"者，"胡儿"之谐音也；"明朝期振翮，一举去清都"也被他牵强附会地解释为"借朝夕之朝作朝代之朝；且不言到清都而云去清都，显有欲兴明朝去本朝之意"。[91]这样一加解释，徐述夔"系怀胜国，暗肆诋讥，谬妄悖逆，实为罪大恶极"。[92]除此之外，乾隆皇帝还发现，为徐述夔校订诗作的两个学者一名徐首发，一名沈成濯，均非命名正理，"必因为逆犯校书后，始行更改此名"，"诋毁本朝剃发之制，其为逆党显然"。"此等鬼蜮伎俩，岂能逃朕之洞鉴。"[93]为此，他严令两江总督萨载将隐匿禁书之徐食田及所有干连人犯拿解至京，所有该书流传抄录之本，概行搜缴净尽，"务使犬吠狼嗥，根株尽绝"。[94]经过严刑审讯，最后定案：徐述夔、徐怀祖父子被开棺戮尸；曾为徐述夔作传的致仕礼部尚书沈德潜虽已死去，也被扑倒墓碑，追夺官职、谥法；其他干连人犯如藏匿该书之徐食田，为该书作跋之毛澄，校订该书之徐首发、沈成濯，处理该案不力的江苏布政使陶易、东台知县涂跃龙和陶易幕友陆炎等通通处以斩监候，秋后处决，这一大案始告结束。

在针对明清之际的历史著作和社会上的反清思想而屡兴

大狱的同时，乾隆皇帝还从加强专制统治的政治需要出发，对触犯皇帝尊严和侵犯皇权、违制上书言事的士民官吏也大开杀戒。

首先是对触犯庙讳、御名者予以严厉制裁。乾隆皇帝即位之初，对于庙讳、御名的避讳问题并不讲究。臣下申请改动人名、地名以行避讳者，不是责怪其多事，"尊君亲上，原不在此"，[95]就是批评其孤陋寡闻，不曾熟读《礼记》。[96]随着乾隆皇帝专制统治的加强，因行文不慎触犯庙讳、御名而遭到制裁者虽然时有发生，但在当时不过是所定罪状之一，纯因犯讳而予治罪者尚无先例。乾隆后期，由于专制统治的极端加强，在著作、诗文中冒犯庙讳、御名成了入罪成狱的一条主要罪状，许多文人就因这样的无心之过而丢掉了脑袋。如乾隆四十三年十一月，河南祥符县民刘峨刷卖《圣讳实录》。刘峨之本意，在于提醒人们注意避讳，而乾隆皇帝发现此案后，却认为该书"竟敢将庙讳及朕御名各依本字全体写刊，不法已极，实与王锡侯《字贯》无异。自当根究刊著之人，按律治罪"。[97]刷卖者刘峨等被治罪之外，所有流传之书及板片也概行查缴，解京销毁。乾隆四十四年十一月，湖北黄梅监生石卓槐以所刊《芥圃诗》不避庙讳、御名，书遭禁毁，人被凌迟处死。[98]乾隆四十六年闰五月，游僧昙亮以所携经卷中直书御名而被斩决。[99]十一月，湖北黄梅民人吴碧峰因在刊刻明人瞿罕所著的《孝经对问》《体孝录》二书时，"庙讳、御名均未敬避"，而被监毙狱中。[100]

庙讳、御名如此，推而广之，对于敢于使用习惯上为皇帝所专用的一些词眼的文人，乾隆皇帝也极不客气。如乾隆四十年四月，江西疯人王作梁因在投递书信上写有"坤治"年号而被凌迟处死。[101]四十三年十月，江苏赣榆县廪生韦玉振为父刊刻行述，使用了"于佃户之贫者，赦不加息"字样，被捉拿治罪。[102]同年十二月，革职知县龙凤祥因在镌刻图章中有狂诞、怨望之语而被发配伊犁。乾隆四十六年三月，寓居河南的湖北孝感生员程明禋在为他人书写寿文中写有"绍芳声于湖北，创大业于河南"的文字，案发后于次年五月被乾隆皇帝拟以斩立决。[103]

此外，由于此时乾隆皇帝在位已四十多年，年已老迈，而且数十年来屡兴大狱，惭德极多，因而对于"老""死"一类字眼也极为忌讳。[104]逢到臣下和士人在著作、文章中使用这些字眼，总是推敲再三并怀疑其意存诅咒而严加惩处。如乾隆四十四年四月，直隶民人智天豹使其徒弟于乾隆皇帝巡幸途中献上本朝万年书。智天豹原意，是想以此向乾隆皇帝邀宠，不料乾隆皇帝看过后，却以该书仅编至乾隆五十七年，其意是在诅咒自己早死，下令将智天豹斩决。[105]又如同年五月，安徽天长县贡生程树榴于所刻诗文序言中有指斥上天之语，文云："有造物者之心，愈老而愈辣，斯所操之术，乃愈出而愈巧。"[106]对于这些牢骚话，乾隆皇帝歪着脑袋看来看去，越看越觉得是在说自己。他说："天有何老少，必因近日王锡侯、徐述夔二案，借造物以为比拟，忍心害理，莫此为甚。"因此，他下令将程树榴立即斩首，程树榴之子和处理该案不力的天长知县高见龙也被处以斩监候的严厉处分。[107]

在因臣民文字触犯忌讳而掀起的各起文字狱中，以王锡侯的《字贯》案和尹嘉铨为父请谥并从祀孔庙案最为有名。

《字贯》案发生在乾隆四十二年十月，是由江西新昌举人王锡侯看到《康熙字典》存在着一些问题，对之删改编成《字贯》一书而引起的。《康熙字典》是康熙皇帝钦定之书，敢于对该书进行批评，自然是"罪不容诛"。江西巡抚海成侦知此事后，立即奏请乾隆皇帝，将王锡侯革去举人，进行审讯。但乾隆皇帝在审理该案的过程中，又发现《字贯》一书的凡例中"将圣祖、世宗庙讳及朕御名字样开列，深堪发指"，[108]便认为这是更重要的罪证，命令将其拿解至京，照大逆律处决。与此同时，还通令江西及相邻各省查禁王锡侯的所有著作和板片。江西巡抚海成虽然首举此案，但因没有

发现这一重大问题而被乾隆皇帝斥为"天良昧尽"，革职下狱。受此案牵连，已故尚书史贻直和钱陈群的子孙遭到提讯，两江总督高晋和江西布、按两司官员也分别受到降级革职的处分。

尹嘉铨为父请谥并从祀孔庙案发生在乾隆四十六年。是年三月，乾隆皇帝西巡五台返京途中，休致大理寺卿尹嘉铨使其子赶赴保定行在上书乾隆皇帝，为其父尹会一请谥，并要求将其父与本朝名臣汤斌、范文程、李光地、顾八代、张伯行等一起从祀孔子庙。在中国封建社会里，赐谥与否、赐予何谥以及决定让谁从祀孔子庙，都是最高统治者皇帝的权力。尹嘉铨竟然直接向乾隆皇帝乞求，显然是干犯皇帝权力的越轨行为。乾隆皇帝对此极为愤怒，指责尹嘉铨"如此丧心病狂，毫无忌惮，其视朕为何如主耶"，"此而不严行治罪，何以彰国宪而惩将来"。[109]他立即命令将尹革去顶戴、拿交刑部治罪，查封其博野原籍和在京家产，并对其所著书籍进行

审查。结果，又发现其著作中"狂妄悖谬之处不可枚举"。其主要者，如自雍正以来，雍、乾两帝相继严厉指斥朋党，压抑臣权，提高君权，"乃尹嘉铨竟有朋党之说起而父师之教衰，君亦安能独尊于上哉之语"；其书中有"为帝者师之句"，"俨然以师傅自居"；其所著《名臣言行录》一书，"将本朝大臣如高士奇、高其位、蒋廷锡、鄂尔泰、张廷玉、史贻直等悉行胪列"，并于所著各书中称大学士、协办大学士为"相国"；乾隆皇帝御制《古稀说》，自称"古稀天子"，而尹嘉铨竟也自称"古稀老人"。所有这些，在一意提高皇权的乾隆皇帝看来，都是有意识地在和他唱对台戏。因此，他认为，"光天化日之下，此种败类自断不可复留"。[110]尹嘉铨因此而被处以绞立决，所有著作、板片通行查禁，解京销毁。经过半年多的时间，这场轰动一时的文字狱大案才宣告结束。

其次，对于指斥时政和违制上书言事者，乾隆皇帝也都给予了严厉的惩罚。乾隆后期，朝政腐败，贪官横行，人民负担空前加重，社会矛盾日益尖锐。一些士人或公开建言，或私下著书，对朝廷和地方弊政进行揭露。其主要者，如乾隆四十四年七月，安徽生员王大蕃远赴安徽学政戴第元江西南昌原籍投递书信，并附有奏疏一纸，内列"漕粮、考试、收税诸弊"及"贪官害民"之事。[111]乾隆四十五年七月，又有广西平南县学生员吴英向布政使朱椿投递策书，"请蠲免钱粮、添设义仓及革除盐商、盗案连坐、禁止种烟、裁减寺僧五条"。[112]同年八月，湖北乡试时，发生了宜昌生员艾家鉴于试卷之上书写条陈指斥书吏舞弊殃民一案。[113]对此，乾隆皇帝不但不予考虑，反而视为"不安本分"而分别予以严厉制裁。如对王大蕃奏疏，虽然其中并无"悖逆"之语，但仍以其不安本分而将之发遣伊犁。对于吴英、艾家鉴两案，更因其语涉狂诞、迭犯御名而分别处死。尽管如此，由于政治黑暗，士人私下著书指斥时政者仍然时有发生。其中，比较典型的是乾隆五十三年七月发生的贺世盛《笃国策》案。贺世盛是湖南耒阳的一个老秀才，久困科场，为了抒发胸中的抑郁不平之气，著成《笃国策》一书，于中指斥朝廷开捐"终为财动，有妨正途"，并对州县钱粮征收中的"淋尖、踢斛、高价折收"和官场上的贿买官职的黑暗现象进行了揭露。此

时，由于年迈和怠于政事，乾隆皇帝已有数年不搞文字狱，但在发现此案后，杀机又起。他颁布谕旨，大讲自己在位五十三年间蠲漕免粮的德政，同时极力为自己开捐辩解。对于贺世盛本人，他认为："此等狂悖之人，若竟从宽典，俾安坐图圄，势必更肆狂吠，又如曾静之罪大恶极，寸磔不足蔽辜。"[114]因而在销毁其著作的同时，下令将其立斩。就是通过这样残酷镇压的方式，乾隆皇帝的专制统治强化到了有史以来的最高峰。

乾隆五十年以后，各地人民起义风起云涌，兼之以乾隆皇帝老境来临，精力不济，怠于政事，因而文字狱的数量显著减少，与此同时，乾隆皇帝对各起文字狱案件的处理也明显放宽。如乾隆五十年七月，步军统领衙门在审理刘遇奇《慎余堂集》《清风亭集》案件时，因为其中有"对明月而为良友，吸清风而为醉侯"以及未避庙讳、御名等问题而欲将该书禁毁，并将其子孙治以悖逆之罪时，乾隆皇帝即指出："清风明月，乃词人引用成语。此而目为悖妄，则欲将

'清''明'二字避而不用，有是理乎?"至于未避庙讳、御名，且不说作者生当顺治时期，无法予为避讳，"即现在乡曲愚民，其不知庙讳者甚多，岂能家喻户晓。即偶有未经避写，亦无足深责"。[115]为此，他下令将所有人众概行省释，不再追究。又如乾隆五十五年十一月，江苏沭阳县民张怀路诬告监生仲见龙之祖仲绳所著《奈何吟》一书，"词多狂悖"，江苏官员因此将仲见龙捉拿治罪。而乾隆皇帝在细阅该书后，发现所谓谬妄之处，是指明季而言，"不值代胜国追究，将其裔孙治罪"，[116]因而指斥当地官员处理此案失于允当。乾隆皇帝之本意，似在以此平息人民的不满情绪，然而，由于连绵不断的文字狱和长期以来的专制统治，早已使乾隆皇帝的统治基础受到了严重的损害。乾隆皇帝采取的这些措施，为时已晚，根本无济于事，人民不满情绪继续增长，乾隆皇帝的专制统治就像将要倾倒的大厦一样处于摇摇欲坠的状态之中。

制造文字狱是乾隆皇帝一生政治活动中的一个重要内容，也是其文化政策中的一个重要组成部分，对乾隆时期的政局和文化事业的发展都产生了极为深刻的影响。

首先是社会动荡、政治黑暗，直接促成了乾隆皇帝专制统治的衰落。清朝初期，满汉民族矛盾尚颇尖锐，皇权也有继续加强的必要。因而，康、雍两帝于正常封建法律之外，有控制地使用文字狱这个武器，在社会上对反清民族思想进行镇压，在统治机构内部对影响皇权增长的异己力量进行清洗，手段虽显残酷，却是当时形势所必须，而且也在客观上收到了巩固清朝统治、加强皇权的效果。乾隆时期，清朝入关已经百年以上，民族矛盾早已降为次要矛盾，随着各种政治机构的不断完备，皇权也已发展到登峰造极的地步。在这样的情况下，乾隆皇帝却片面地夸大敌情，毫无节制地滥兴文字狱，这就不可避免地大大地扩大了打击面，使得许多并不反对清朝统治甚至拥护清朝统治的士民官吏受到了极其残酷的打击和迫害，从而人为地扩大和激化了社会矛盾，并在很大程度上削弱和破坏了自己的统治基础。而且，在文字狱的高潮期间，所有统治机器都通通为了清查案情、追究同党、查缴销毁书籍板片而全速运转，也大大影响了国家日常事务的处理。不但为吏治败坏提供了适宜的客观环境，也因株连过甚而使政治黑暗，社会动荡不安。因而，乾隆皇帝制造文字狱，虽然是蹜康、雍两帝之故伎以求达到加强专制统治的目的，在一个时期之内确实也收到了一些效果，但就乾隆一朝的总趋势而言，这一活动的长期开展，不但严重地削弱了清朝政府的政治统治，也直接导致了乾隆皇帝专制统治的衰落。

其次是摧残文化，禁锢思想。乾隆皇帝制造文字狱，不但使古代典籍尤其是明清之际的典籍遭到了一场浩劫，而且由于这一时期文字狱数量多、持续时间长和处理极为严厉，也对生活在这一时期中的两三代人的思想、精神和文化生活产生了极大的影响。广大知识分子为求避祸，除了盲目颂扬天子圣明之外，就是钻在乾隆皇帝所划定的几部经史书籍中讨生活，搞考证，文化生活极为贫乏，严重地禁锢了人民的思想，使之大大落后于世界潮流。两三代人的思想长期遭到禁锢对社会的进步和文化事业的发展产生了巨大的副作用，从而导致了近代以后被动挨打局面的形成。对此，乾隆皇帝的专制统治及其推行的制造文字狱的政策，有着不可推卸的责任。

总之，乾隆皇帝制造文字狱不但在政治上纯属败政，一无可取，而且对文化发展和社会进步也危害很大。它完全是乾隆皇帝专制统治的产物，集中表现了乾隆皇帝的落后、反动方面，对于乾隆朝政局的发展，对于中国古代的文化事业和十九世纪以后中国社会的发展，都产生了恶劣影响。

---

1 《乐善堂全集定本》朱轼序。

2 《清高宗御制诗初集》跋。

3 《清高宗实录》卷一二，乾隆元年二月丙寅。

4 《清高宗实录》卷二六，乾隆元年九月甲辰。

5 《清高宗实录》卷三〇，乾隆元年十一月庚子。

6 《清高宗实录》卷二一，乾隆元年六月己卯。

7 《清高宗实录》卷二〇，乾隆元年六月甲子。

8 《清高宗实录》卷一五，乾隆元年三月癸丑。

9 《清高宗实录》卷一三四，乾隆六年正月庚午。

10 《清高宗实录》卷九〇〇，乾隆三十七年正月庚子。

11 《清高宗实录》卷九〇〇，乾隆三十七年正月庚子。

12 《清高宗实录》卷九二九，乾隆三十八年三月丁巳。

13 《清高宗实录》卷九二九，乾隆三十八年三月丁巳。

14 《清高宗实录》卷九二九，乾隆三十八年三月丁巳。

15 《清高宗实录》卷九三五，乾隆三十八年五月甲戌。

16 《清高宗实录》卷九三五，乾隆三十八年五月甲戌。

17 《清高宗实录》卷九三五，乾隆三十八年五月甲戌。

18 《清高宗实录》卷一〇三〇，乾隆四十二年四月丁未。

19 《清高宗实录》卷九五八，乾隆三十九年五月丙寅。

20 《清高宗实录》卷九六三，乾隆三十九年七月丙子。

21 《清高宗实录》卷九八二，乾隆四十年五月辛酉。

22 《清高宗实录》卷一〇三二，乾隆四十二年五月丁丑。

23 《清高宗实录》卷九九五，乾隆四十年闰十月己巳。

24 《清高宗实录》卷三九八，乾隆十六年九月乙亥。

25 《清高宗实录》卷七四四，乾隆三十年九月戊子。

26 《清高宗实录》卷七三九，乾隆三十年六月丁卯。

27 《清高宗实录》卷一一四二，乾隆

四十六年十月癸酉。

28 《清高宗实录》卷一三四四，乾隆五十四年十二月庚申。

29 《清高宗实录》卷九七九，乾隆四十年三月戊辰。

30 王重民辑：《办理四库全书档案》，乾隆三十七年，国立北平图书馆排印本，1934年。

31 《清高宗实录》卷九三五，乾隆三十八年五月甲戌。

32 《清高宗实录》卷九三四，乾隆三十八年五月己未。

33 《清高宗实录》卷九六三，乾隆三十九年七月丙子。

34 《清高宗实录》卷九六三，乾隆三十九年七月丙子。

35 《清高宗实录》卷一〇一七，乾隆四十一年九月丁酉。

36 《清高宗实录》卷一〇三九，乾隆四十二年八月壬子。

37 《清高宗实录》卷九六一，乾隆三十九年六月丁未。

38 《清高宗实录》卷九六八，乾隆三十九年十月乙未。

39 《清高宗实录》卷一四六，乾隆六年七月癸亥。

40 《清高宗实录》卷一二八，乾隆五年十月己酉。

41 《清高宗实录》卷一二八，乾隆五年十月己酉。

42 《清高宗实录》卷一二八，乾隆五年十月己酉。

43 《清高宗实录》卷四六一，乾隆十九年四月乙巳。

44 《清高宗实录》卷五六八，乾隆二十三年八月丁卯。

45 《清高宗实录》卷一四一九，乾隆五十七年十二月壬午。

46 《清高宗实录》卷三九六，乾隆十六年八月丙申。

47 《清高宗实录》卷二三九，乾隆十年四月戊辰。

48 《清高宗实录》卷七五九，乾隆三十一年四月庚申。

49 《清高宗实录》卷一三二七，乾隆五十四年四月丁未。

50 《清高宗实录》卷六八五，乾隆二十八年四月戊申。

51 《清高宗实录》卷七五九，乾隆三十一年四月戊申。

52 《清高宗实录》卷一二七九，乾隆五十二年四月戊午。

53 《清高宗实录》卷一三五三，乾隆五十五年四月辛未。

54 《清高宗实录》卷一〇五五，乾隆四十三年四月辛亥。

55 《清高宗实录》卷四六一，乾隆十九年四月乙巳。

56 昭梿：《啸亭杂录》卷一〇《书贾语》。

57 《清高宗实录》卷一一，乾隆元年正月乙卯。

58 《清高宗实录》卷一四九，乾隆六年八月。

59 《清高宗实录》卷一五一，乾隆六年九月丁亥。

60 《清高宗实录》卷五〇五，乾隆二十一年正月丁亥。

61 《清高宗实录》卷五一一，乾隆二十一年四月壬戌。

62 《清高宗实录》卷五一三，乾隆二十一年五月戊子。

63 《清代文字狱档》第二辑《陈安兆著书案》。

64 《清高宗实录》卷五五一，乾隆二十二年十一月。

65 《清高宗实录》卷五四六，乾隆二十二年九月癸卯。

66 《清代文字狱档》第八辑《李雍和潜递呈词案》。

67 《清代文字狱档》第八辑《王寂元投词案》。

68 《清代文字狱档》第八辑《林志功捏造诸葛碑文案》。

69 《清高宗实录》卷六三九，乾隆二十六年六月庚寅。

70 《清高宗实录》卷六三九，乾隆二十六年六月。

71 《清高宗实录》卷六五〇，乾隆二十六年十二月戊辰。

72 《清高宗实录》卷七六八，乾隆三十二年六月丁酉。

73 《清代文字狱档》第二辑《齐召南跋齐周华天台山游记案》。

74 《清高宗实录》卷五七六，乾隆二十三年十二月甲寅。

75 《清高宗实录》卷五七六，乾隆二十三年十二月甲寅。

76 《清高宗实录》卷六九六，乾隆二十八年十月乙未。

77 《清高宗实录》卷六九六，乾隆二十八年十月丁酉。

78 《清高宗实录》卷九二九，乾隆三十八年三月戊午。

79 《清高宗实录》卷九六四，乾隆三十九年八月丙戌。

80 《清高宗实录》卷九七四，乾隆四十年正月丁巳。

81 《清高宗实录》卷一〇三九，乾隆四十二年八月癸丑。

82 《办理四库全书档案》，乾隆四十三年十二月初一日。

83 《清高宗实录》卷一〇七二，乾隆四十三年十二月乙丑。

84 孙殿起：《清代禁书知见录》自序。

85 《清代文字狱档》第四辑《李驎虬峰集案》。

86 《清高宗实录》卷一〇七九，乾隆四十四年三月庚子。

87 《清代文字狱档》第四辑《祝廷净续三字经案》。

88 《清代文字狱档》第五辑《魏塾妄批江统徙戎论案》。

89 《清高宗实录》卷一一〇七，乾隆四十五年五月甲午。

90 《清代文字狱档》第五辑《卓长龄等忆鸣诗集案》。

91 《清高宗实录》卷一〇六九，乾隆四十三年十月辛巳。

92 《清高宗实录》卷一〇六六，乾隆四十三年九月己亥。

93 《清高宗实录》卷一〇六七，乾隆四十三年九月丁未。

94 《清高宗实录》卷一〇六六，乾隆四十三年九月己亥。

95 《清高宗实录》卷一五三，乾隆六年十月。

96 《清高宗实录》卷二六五，乾隆十一年四月。

97 《清高宗实录》卷一〇七一，乾隆四十三年十一月丁未。

98 《清代文字狱档》第四辑《石卓槐芥圃诗案》。

99 《清高宗实录》卷一一三二，乾隆四十六年闰五月辛亥。

100 《清代文字狱档》第五辑《吴碧峰刊刻孝经对问及体孝录案》。

101 《清高宗实录》卷九八一，乾隆四十年四月丁酉。

102 《清高宗实录》卷一〇六九，乾隆四十三年十月辛巳。

103 《清代文字狱档》第五辑《程明禋

代作寿文案》。

104 《朝鲜李朝实录中的中国史料》第11册,正宗二年(乾隆四十三年)七月戊子。

105 《清代文字狱档》第四辑《智天豹编造本朝万年书案》。

106 《清高宗实录》卷一〇八三,乾隆四十四年五月壬子。

107 《清高宗实录》卷一〇八七,乾隆四十四年七月己亥。

108 《清高宗实录》卷一〇四三,乾隆四十二年十月癸丑。

109 《清高宗实录》卷一一二七,乾隆四十六年三月辛卯。

110 《清代文字狱档》第六辑《尹嘉铨为父请谥并从祀文庙案》。

111 《清代文字狱档》第七辑《王大蕃撰寄奏疏书信案》。

112 《清代文字狱档》第五辑《吴英拦舆献策案》。

113 《清代文字狱档》第四辑《艾家鉴试卷书写条陈案》。

114 《清高宗实录》卷一三〇九,乾隆五十三年七月甲申。

115 《清高宗实录》卷一二三五,乾隆五十年七月庚午。

116 《清高宗实录》卷一三七四,乾隆五十六年三月癸未。

第七章　对外关系

第一节　来华西士

明末清初，随着海上交通的日益发达，作为西方殖民主义国家对外扩张的先头部队，西方传教士势力开始渗入中国。在这方面，活动最为积极的是葡萄牙政府所支持的耶稣会。从明朝后期以来，一个多世纪的时间里，先后有数百名耶稣会教士来华，从事传教活动。在传教活动中，他们适应中国特点，尊重中国固有的礼仪风俗，尊重儒家学说，因而得到了部分士大夫甚至皇帝的好感。与此同时，他们还利用中西文明之间的差距，以传播先进的西方科学技术作掩护，或出入宫廷，充当皇帝侍从、顾问，刺探情报，或潜往各地，发展教徒。在他们的积极活动下，天主教在中国得到了比较广泛的传播。截至康熙初年，全国各地所建教堂已在百座以上，受洗入教的中国人民有二十万左右。康熙皇帝亲政后，由于全国的统一和政权的巩固，对外政策愈益开放。康熙三十一年，康熙皇帝下令允许民人自由信奉天主教，与佛教一视同仁。这样，天主教的传播愈益广泛，随着天主教在华势力的不断壮大，罗马教廷逐渐暴露了其干涉中国内务、侵略中国的野心。康熙四十四年、康熙五十九年，罗马教廷先后派遣特使铎罗、嘉乐二人来华，禁止中国教民祭孔、祀祖，并要求他们将天主教概念中的"上帝""天主"和中国人所崇奉的"天""帝"严加区别。罗马教廷对中国内部事务的这种粗暴的干涉，激起了康熙皇帝的愤怒。为此，他一改其允许中国人民自由信奉天主教的政策，下令禁教。雍正皇帝即位后，又发现传教士曾经插手皇室内部斗争，支持他的政敌允禩、允禵，因此，执行禁教政策也愈益严厉。雍正元

年，他规定，除在内廷效力和在钦天监供职的少数传教士之外，其他在全国各地传教的西方传教士一律迁往澳门，勒令回国。所有教堂一概关闭，改作他用，受洗华人则限令他们放弃信仰。这样，天主教在华势力受到了一次极为沉重的打击。

乾隆皇帝即位后，在对待传教士的态度上，和其父雍正皇帝相比，基本上没有什么变化。概括起来，大致有二：一是对来华效力的西方传教士继续加以优礼，二是为了巩固自己的统治而仍然坚持禁教政策。

十八世纪，由于社会制度的巨大变革，西方科学技术有了突飞猛进的发展。相形之下，中西科技差距日益扩大。对于这种差距，乾隆皇帝并不讳言。他说："从天文学、绘画、科学、技术来说，中国人与西洋人如果相比较，中国人不过还是个幼童。"[1]为了吸收并利用西方先进的科学技术知识，乾隆皇帝即位之后，对于来华效力的西方传教士，表现了积极热情的态度。

首先是对康雍时期留华效力的西方传教士，乾隆皇帝极表器重和礼遇，分别任命他们为清朝官吏，有时还专在宫中为他们举行盛大的宴会，并给予大量的赏赐，从而使康雍时期来华的不少传教士如郎士宁、罗怀忠、戴进贤、徐懋德、陈善策、巴多明、殷弘绪、冯秉政、费隐、德玛诺、宋君荣、沙叩玉、孙章、德理格等都能不受干扰地安心工作，并在自己的工作中发挥所长，为传播先进的西方自然科学知识做出了贡献。

其次，为了进一步吸收西方文明，除对康雍时期留华的西方传教士表示礼遇和信用之外，对于愿意来华效力的西方传教士，乾隆皇帝仍然表示欢迎并积极地加以招徕。在他即位之后，不少学有专长的西方传教士又相继来华，其主要者有赵圣修（乾隆二年），杨自新、王致诚、魏继晋、刘松龄、傅作霖（乾隆三年），汤执中（乾隆五年），蒋友仁（乾隆九年），艾启蒙（乾隆十年），钱德明（乾隆十五年），高慎思（乾隆十六年），安国宁（乾隆二十三年），索德超、方守义、韩国英（乾隆二十四年），汪达洪（乾隆三十一年），晁俊秀、金济时（乾隆三十二年），葛拉门（乾隆三十三年），贺清泰、西波拉（乾隆三十五年），潘廷樟（乾隆三十六年）等。乾隆后期，因为康雍时期和乾隆前期来华效力的西方传教士相继物故，不敷派拨，乾隆四十三年九月和乾隆四十六年五月，乾隆皇帝还两度传令两广总督："如遇有此等西洋人情愿来京，即行奏闻，遣令赴京当差，勿为阻拒。"[2]在乾隆皇帝的招徕下，乾隆四十八年、四十九年，又有罗机洲、颜诗谟、麦守德、德天赐、汤士选等六人先后来华。[3]他们当中，既有著名画家、语言学家、音乐家，又有著名的植物学家、医药学家、数学家和天文学家。为了发挥他们的聪明才智，乾隆皇帝据其所长，一一安排职务。对于他们的生活，乾隆皇帝也极表关心。乾隆四十年正月，传教士聚居地之一北京南堂失火被毁。乾隆皇帝拨银万两，重新修建。修成之后，还亲书匾额对联，悬挂堂中，以复旧观。

除此之外，为了保存和传播西洋文化知识，纂修《四库全书》期间，经乾隆皇帝批准，还将利玛窦所著的《天主实义》、阳玛诺所著的《七克》和南怀仁所著的《数要序论》等书也一起收入了《四库全书》。与此同时，一些留华传教士也将中国历史著作译为西方文字，或将在中国见闻著成专书在西方发行流传。所有这些，对于西方自然科学知识的输入和中西文化的交流都起到了重要的作用。

在对来华效力的西方传教士加以优礼的同时，对于不经清朝政府允许私行潜入内地进行传教活动的西方传教士，乾隆皇帝则采取了严厉禁绝的态度。由于对国际形势极少了解，乾隆皇帝往往将天主教与国内各种秘密宗教相提并论，因而乾隆皇帝的禁教活动和国内阶级斗争形势关系甚为密切。一般来说，乾隆皇帝大力镇压秘密宗教之日，往往就是禁教活动趋于严厉之时。于此对其禁教过程略加介绍，以见乾隆皇帝禁教之大致情况。

乾隆皇帝即位之初，在对僧道势力进行打击和限制的同时，对于西方传教士的传教活动，禁令也渐趋严厉。尔后不久，由于秘密宗教的活动日益活跃，天主教势力又被作为秘密宗教之一而遭到镇压。乾隆十一年春，云贵、四川、湖广等地相继发现了白莲教准备起义的重大案情，许多白莲教首领、徒众因此而相继被捕，惨遭杀害。当年五月，根据福建地方官员奏报，因为有西方传教士费若用等潜至该地传教，福建福宁府属之福安县信奉天主教者竟达两千六百余人。[4]这使乾隆皇帝极为不安。他说："西洋人倡行天主教，招致男女，礼拜诵经，又以番民诱骗愚氓，设立会长，创建教堂，种种不法，挟其左道，煽惑人心，甚为风俗之害。天主教久经严禁，福建如此，或有潜散各省，亦未可知。"[5]他下令传谕各省督抚，"密饬该地方官，严加访缉，如有以天主教引诱男妇聚众诵经者，立即查拿，分别首从，按法惩治。其西洋人俱递解广东，勒限搭船回国，毋得容留滋事。倘地方官有不实心查拿、容留不报者，该督抚即行参处"。[6]从此开始，全国各地开展了一场大规模的禁教活动。当年八月，山东德州清查出了王七、冯海若、魏衍等"被西洋人引诱入教"者，并"获有天主图像、经卷、念珠等物"。[7]不久，江西又查出教民五十余人"交地保严加约束，经卷、图像销毁；旧有教堂，查照入官"。[8]当年十一月间，该地地方官于鄱阳县拿获了意大利传教士李世辅。经过审讯得知，早在乾隆五年时，李世辅即潜至山西、陕西一带传教。为此，乾隆皇帝下令将其于江西永远监禁。[9]次年，江苏又拿获了潜至当地传教的西方传教士王安多尼、谈方济两人，并拟以斩监候之罪。[10]与此同时，全国其他地区如山西、陕西、湖广、广西、四川等地也发生了多起类似案件。按照乾隆皇帝的指示，除个别情罪重大的西方传教士被依法处死或长期监禁之外，其他传教士则被押赴广州，搭船回国。中国教徒皆被刺字于额，充军伊犁，这场历时两年之久的禁教活动方告大致结束。

乾隆十七年四月，湖北爆发了著名的马朝柱起义，虽然起义发动之后不久即遭镇压，但是主要起义领袖马朝柱却迄未就获。根据起义被俘人员供词，马朝柱活动根据地有一个"西洋寨"，因而在查拿马朝柱的活动中，西方传教士成了清朝官员的重点盘查对象，并因此而出现了第二次大规模的禁教活动。当年，湖北襄阳地方官员首先盘获了"信从天主教之曹殿邦写寄万一举番字经札、药方等物"。[11] 不久，一些地区如广东地方官员还在属下龙溪等县捕拿中国教徒"严究有无交通外国"及"此外传教伙党"，"一并严拿务获，分别按拟"。[12] 江苏、福建亦相继采取类似行动，分别拿获潜至内地传教的西方传教士张若瑟、冯大千等。因为当时马朝柱起义已被镇压下去，在盘查活动中也没有发现西方传教士与马朝柱互相勾结的确凿证据，因而乾隆皇帝的态度比较平和。对于奉教民人的处理，他认为："西洋人之崇奉天主教，自是该国习俗。闽、广濒海愚民，多有习于其教者，究之尚与邪术煽惑有间。……若必概行查拿，则未免滋扰，且于整饬人心风俗之处，亦未见有益，当以不必深究为是。"[13] 对于潜入内地传教的西方传教士，他也指示有关官员不必扩大事端，"只可就案完结，毋致滋蔓"。[14] 在此期间，他还下令将从前监禁于江西的西方传教士李世辅释放回国。[15] 根据他的这些指示，各地官员捕拿教民的活动停止下来，张若瑟等五名西方传教士也在被监禁一年之后释回澳门。

乾隆三十年以后，乾隆皇帝的专制统治极端加强，因而执行禁绝天主教的命令也更加严厉，并且将之作为一项经常性的政策一直坚持到乾隆皇帝在位之末。如乾隆三十二年八月，江西、广东相继拿获潜入当地传教的西方传教士安当呢都和不少中国教徒。[16]乾隆皇帝下令将信奉天主教的中国教徒发遣伊犁、黑龙江等处给披甲人为奴，西方传教士安当呢都则在严加训饬之后遣回本国。[17]乾隆三十三年，河南发现了桐柏县民人刘天祥、项德臣演传天主教一案，案情牵扯湖广，乾隆皇帝当即传令当地官员"即行密速访拿，并此外有无同伙一并查缉，遴员解赴河南，并案研鞫，无使兔脱远扬"。[18]对于入教旗人，禁令尤其严厉。凡入教者，则下令销去旗籍，重责之后，"发往伊犁，赏给厄鲁特为奴"。[19]即使对于表示愿意来华效力的西方传教士，也要求他们做出保证："情愿长住中国，不复告回"，并下令两广总督衙门将之存记档案。[20]此外，在镇压各地秘密宗教反清起义的过程中，乾隆皇帝还不时把打击的矛头指向了信奉天主教的中国教徒。如乾隆三十九年王伦起义失败后，乾隆皇帝颁布上谕，严厉取缔国内邪教。这样，不少地区的官员在捕拿"邪教"教徒时，也将天主教徒加以逮捕、惩治。[21]乾隆四十二年底，甘肃河州地区王伏林领导的白莲教起义爆发。这时，陕西西安、直隶霸州又都发生了矛头指向天主教徒的禁教活动。[22]乾隆四十六年，甘肃循化厅一带爆发了苏四十三领导的撒拉族新教人民反清起义。次年底，直隶宝坻一带官员即因当地天主教徒"私盖天主教堂，聚众念经"而兴起大狱。[23]一直到乾隆六十年七月，乾隆皇帝还下令将潜至陕西一带"希图煽惑传教"的西方传教士陈玛禄解京治罪。[24]在这些禁教活动中，规模最大的是乾隆四十九年到乾隆五十一年进行的一场遍及全国的禁教活动。

　　乾隆四十九年春，居住广州的西方传教士罗玛当无视清朝政府的禁教政策，私向内地派出传教士十人，"分往直隶、山东、山西、湖广传教"。[25]当年八月，其中的吧地哩映等四名传教士在前往西安途中，于襄阳一带被当地官员盘获。得知此事，乾隆皇帝马上将之和刚刚发生的田五领导的新教回民起义联系在一起。他说："西洋人与回人向属一教，恐其得有逆回滋事之信，故遣人赴陕，潜通信息。"[26]他指令有关官员严加审讯，各地官员"严行躝缉"接送西方传教士的中国教徒蔡伯多禄、谢隆茂、张永信等。[27]随着清查活动的深入进行，当年十一月间，陕西地方官又拿获了潜往该地传教的西方传教士呢吗方济各和马诺两人，其中呢吗方济各在陕潜行居住传教已达二十三年之久。在审讯中，他还供出："该省汉中府，山西洪洞县、潞安府、大同府及山东、湖广、直隶等省，俱有学习天主教及西洋人在彼传教。"[28]这使乾隆皇帝极觉惊诧。在他看来，早在雍正年间，天主教即遭严禁，何以呢吗方济各等竟然毫无顾忌地在内地传教二十多年，而地方官于此竟一无所知。恰在此时，广州又发生了英船水手乱放枪炮打死中国民船水手吴亚科、王运发的严重事件。对于这一严重事件，广东巡抚孙士毅在处理中竟然应英船大副之请，将肇事凶手"发还该国，自行惩治"。[29]所有这些，都使乾隆皇帝感到事态十分严重。他一方面对孙士毅严加斥责并不准其参加来春在京举行的千叟宴以示惩罚，一方面下令各地督抚严行查禁天主教。他说：

　　　　至山西、山东、湖广、直隶各省，据供俱有西洋及内地人辗转传教，最为人心风俗之害。着刘峨、农起、明兴、特成额、陆燿一体严密查拿，将紧要之犯迅速解京，毋使该犯等得以闻风远扬，致稽弋获。如各省经此次查办之后，复有勾引西洋人及私自传习邪教之案，则是该督抚查办不力，漫不经心，将来别经发觉，惟该督抚是问。[30]

这样，在乾隆皇帝的严旨督催下，各省督抚相继采取行动。乾隆四十九年十一月，山西、陕西分别拿获了西方传教士安多尼、王亚各比二人。[31]乾隆五十年二月，山东、四川又分别拿获了西方传教士吧地哩哑嗘和冯若望、李多林三人。[32]四月间，江西也拿获了西方传教士方济觉即咈兰嘶提噶。[33]在大力查拿西方传教士的同时，对于受有神职以及信教的内地民人，乾隆皇帝也各予严厉惩罚。他说：

> 现在各省神甫名目，尤当严禁。内地民人有称神甫者，即与受其官职无异。本应重治其罪，姑念愚民被惑，且利其财物资助，审明后，应拟发往伊犁，给厄鲁特为奴。该犯等曾受其番银者，其原籍家产并应查抄入官，所有接引传教之人，亦应发往伊犁，给厄鲁特为奴，以示惩儆。至内地民人，因祖父相传，持戒供奉，自当勒令悛改，即将呈出经卷等项销毁，照例办理，毋庸深究。[34]

除此之外，对于原来一直执行的招徕西方传教士进京效力的政策，也以在京"西洋人已敷当差"为由而下令停止执行，"嗣后可毋庸选派"。[35]为了禁绝传教士继续潜来内地，他还下令广东巡抚孙士毅向在华夷人、洋商发出警告："如再有干犯功令、私行派往者，必当从重严办，不能再邀宽典。"³⁶乾隆五十年十月，乾隆皇帝宣布处理决定："所有吧地哩映等十二犯，俱着加恩释放。如有愿留京城者，即准其赴堂安分居住；如情愿回洋者，着该部派司员押送回粤。"³⁷至此，经过一年多的时间，这场遍及全国的禁教活动才告结束。

作为乾隆皇帝对外政策的一个组成部分，乾隆皇帝对待西方传教士的政策对于当时中国社会的发展产生了一定的影响。其中，招徕西方传教士供奉内廷之举，虽然主要是出于个人享乐的需要，但在客观上却为中国了解西方留下了一个小窗口，也输入了部分西方文明。禁教政策虽在主观上是为了巩固自己的专制统治，并在很大程度上受国内阶级矛盾的制约而时起时伏，但在客观上却起到了遏制西方殖民主义国家进行宗教侵略的作用。就此而言，乾隆皇帝对待西方传教士的政策对于维护国家的独立和统一以及中国社会的进步都有着一定的积极作用，因而这一政策基本上还是应予肯定的。

第二节　闭关政策

在乾隆时期的对外交往中，对当时和以后都产生过重要影响的是闭关政策的制定和执行。

十八世纪，西方国家先后经过了社会制度的重大变革，资本主义生产方式逐渐占据了主导地位。为了扩大原料来源和商品市场，地大物博、人口众多的中国愈来愈引起西方国家的注意，至乾隆时期，西方国家对华贸易额急剧增长。据有关资料统计，到乾隆二十九年时，从欧洲输入中国的商品总值已达白银一百九十一万两，而从中国输往欧洲的商品总值更高达三百六十四万两，而且还以每二十年增加一倍的速度急剧发展。随着西方国家对华贸易数量的急剧增长，清朝政府原有的各种对外贸易制度越来越不能适应西方国家的要求。

首先是贸易地区的限制阻碍了中外贸易的发展。康熙皇帝统一台湾之后，曾经下令开放海禁，指定广州、漳州、宁波、云台山四处为通商口岸。由于当时西方资本主义尚处在初期发展阶段，对华贸易数额不大，因而通商地点习惯上还是集中于广州一地。而至乾隆时期，因为中外贸易的发展，一口通商变成了中外贸易的障碍。

其次，清朝海关吏治败坏以及清初以来一直坚持的行商贸易机构也在很大程度上限制了中外贸易的发展。按照清朝政府的规定，西方商人来华，所携货物需交行商代售；采办中国商品，亦由行商代为购买。行商之上，又有粤海关监督管理其事。这样，作为中外贸易的管理者和中介人，粤海关监督和行商几乎控制了西方商人的命运。西方商人前来贸易，不但税则颇重，而且在正税之外，还有数不清的陋规。乾隆二十二年时，广州行商已经发展到二十六家，对外商的控制愈益严密。一口通商已使西方商人之间的竞争相当激烈，清朝政府坚持的行商制度和粤海关对外商的无厌勒索更使外商极为不满。为了摆脱因此造成的"生意平常"的局面，在通商口岸上，距离中国内地较近、各种中国产品价格又颇低廉的宁波引起了西方商人的注意。不仅如此，这些西方商人还企图摆脱行商的控制而直接与中国民众打交道。从乾隆二十年以后，一些西方国家的商船径赴宁波进行贸易，而西方商人直接与中国民人进行贸易的现象也不时发生。对于这些新问题，乾隆皇帝不但不审时度势，采取措施，扩大中外贸易来往，反而从巩固自己专制统治的政治需要出发予以严厉限制，并将之发展成为闭关政策，对于当时和此后中国社会的发展都产生了极其严重的影响。

乾隆二十年四月和乾隆二十一年七月，根据浙江地方官员奏报，先后有两艘西方商船进入宁波进行贸易，这使乾隆皇帝极为注意。他说："向来洋船进口，俱由广东之澳门等处……近年乃多有专为贸易而至（宁波）者。将来熟悉此路，进口船只，不免日增，是又成一市集之所；在国家绥远通商，宁波原与呑门无异。但于此复多一市场，恐积久留居内地者益众，海滨要地，殊非防微杜渐之道。"[38]"内地海疆，关系紧要"，"浙民习俗易嚣，洋商错处，必致滋事，若不立法杜绝，恐将来到浙者众，宁波又成一洋船市集之所"。[39]为了制止这种现象的继续发展，乾隆皇帝指令闽浙总督喀尔吉善"照广省海关现行则例再为酌量加重，俾至浙者获利甚微，庶商船仍俱归澳门一带，而小人不得勾串滋事"。[40]当年十月，他又颁旨于喀尔吉善，强调："浙省只有较粤省重定税例一法，彼不期禁而自不来矣。"[41]根据这些指示，喀尔吉善制定了宁波海关则例，"将浙海关征收外洋正税，照粤海关则例，酌议加征"。[42]乾隆二十二年冬，两广总督杨应琚移督闽浙，乾隆皇帝又令其向外商宣布，如夷商再来宁波，"必令原船返棹至广，不准入浙江海口"。[43]与此同时，还令继任两广总督李侍尧将同样内容晓谕在广外商。西方商人开设新的通商口岸的企图遭到了失败。

乾隆皇帝规定的一口通商政策严重地损害了西方商人的利益。乾隆二十四年六月，英国商人洪任辉在继续前赴宁波进行贸易的同时，还"以迩年在粤贸易有负屈之处，特赴天津呈诉"。[44]在呈词中，洪任辉揭露，粤海关监督李永标利用职权"自买货物，全不酬价"，以及行商黎光华拖欠外商巨额银两等严重问题。[45]对此，乾隆皇帝认为："看其情形，必有内地奸民潜为勾引，事关海疆，自应彻底根究，以戢刁风。而该商等在浙闽、天津处处呈控，亦不无挟制居奇之意。不知外洋货物，内地何一不有，岂必借伊来贸易，始可足用。是在内地奸人果有为之商谋者，审出固当按法严治，而番商立意把持，必欲去粤向浙，情理亦属可恶，不可不申明国宪，示以限制。"[46]为此，他专派福州将军新柱等前赴广州，会同两广总督李侍尧审理此案。经过调查，发现洪任辉所控各款大抵属实。与此同时，还发现了洪任辉勾通安徽婺源县生员汪圣仪父子，"借领资本"，为其在宁波、江苏各处"包运茶叶"，以及四川民人刘亚匾为其代作呈词等重要情节。[47]在该案基本查清之后，乾隆皇帝下令将李永标革职，查抄家产，将刘亚匾正法，将汪圣仪发遣，"以为贪利狡诡，潜通外夷者戒"。[48]对于洪任辉，尽管所控大多属实，乾隆皇帝也以其"勾串内地奸民，代为列款，希冀违例别通海口"为罪名，下令将其"在澳门圈禁三年，满日逐回本国，不准逗留生事"。[49]

洪任辉事件发生以后，出于巩固自己专制统治的目的，在坚持一口通商和行商制度的同时，乾隆皇帝又陆续采取各种措施，进一步加强了对外贸事务的管理。

首先是采取措施加强对西方商人的防范。乾隆二十四年十二月，两广总督李侍尧制定了防范外夷规条。其主要内容是：(一)"禁止夷商在省住冬"；(二)"夷人到粤，宜令寓居行商，管束稽查"；(三)"借领外夷资本及雇请汉人役使，并应查禁"；(四)"严禁外夷雇人传递信息积弊"；(五)"夷船泊处，请酌拨营员，弹压稽查"。[50]因为这些规定的目的在于防止和限制西方商人和中国民人之间的直接来往，对乾隆皇帝巩固自己的专制统治异常有利，当即被乾隆皇帝批准照办。

其次是对出口商品品种和数量严加限制。乾隆初年，除循康、雍旧制，禁止军械、火药、硝磺等物出口之外，对于其他物品，一般未作限制。乾隆七年以后，所禁物品扩大到了粮食。洪任辉事件发生后，禁止出口的商品越来越多。乾隆二十四年闰六月，乾隆皇帝首先采纳御史李兆鹏建议，禁止蚕丝出洋。[51]当年十二月，绸缎丝绢也列入应禁范围，"如有偷漏私贩者，亦按斤两多寡，分别科罪；失察文武官弁，照例议处"。[52]乾隆二十九年，虽因外商恳请而将蚕丝弛禁，然而绸绫缎匹却仍在禁止之列。[53]对于蚕丝等弛禁物品售卖斤数，还作有各种限制。

再次是采取各种方法，不许发生"夷欠"，尽量减少中外贸易中的财物争端。由于对外贸易全由行商垄断，西方商人货物到达广州洋行后，行商既不能预定销售之难易，又无力预垫资金，兼之以西方商人无法在华久住，久而久之，在对外贸易中，一些行商出现为数甚多的积欠。如乾隆二十四年时，行商黎光华积欠外商银两五万余两。乾隆四十一年时，倪宏文欠英商银两一万余两。后来，这种欠银情况愈益普遍，数额也越来越大。如乾隆四十四年时，行商颜时瑛、张天球积欠英商银两高达二百八十余万元；乾隆四十九年，蔡昭欠银十六万余两；乾隆五十六年，平太行商吴昭平拖欠外商番银四十多万元；乾隆六十年时，石中和积欠外商货银数字更大，除变产抵还外，尚欠五十九万八千余两。[54]数目庞大的积欠往往会触发各种不测事件。如乾隆四十四年时，为了索取欠款，英印政府还曾派遣军舰到广州，进行战争恫吓。直至清朝政府将颜时瑛、张天球二人遣戍伊犁，并责令全体行商摊赔之后方才罢休。因而，对于"夷欠"，乾隆皇帝极表重视。他说："外国夷商贩货来售，内地民人与之交易，自应将价值照数清还，若因拖欠控告到官，尤宜上紧严追给领，并将拖欠之人从重究治，庶免夷人羁滞中华，而奸徒知所惩儆。"[55]

对于积欠夷商银两较多、情节严重的行商，他多次下令予以严惩。如乾隆四十一年倪宏文积欠案发后，乾隆皇帝下令"转饬该犯原籍，查产变抵，照数给与夷商收领，其不敷之数，勒限一年追清。如限满不能全完，即令该省督抚司道及承审此案之府州县官，于养廉内按数摊赔"。[56]对于倪宏文等人，则分别"发往伊犁，永远安插，以示惩儆"。与此同时，他还颁发长篇上谕，指出："涓涓不杜，将成江河。"告诫有关官员，此事关系甚大，而不得视之为"钱债细故，轻心掉之"。要求他们"遇有交涉词讼之事，断不可徇民人以抑外夷"；严令他们将此入于离任交待，"令各后任永远遵行，勿稍玩忽"。在这道上谕中，他告诫自己的后世子孙"敬体朕训，守而勿失，亿万年无疆之庆，讵不在是矣"。[57]为了防止类似案件再度发生，在对各种积欠事件严肃处理的同时，乾隆六十年七月，乾隆皇帝又进一步作出决定："嗣后洋商拖欠夷人货价，每年结算，不得过十余万两。如有拖欠过多者，随时勒令清还，即自今岁为始。通饬各洋商，一体遵照办理。"[58]

限制外商对华贸易之外，为了加强对广大人民的控制，对于沿海一带民人出洋贸易，乾隆皇帝也百般限制。中国人出海贸易，不许携带违禁物品。除此之外，还对船只大小、人员多少、出海时间也都做有明确规定，违犯者即予处罚，对于在外娶妻生子者还特别加以严惩。这样，在海上贸易日益发展的十八世纪，中国的海上贸易事业却急剧地衰落下去，这对于沿海一带人民的生计与中国社会的发展都产生了极其不利的影响。

从乾隆皇帝严格限制一口通商以及认真清理"夷欠"的各种言论看来，乾隆皇帝已经朦朦胧胧地感到了西方国家对中国的潜在的威胁。然而，乾隆皇帝并不是以积极的态度发展对外贸易、增强国力以对付西方国家的侵略野心，而是通过消极地限制贸易、尽量减少和避免中外接触的方式，来维持自己的统治和保护国家的独立。因而，这种政策的推行产生了极为严重的后果，它严重地妨碍了中国人民学习世界先进的思想文化和科学技术，阻碍了中国社会的进步和社会生产力的发展。由于闭关政策的推行，当时的中国虽然暂时地维持了独立自主的局面，并且在表面上也是世界上最强大的国家之一，但是不长时间之后，中西实力差距日益扩大。为了维护国家的独立和统一，为了跟上世界先进民族前进的步伐，中国人民不得不付出极其高昂的代价。乾隆时期以来的这个历史的教训，永远值得我们汲取。

第三节　中俄关系

俄国与中国地土相接，十七世纪以后，它极力奉行对外扩张的政策，至乾隆皇帝在位的十八世纪中后期，中国成了沙俄当局对外扩张的一个主要目标。本来，通过雍正年间签订的《恰克图条约》，沙俄当局已将恰克图以北的大片中国领土据为己有。然而，沙俄当局并不以此为满足。在他们看来，彼得大帝所宣称的"占领黑龙江口""直达中国的长城"才是他们所致力的目标。为此，他们除了利用中国少数民族上层分子发动叛乱之机支持叛乱，企图一举分裂大片中国领土之外，更多的情况下则是不露声色地推行蚕食政策，先后侵占了大片中国领土。与此同时，在双方贸易和其他各种双边事务中，他们也不遵守有关规定，或者私增货物价值，或者公然容纳逋逃，或者悍然派人越境抢劫。所有这些，都为当时中俄关系的发展蒙上了一层阴影。

对于沙俄当局的侵略活动，一般说来，乾隆皇帝都能保持警惕并分别采取各种措施，捍卫国家的独立和领土的完整。首先，对于沙俄当局发动的几次大的侵略活动，乾隆皇帝都能坚持原则，针锋相对，毫不让步。如准噶尔叛乱平定之初，叛乱头子阿睦尔撒纳外逃俄罗斯。为了杜绝后患，乾隆皇帝明知沙俄当局是阿睦尔撒纳的后台老板，却偏偏下令理藩院行文俄罗斯萨纳特衙门，坚决要求引渡阿睦尔撒纳。由于乾隆皇帝态度坚决，义正词严，沙俄当局不得不将阿睦尔撒纳的尸体送至恰克图边境，从而挫败了沙俄当局企图利用阿睦尔撒纳建立傀儡政权、分裂中国领土的阴谋。乾隆二十一年秋，喀尔喀蒙古贵族青滚杂卜发动叛乱。得知这一消息，沙俄当局欣喜若狂，不择手段地采取各种措施，企图煽动其他喀尔喀蒙古贵族一起发动叛乱，以便实现其分裂并吞喀尔喀蒙古，进而侵略黑龙江地区的狼子野心。这时，乾隆皇帝果断地将平定准噶尔叛乱的军事行动暂时停止下来，集中全力先行平定青滚杂卜叛乱，不到半年时间，即将叛乱平定，叛乱头子青滚杂卜也被擒拿归案，再次挫败了沙俄当局分裂中国领土的阴谋。乾隆二十二年，沙俄当局出兵远东，在堪察加一带进行领土扩张。因为俄国境内山路崎岖，粮运为难，沙俄当局异想天开，企图借道中国东北运送粮食。为此，沙俄当局指令萨纳特衙门行文中国理藩院，诡称其"东北边界居人被灾"，要求清朝政府准其于阴葛达河、额尔衮河和黑龙江等中国内河航行运粮。[59]乾隆皇帝洞察沙俄当局的这一阴谋，对于这种公然侵犯中国主权的行径，断然予以拒绝。乾隆三十五年，为了反对沙俄当局的压迫，旅居伏尔加河下游的土尔扈特部人民发动反俄起义，于乾隆三十六年夏返回祖国。对此，沙俄当局恼羞成怒，公然向清朝政府提出了将土尔扈特部人民交回俄国的无理要求，并且还以战争相威胁。对此，乾隆皇帝寸步不让，严词驳斥，又一次挫败了沙俄当局干涉中国内政、企图奴役中国人民的阴谋。在与沙俄当局的侵略行径进行斗争的过程中，乾隆皇帝积累了丰富的经验。

他说:"驾驭外藩之道,示之以谦则愈骄,怵之以威则自畏。此二言,若子孙世世能守,实大清国亿万年无疆之庥也。"[60]

其次,对于沙俄当局对中国领土经常性的蚕食和骚扰活动,乾隆皇帝也比较注意。为了保护边境安全,他很留意将"汉仗好,谙悉事务之人"选充为戍边官员,[61]并多次下令增设边境哨卡和驻防兵丁,一旦发现越界树栅等侵略活动,立即强行拆除,逐回原地。乾隆二十三年正月,在平定阿睦尔撒纳、青滚杂卜叛乱后,乾隆皇帝指令黑龙江将军和喀尔喀亲王桑寨多尔济在中俄边界一带添设卡座六十六个,分兵驻卡,"日一会哨,对换执照"。[62]针对沙俄当局利用清朝政府平定准噶尔叛乱和青滚杂卜叛乱期间不断蚕食中国领土的侵略行为,乾隆二十七年初,他指令喀尔喀亲王桑寨多尔济派员查边,"照原定疆界图样,视俄罗斯现定木栅",发现逾越侵占,"即行拆毁,不必游移"。[63]与此同时,他还派遣参赞大臣阿桂巡查塔城一带边防,于中俄交界之处,或者立木,或者垒石以为标记,俟以后驻兵时,"再将所立木石记号之处,酌量设卡"。[64]对于东北一带边防,乾隆皇帝也非常重视。乾隆三十年八月,他下令黑龙江一带官兵每年由下级官员带领巡视边防,每三年由副总管一级的高级官员带领巡视一周。[65]因为边界地区多次发生俄人越境,抢劫牲畜、财物事件,乾隆四十四年九月,乾隆皇帝在将失察的总管、将军分别严行治罪的同时,还通令与俄国接壤的所有边卡,"嗣后如有外国人等私越我境,无论是否贼匪,即行擒拿","倘敢如衮布等任意贿纵,查出即行正法"。[66]这些规定的推行,对于维护清朝政府边境地区的主权,起到了重要的作用。

再次，为了打击沙俄当局的侵略气焰，乾隆皇帝还时以停止贸易为武器，迫其就范。如乾隆二十九年，因为沙俄当局"背原定价值，加增货税，一切诸事，推托支吾，不肯简速办理"，[67]乾隆皇帝下令停止互市。只是因为沙俄政府多次乞请并表示愿意遵循中国政府制定的恰克图通商十三条，[68]四年之后，乾隆皇帝才允许重开互市。乾隆四十四年三月，因为沙俄当局违背双方互惠规定，不准中国使者进入俄国境内递交文书以及不对私自越境之俄罗斯人加以惩治，乾隆皇帝再度下令，停止恰克图及齐齐哈尔两处互市。[69]直至沙俄当局"再四恳求开通贸易"，并将私自越境之十七人解赴中俄交界处当面治罪之后，方才复准贸易。[70]乾隆五十四年，乾隆皇帝又以沙俄当局"不守定约，将为匪贼犯，不遵共定章程办理"，再停中俄互市并严禁大黄、茶叶等物出口。[71]直到乾隆五十七年，在沙俄当局多次乞求之后，方才与之订立《恰克图市约》，准予互市贸易。

乾隆时期，俄国对华贸易数额一直相当巨大。如乾隆十年前后，俄国在恰克图贸易中的周转额，每年达五六十万卢布，乾隆十五年以后，又进一步发展到八九十万卢布。[72]对华贸易的商税收入成了沙俄政府财政收入的一个重要来源。为了保证政府财税收入，每逢乾隆皇帝下令停止贸易之时，沙俄当局总是不得不表示屈服。因为当时清朝国力强盛，敢于和沙俄当局的侵略行径作针锋相对的斗争，兼之以使用了贸易这个武器，终乾隆之世，清朝政府的对俄关系一直处于比较主动有利的地位，对于遏制沙俄当局的侵略野心，对于捍卫国家的独立和主权都起到了重要的作用。

但是，也应看到，由于乾隆皇帝的主要注意力集中在加强对内统治方面，除了对沙俄当局发动的几次大的侵略活动比较注意之外，他对于沙俄当局采取的蚕食中国边境领土的行径却相当忽视。而且，对于沙俄当局侵略中国的战略计划，乾隆皇帝也缺乏应有的认识。这样，即使在国力极为强盛的乾隆时期，由于沙俄当局的蚕食政策，中国已经失去了西北准噶尔地区不少的领土。而后，随着乾隆时代的结束和清朝统治的衰落，沙俄当局更是磨刀霍霍，进行了更大规模的侵略活动。咸丰末年，第二次鸦片战争失败后，沙俄当局通过《瑷珲条约》《北京条约》和一系列勘界条约，侵占了中国一百五十多万平方公里的领土。其时，距离乾隆皇帝去世不过六十来年。

第四节　征缅之役

乾隆前期，在对外关系中，还有一起重要的战争也须一述，这就是乾隆三十一年至乾隆三十四年乾隆皇帝发动的征缅之役。

缅甸是中国的南方邻邦。清朝建立以后，虽然两国政府来往不多，但是由于两国边界地区"犬牙交错"、人民"世联婚姻"，[73]民间贸易一直络绎不绝。在民间贸易的推动下，乾隆十六年，缅甸政府首次遣使入贡，标志着两国政府间的关系有了一个新的发展。可惜的是，这种良好关系不久便为两国统治者的领土扩张行为所破坏，以致兵戎相见，给两国人民也带来了巨大的灾难。

中缅关系日益恶化，缅甸统治者负有不可推卸的责任。乾隆十七年，缅甸发生内乱，东吁王朝灭亡，木梳部酋长雍藉牙建立了贡榜王朝。为了发展势力，十几年的时间里，雍藉牙及其后继者莽纪觉、懵驳等对内用兵统一缅甸各部，对外用兵暹罗。与此同时，还向中国云南边境地区发动了进攻。乾隆二十七年冬，缅甸政府军和所属各部土司武装部队以"催取耿马贡项"为借口，[74]分别入侵普洱府属车里和顺宁府属孟定等土司，大肆杀掠。次年冬，缅王莽纪觉又以"普洱之十三版纳原隶缅甸"，[75]率众骚扰车里地区。直至次年春，始行撤出。乾隆三十年，缅军再次侵犯车里，所至焚掠，并且一度逼近思茅内地。当地土练不能抵御，纷纷溃逃。为了保护边界安宁，乾隆皇帝指令当地官员调集军队，"大加惩创"，"穷力追擒，捣其巢穴，务使根株尽绝，边徼肃清"。[76]为此，云贵总督刘藻调集绿营、土练七八千人前往进剿，但因指挥不当，伤亡惨重。有鉴于刘藻不娴军旅，乾隆三十一年正月，乾隆皇帝将刘藻调任湖广总督，旋又将之革职，而将大学士、陕甘总督杨应琚调任云贵总督，全面经理对缅事宜。

乾隆三十一年三月，杨应琚至云南普洱。当时，恰值入侵缅军饱掠后退出之时，杨应琚得以比较顺利地收复车里、孟艮各土司失地。由于被暂时的胜利冲昏了头脑，杨应琚上书乾隆皇帝，"密奏缅甸可取状"。[77]准部、回疆之役后，乾隆皇帝一直为自己"不越五载"，"关门以西万有余里悉入版图"而自我陶醉，[78]在他看来，"我大清国全盛之势，何事不可"，[79]因而对于杨应琚的建议当即批准照办。他说："缅夷虽僻处南荒，其在明季，尚入隶版图，亦非不可臣服之境。……如将来办理，或可相机调发，克期奏功，不至大需兵力，自不妨乘时集事。"[80]根据乾隆皇帝的这些指示，杨应琚一方面行文缅甸，"号称合各国精兵五十万，大炮千尊，有大树将军统领"，以对缅甸进行战争恫吓；[81]另一方面，又采取各种手段诱迫近边缅属各土司木邦、蛮暮、整卖、景线等先后蓄发内附。与此同时，他还从省城赶赴永昌，调集合省兵力一万四千余人，计划对缅甸大举用兵。

得知清朝政府出兵消息，缅甸政府立即调集数万军队，"分道四出，一由蛮暮，一由猛密、猛育，一由木邦，一由滚弄江"，[82]向内附土司和中国内地发动了进攻。其中木邦一路缅军首先攻克木邦，头人瓮团逃入中国境内。尔后，西路缅军亦溯江而上，进抵新街。帮助蛮暮土司戍守的清朝将领赵宏榜作战失败，置蛮暮于不顾，窜回铁壁关。为此，杨应琚两路出兵，一以永顺镇总兵乌尔登额出宛顶以攻木邦，一以永北镇总兵朱崙出铁壁关以复新街。但因交战不利，致令西路缅军于当年冬攻克万仞、铜壁两关，并对边内盏达、干崖、户撒等土司地区肆行骚扰。尔后不久，入侵缅军又挥师东向，围困猛卯达十一日之久，重创赴援清军之后，始由宛顶出境而去。与此同时，东线两路缅军亦分别入侵孟连、耿马、孟定、九龙江一带地方，"四出焚劫，夷民仓猝不知贼至，尚贸易于街场，力作于田亩，均为掳掠"。[83]"凡盘踞二十余日，贼始由滚弄江两路而去。"[84]杨应琚轻启边衅的行为受到了严厉的惩罚，也给云南边境地区人民带来了巨大的灾难。

为了掩饰失败，将就了事，杨应琚在上给乾隆皇帝的奏折中，一方面虚张粉饰，谎报战功，诳称打死缅军上万人；一方面又奏称"缅甸原系边南大国，密菁崇山，阻江为险，水土恶劣，瘴疠时行，若欲直捣巢穴，恐旷日持久，得不偿失。如猛毒果倾心凛惧，愿效臣服，似即可宥其前愆，酌与自新之路"。[85]接到杨应琚的这一奏折，乾隆皇帝极为愤怒，对杨应琚严加斥责："该督始则冒昧贪功，继则欲图苟且完事，肺肝如揭。而前此奏报杀贼之虚诳，益复显然。""我国家正当全盛之时，准夷、回部，悉皆底定，何有此区区缅甸，而不加夷灭乎？而杨应琚竟思就事完事，实为大谬。"[86]他表示："今缅匪敢于抗拒大兵，伤我士卒，并且窜入内地侵扰，已成骑虎之势，断难中止，此而不大张挞伐，何以振国威而申天讨耶？"[87]因此，乾隆三十二年二月，他先后降旨将杨应琚及与事官员革职治罪，改派明瑞为总督、鄂宁为巡抚，调集八旗、绿营军队三万余人开赴前线，加拨饷银六百万两解往云南，计划对缅甸发动更大规模的军事入侵活动。

乾隆三十二年五月，明瑞至滇。六月，他制定了一个集中优势兵力、两路进捣缅甸首都阿瓦的军事行动计划。按照这一计划，清军分别由永昌、腾越两路出师缅甸，"俾得联络声援，出奇设疑，使贼疲于奔救"。[88]不久，所调本省和川、黔绿营及京师八旗精卒先后到达滇西，对缅甸的军事入侵活动正式开始。九月间，清军分两路出境作战。一路由明瑞亲自率领，出宛顶、木邦以向锡箔；一路由参赞大臣额尔景额率领，由老官屯进取猛密，两路军队约会于阿瓦。两路之外，还由参赞珠鲁讷别领军队五千人随同明瑞出征，一俟攻克木邦，即驻军戍守该地以通军中驿递及作为两路声援之用。明瑞出师时，适逢连日大雨，山险路滑，人马阻塞，直至十月下旬才进入木邦，即留珠鲁讷戍守，大军继续前进。与此同时，额尔景额一路清军也到达老官屯，并向当地驻守缅军发动了进攻。因为气候恶劣，兼之以缅军顽强抵抗，该路清军伤亡严重。主将额尔景额染瘴身故，改由其弟额尔登额为参赞大臣，继续组织进攻。与在西线顽强抵抗清军的战术相反，对于明瑞一路清军，缅甸方面却采取了坚壁清野、诱敌深入、包抄后路的作战方式。因而明瑞自木邦出发后，一路很少遇到抵抗，连克旧小、蒲卡等处。十一月底，明瑞率师渡过锡箔江，始与正规缅军在蛮结发生战斗。经过激烈战斗，缅军后撤，而清军本身也损失严重，不少士卒死伤，主将明瑞的眼睛也几乎被敌军炮火所打瞎。这时，清军越境作战已近两月，锐气渐消，粮草、弹药也觉不足。不少将领如领队大臣观音保、扎尔丰阿等皆要求退军木邦，整旅再进。然而由于被连日来进军顺利冲昏了头脑，明瑞不顾多数将领的反对，率领军队继续南行。前进途中，困苦万状。路途峭险，"马乏草，牛蹄途，贼烧积贮，空村寨，无粮可掠"。[89] 十二月间，在清军抵达距离阿瓦仅七十里的象孔时，军粮告罄，再也无法前进，不得已而西向猛笼。得知清军粮尽，缅甸政府开始调集军队对入侵清军进行追剿。在形势异常不利的情况下，明瑞率军自猛笼取道大山土司向木邦进发。还师途中，每天都遭到缅甸军队的围追堵截。明瑞不得不步步为营，且战且退，每日行不过三十里。自象孔至小猛育二千余里，竟足足走了两个月。在明瑞一军陷于困境的同时，乾隆三十二年十二月至次年正月，留守木邦的珠鲁讷一军也遭到了缅军的围攻而全军覆没。至此，内地和明瑞军队之间的联系最后断绝。

为了救援木邦，乾隆皇帝下令西路额尔登额自旱塔（老官屯北四十里）率师东进。一月之间，檄凡十四至。然而，额尔登额等却畏敌如虎，接檄后不但不径往赴援，反而取道铁壁关退回内地，绕道龙陵进抵宛顶，即逗留不进。这不但贻误了救援时机，而且由于在撤军时未曾留兵殿后，致令缅军尾随入境，大肆抢掠。在外援完全断绝的情况下，明瑞率领军队退至距离宛顶约二百余里的小猛育时，再也无法抵抗缅军的进攻。明瑞、观音保等被围自杀，余众溃散，此次征缅之役遭到了彻底的失败。

得知明瑞征缅失败的消息，乾隆皇帝气急败坏。为了泄愤，他下令将拥兵不救的额尔登额凌迟处死。与此同时，又任命大学士傅恒为经略，阿里衮、阿桂为副将军，舒赫德为参赞大臣，拨银二百万两，再次调集八旗绿营军队，计划对缅甸大张挞伐。有鉴于两次出师失利，参赞大臣舒赫德、云贵总督鄂宁联合上疏，在具陈云南、缅甸交界地区山险路峭，行军为难，军需浩繁，难以供支，气候恶劣，内地兵丁水土不服等实际情况的同时，认为征剿缅甸实无胜算，不如暂息兵革，遣使密行招降。当时，乾隆皇帝正在盛怒之际，对于这一正确建议，半句也听不进去，反而严厉斥责。他说，如以云南边外地理险要，气候恶劣，进军为难，何以康熙皇帝能平定吴三桂叛乱。至于秘密招降一节，"更属无耻"，"缅匪屡抗颜行，实声罪致讨所必及"，"若彼未来求，而先示之以意，此宋、明诸朝庸馁不堪者所为，岂我国家势当全盛，转效彼自欺欺人之计耶"。[90]为此，他将舒赫德革职，将鄂宁降授福建巡抚。对于缅甸方面的求和要求，则置之不答。与此同时，继续调发索伦、达呼尔、锡伯、吉林等处八旗兵丁，福建水师，四川瓦寺、杂谷土司军队和一些官员驰赴云南军营待命，所有军用之冲天炮、九节铜炮、火箭、火罐以及祛瘴药物阿魏等均派人送至军前。一时之间，全国骚动。

在所有准备工作大致就绪之后，乾隆三十四年二月，大学士傅恒自北京起程，三月底至滇，和阿里衮、阿桂等统兵将领一起筹划进兵方略。关于出兵日期，群议宜待霜降瘴消后出师，但傅恒以为所有军队将为此坐守四五个月，既糜帑饷，又懈斗志，决定将出师日期提前至七月。关于进兵路线，傅恒等决定三路出师，其中傅恒统率一军自边外戛鸠渡江而南，由猛拱、猛养直捣其木梳老巢，是为正师。另外两路一由阿桂统率自江东南行，一由阿里衮率领水师于江中前进，以相策应。当年七月二十日，傅恒率师自腾越起程，尔后，其他两路军队亦相继出发。因为清军暑日出师，因而对于此次进攻，缅甸方面并不急于迎战，而是先让当地气候好好教训一下清军。果不其然，傅恒出师之初，虽然连下猛拱、猛养，并于十月间在新街之战中获得了胜利，但当深入到老官屯一带地方时，因气候恶劣、水土不服，染瘴病故者与日俱增。兼之以老官屯缅军壁垒森严，攻克为难，作战死亡者也为数甚多，部队减员情况相当严重。截至当年十一月，出师不到四个月，部队已由出征时的三万一千名减至一万三千余名，[91]傅恒本人也因沾染时疫而卧床不起。在这样的情况下，广大将士的厌战情绪也日益增长，"皆惮水土瘴疬，争愿罢兵"，[92]战争实在无法进行下去了。恰在此时，缅甸方面遣使求和，傅恒等乘机与之进行谈判。在对方答应称臣纳贡，放回俘获人员，退还所侵边境土司土地之后，十一月下旬，傅恒撤兵回国，此次征缅战争实际上又遭到了失败。

通计征缅四年，前后调拨军队七八万之众，花费帑银一千三百余万两，除了将数万名将士的尸骸留在缅甸之外，乾隆皇帝毫无所获。乾隆皇帝的穷兵黩武政策受到了严厉的惩罚。但是，乾隆皇帝并不死心，乾隆三十六年冬，再次谕令云贵总督阿桂出兵缅甸。仅因边臣反对和金川役起，这次战争才没有发动。尽管如此，乾隆皇帝并未接受教训，而是于此之后又连续发动内外战争，不但使国内广大百姓深受苦难，也使清朝统治向上发展的盛世局面逐渐停止并走向衰落的新阶段。

1 《一七七一年韩国英在北京写给P·D的信》，转引自中国人民大学清史研究所资料室编《清史译文》第10期，1985年12月油印本。

2 《清高宗实录》卷一一三〇，乾隆四十六年五月乙亥。

3 《清高宗实录》卷一二一九，乾隆四十九年十一月辛巳。

4 《清高宗实录》卷二六七，乾隆十一年五月。

5 《清高宗实录》卷二六九，乾隆十一年六月庚寅。

6 《清高宗实录》卷二六九，乾隆十一年六月庚寅。

7 《清高宗实录》卷二七三，乾隆十一年八月。

8 《清高宗实录》卷二八七，乾隆十二年三月。

9 《清高宗实录》卷二八七，乾隆十二年三月。

10 《清高宗实录》卷三二〇，乾隆十三年闰七月戊午。

11 《清高宗实录》卷四四〇，乾隆十八年六月己亥。

12 《清高宗实录》卷四二九，乾隆十七年十二月乙巳。

13 《清高宗实录》卷四二九，乾隆十七年十二月乙巳。

14 《清高宗实录》卷四六二，乾隆十九

年闰四月甲寅。

15 《清高宗实录》卷四六三，乾隆十九年闰四月戊寅。

16 《清高宗实录》卷七九三，乾隆三十二年八月辛巳。

17 《清高宗实录》卷八〇〇，乾隆三十二年十二月乙亥。

18 《清高宗实录》卷八一九，乾隆三十三年九月壬子。

19 《清高宗实录》卷八五八，乾隆三十五年五月甲申。

20 《清高宗实录》卷九六二，乾隆三十九年七月庚申。

21 《耶稣会士中国书简集》第十一封信，第十四封信，转引自中国人民大学清史研究所资料室编《清史译文》第10期，1985年12月油印本。

22 《耶稣会士中国书简集》第十一封信，第十四封信，转引自中国人民大学清史研究所资料室编《清史译文》第10期，1985年12月油印本。

23 《清高宗实录》卷一一五〇，乾隆四十七年二月辛巳。

24 《清高宗实录》卷一四八二，乾隆六十年七月庚申。

25 《清高宗实录》卷一二一八，乾隆四十九年十一月丙寅。

26 《清高宗实录》卷一二一三，乾隆四十九年八月癸卯。

27 《清高宗实录》卷一二一五，乾隆四十九年九月乙亥。

28 《清高宗实录》卷一二一八，乾隆四十九年十一月壬戌。

29 《清高宗实录》卷一二一八，乾隆四十九年十一月壬戌。

30 《清高宗实录》卷一二一八，乾隆四十九年十一月壬戌。

31 《清高宗实录》卷一二一九，乾隆

32 《清高宗实录》眷一二二五，乾隆五十年二月丙申。

33 《清高宗实录》卷一二二九，乾隆五十年四月庚子。

34 《清高宗实录》卷一二一九，乾隆四十九年十一月辛未。

35 《清高宗实录》卷一二一九，乾隆四十九年十一月辛巳。

36 《清高宗实录》卷一二二七，乾隆五十年三月癸酉。

37 《清高宗实录》卷一二四〇，乾隆五十年十月甲申。

38 《清高宗实录》卷五一六，乾隆二十一年七月乙亥。

39 《清高宗实录》卷五三〇，乾隆二十二年正月庚子。

40 《清高宗实录》卷五二二，乾隆二十一年闰九月乙巳。

41 《清高宗实录》卷五二五，乾隆二十一年十月。

42 《清高宗实录》卷五三三，乾隆二十二年二月甲申。

43 《清高宗实录》卷五五〇，乾隆二十二年十一月戊戌。

44 《清高宗实录》卷五八九，乾隆二十四年六月戊寅。

45 《清高宗实录》卷五九一，乾隆二十四年闰六月。

46 《清高宗实录》卷五九二，乾隆二十四年七月壬戌。

47 《清高宗实录》卷六〇五，乾隆二十四年正月辛未。

48 《清高宗实录》卷六〇五，乾隆二十五年正月辛未。

49 《清高宗实录》卷五九八，乾隆二十四年十月庚辰。

50 《清高宗实录》卷六〇二，乾隆二十

四年十二月戊子。

51 《清高宗实录》卷五九一，乾隆二十四年闰六月壬寅。

52 《清高宗实录》卷六〇三，乾隆二十四年十二月丁酉。

53 《清高宗实录》卷六六〇，乾隆二十七年五月甲辰。

54 《清高宗实录》卷一四八三，乾隆六十年七月丁卯。

55 《清高宗实录》卷一〇二一，乾隆四十一年十一月壬辰。

56 《清高宗实录》卷一〇二一，乾隆四十一年十一月壬辰。

57 《清高宗实录》卷一〇二一，乾隆四十一年十一月甲午。

58 《清高宗实录》卷一四八三，乾隆六十年七月丁卯。

59 《清高宗实录》卷五四四，乾隆二十二年八月庚申。

60 《清高宗实录》卷五五五，乾隆二十三年正月丙午。

61 《清高宗实录》卷七〇三，乾隆二十九年正月戊寅。

62 《清高宗实录》卷五五五，乾隆二十三年正月丁未。

63 《清高宗实录》卷六五三，乾隆二十七年正月癸亥。

64 《清高宗实录》卷六六三，乾隆二十七年闰五月戊寅。

65 《清高宗实录》卷七四三，乾隆三十年八月癸亥。

66 《清高宗实录》卷一〇九〇，乾隆四十四年九月壬午。

67 《清高宗实录》卷七三四，乾隆三十年四月己未。

68 《清高宗实录》卷八一六，乾隆三十三年八月丁卯。

69 《清高宗实录》卷一〇七九，乾隆四十四年三月庚子。

70 《清高宗实录》卷一〇九六，乾隆四十四年十二月乙丑。

71 《清高宗实录》卷一三二五，乾隆五十四年三月壬午。

72 复旦大学历史系编写组：《沙俄侵华史》第一章，第67页，上海人民出版社，1986年。

73 《清高宗实录》卷五六九，乾隆二十三年八月。

74 《宫中档》，乾隆二十八年三月初三日，吴达善、刘藻奏折。转引自庄吉发《清高宗十全武功研究》。

75 昭梿：《啸亭杂录》卷五《缅甸归诚本末》。

76 《清高宗实录》卷七五一，乾隆三十年十二月庚申。

77 魏源：《圣武记》卷六《乾隆征缅甸记上》。

78 《清高宗实录》卷五九九，乾隆二十四年十月辛丑。

79 《清高宗实录》卷七七七，乾隆三十二年正月辛卯。

80 《清高宗实录》卷七六五，乾隆三十一年七月庚寅。

81 昭梿：《啸亭杂录》卷五《缅甸归诚本末》。

82 昭梿：《啸亭杂录》卷五《缅甸归诚本末》。

83 昭梿：《啸亭杂录》卷五《缅甸归诚本末》。

84 昭梿：《啸亭杂录》卷五《缅甸归诚本末》。

85 《清高宗实录》卷七七六，乾隆三十二年正月乙亥。

86 《清高宗实录》卷七八〇，乾隆三十二年三月乙丑。

87 《清高宗实录》卷七八二，乾隆三

二年四月甲辰。

88　昭梿:《啸亭杂录》卷五《缅甸归诚本末》。

89　魏源:《圣武记》卷六《乾隆征缅甸记上》。

90　《清高宗实录》卷八〇九,乾隆三十

三年四月丙子。

91　《清高宗实录》卷八四七,乾隆三十四年十一月丙申。

92　魏源:《圣武记》卷六《乾隆征缅甸记下》。